U0749804

小微金融研究

俞 滨 著

浙江工商大学出版社|杭州
ZHEJIANG GONGSHANG UNIVERSITY PRESS

图书在版编目(CIP)数据

小微金融研究 / 俞滨著. — 杭州：浙江工商大学
出版社，2019.4

ISBN 978-7-5178-3061-0

Ⅰ. ①小… Ⅱ. ①俞… Ⅲ. ①中小企业－企业融资－
研究 Ⅳ. ①F276.3

中国版本图书馆 CIP 数据核字(2018)第 272802 号

小微金融研究

XIAOWEI JINRONG YANJIU

俞　滨　著

责任编辑	沈敏丽
封面设计	林朦朦
责任印制	包建辉
出版发行	浙江工商大学出版社
	（杭州市教工路 198 号　邮政编码 310012）
	（E-mail：zjgsupress@163.com）
	（网址：http://www.zjgsupress.com）
	电话：0571－88904980，88831806（传真）
排　版	杭州朝曦图文设计有限公司
印　刷	杭州五象印务有限公司
开　本	710mm×1000mm　1/16
印　张	16.5
字　数	314 千
版 印 次	2019 年 4 月第 1 版　2019 年 4 月第 1 次印刷
书　号	ISBN 978-7-5178-3061-0
定　价	45.00 元

前 言
PREFACE

　　小微金融主要是指专门向小型和微型企业及中低收入阶层提供小额度的可持续的金融产品和服务的活动。自 20 世纪 70 年代以来，小微经济经历了深刻的变革，这些变革广泛涉及运营理念、经营主体，以及经营方式等各方面。这些变革极大地拓展了小微金融的发展空间，为研究小微金融提供了很好的理论与实践素材。目前，尽管不少银行都瞄准了小微金融领域，但事实证明，对于农户和小微企业的信贷支持存在风险，这考验着金融业风险管控及产品创新能力。

　　当前小微金融发展的切入点主要是两个方面。一方面是从低收入群体角度来看，党的十一届三中全会以来，中国通过改革逐步形成了政策金融、商业金融和合作金融并存的农村金融体系，并开展了农业保险业务，为促进农业增产、农民增收和农村经济发展发挥了积极作用。党的十九大提出实施乡村振兴战略，这不仅是继中国新农村建设战略后着眼于农业农村优先发展和着力解决中国"三农"问题的又一重大战略，而且也是着眼于解决新时代中国发展不平衡和不充分，尤其是解决城乡发展不平衡和农村发展不充分矛盾的重大举措。但是，中国农村金融制度和农村金融体系尚不完善，农村金融服务尤其是信贷服务供给不足乃至在部分地区缺失现象时有发生，广大低收入贫困农户更是长期被正规金融服务边缘化，离农业强、农民富、农村美的乡村全面振兴目标尚有较大差距。另一方面从小微企业角度看，小微企业为社会创造的价值与获得的金融资源明显不匹配。据统计，当前中国具有法人资格的中小企业 1000 多万户，占全国企业总数的 99%，贡献了中国 60% 的 GDP，50% 的税收，创造了 75% 的新增城镇就业机会。中国人民银行发布的《2011 年金融机构贷款投向统计报告》显示，截至 2011 年 12 月末，小企业贷款（含票据贴现）余额为 10.76 万亿元，同比增长 25.8%，比上年末下降 3.9 个百分点。全国工商联调查显示，规模以下的小企业 90% 没有与金融机构发生任何借贷关系，小微企业 95% 没有与金融机构发生任何借贷关系。特别是在经济紧缩时期，金融机构容易将更为稀缺的信贷等金融资源向大型企业倾斜，客观上形成对小微企业的挤压,加大了小微企业的经营压力。

以上关于小微金融问题的讨论在我国正成为一个越来越引人注目的话题。在国家层面,小微金融似乎已经成为国家经济战略中的一项重要内容;在市场层面,越来越多的企业家愿意投资参与小微金融事业,或者以小额贷款公司的形式,或者以互联网 P2P 的形式等。

为什么发展小微金融?而市场对于小微金融的需求又为什么这么大?这是由我国目前经济结构中的一对突出矛盾所引发的,即经济结构的"金字塔"形态和金融结构的"倒金字塔"形态的矛盾。当经济社会呈现出"金字塔"形态,而金融服务表现为"倒金字塔"的模式时,经济不可能出现良性循环。过去十多年,我国主要通过出口和资本输出来平衡宏观经济,一旦出口遭外部冲击而受阻,内需又不能及时跟进,经济增长就难免受挫。而资本输出本身就是出口增长的另一个结果。一方面,我国的小微企业还远远没有享受到充分的金融服务,严重缺乏资本;另一方面,我国却又成为世界最大的资本输出国之一,金融资源配置严重不合理。而大力发展小微金融可以起到缓和经济中突出矛盾的作用。

实际上,除了上述直接目标之外,小微金融还涉及我国经济改革与发展中的一系列重大议题。第一,经济结构调整和转型问题。如果仅仅从解决产能过剩角度着手,去库存、去过剩行业的生产能力,或者通过政府强势推动一些所谓新产业的成长,收效可能是有限的。而通过小微金融做大经济底部,假以时日,经济结构自然就逐步优化起来。第二,小微金融能较为充分地反映资金的市场供求关系,在利率市场化的大趋势下,银行业的转型很可能就表现为逐步下沉客户覆盖面,以维持银行的盈利水平。未来会有相当一部分银行将更多地关注小微金融。第三,对于有志于进入金融业的民间资本来说,小微金融无疑是比较适合的一个切入点。第四,发展小微金融有利于缓解就业压力。大量小微企业在运用社会资源最小化的状态下解决了相当一部分人口的自就业问题。第五,如果小微金融更多面向广大农户,则可以成为解决"三农"问题的一个重要杠杆。而且,随着城镇化的推进,未来会有更多的农民工进入城镇,小微金融可在这一进程中发挥出支持新型城镇化建设的作用。

从某种角度来说,小微金融正在成为社会转型的有力推进器。用小微金融来解决位于经济结构"塔底"群体的金融需求,可能更容易达到"造血"的效果。本书的基本目标是尽可能准确地揭示小微金融运行机制的理论内涵,通过提供一些小微金融实践的鲜活案例,系统全面地考察我国不同小微金融机构的现状、特点、营销、存在问题,进而把握我国小微金融未来可能的发展方向,为我国小微金融在实践中的完善和创新提供一定的参考。

本书在写作过程中,参考了国内外现存的各种有关小微金融的文献资料,包括教材、专著、硕博论文、期刊、报纸等,也查阅了大量机构网站,包括政府机构、小微金融机构、专业培训机构与国外一些研究机构的网站。这其中的大部分都已在脚注或者资料来源中说明,对于那些笔者已参考或引用而又没能明确列出的资料与文献,谨对其作者表示深切的歉意。

本书在写作过程中,得到了浙江金融职业学院领导和相关部门的大力支持与帮助,浙江金融职业学院党委书记周建松教授一直对农村金融专业建设和小微金融相关研究给予关心和支持,浙江金融职业学院金融管理学院院长、小微金融学院院长赵国忻教授对本书大纲提出了很好的意见与建议,浙江金融职业学院金融管理学院副院长、小微金融学院副院长董瑞丽教授也对本书的逻辑体系与内容安排给予了细心指导,同时浙江金融职业学院郁国培、凌海波、郭延安、郑晓燕、王德英、周冲冲,浙商银行张静,浙江大学城市学院钱程,浙江工商大学出版社刘韵、沈敏丽以及浙江金融职业学院诸位同仁为本书的写作和出版提供了许多帮助,再次深表谢意!

我国小微金融机构众多,小微金融产品更新很快,小微金融发展日新月异,经营环境、经营理念与经营方式也在不断变化,加之受到互联网金融的冲击,小微金融变革速度不断加快,在此背景下,加之笔者水平有限,书中难免存在疏漏和不足之处,敬请广大专家、读者批评指正。

笔者

2018 年 11 月

目 录
CONTENTS

第一章
小微金融的产生和发展

资料导入

在久远的过去,一些国家中就有非正规的储蓄和贷款小组存在。在中世纪,意大利于1462年成立了第一家官办的典当行,以应对社会上的高利贷。1515年,罗马教皇就授权典当行的利率要覆盖运营成本。

在18世纪70年代,"爱尔兰贷款基金系统"成立,向没有抵押物的贫困农户提供小额度的贷款。运营高峰时,基金系统每年给20%的爱尔兰家庭提供贷款。

在19世纪50年代,德国建立了信贷合作社。从1865年起,合作社运动在欧洲和北美快速发展,最终发展到发展中国家。

在20世纪初期,这些类型的合作社在拉丁美洲得到本土化发展。

在20世纪50~70年代,国有政策性金融机构和农民合作社努力扩大农业信贷,这些机构获得低息贷款,再以补贴利率的方式贷给借贷户。这些政策使银行由于利率低无法覆盖成本,损失了绝大多数的资本金。

在20世纪70年代初,当代小额贷款(小微金融)诞生了,一些试验项目向贫困妇女提供小额度的贷款助其开展微型生产经营活动。这些先驱者包括孟加拉乡村银行、拉丁美洲的"行动国际"和印度的自我就业妇女协会银行。

第一节 小微金融的产生与演变

人类的起源可以追溯到300万年前,其中有文字记载的历史即所谓文明史也超过了5000年。18世纪中叶的工业革命将人类送上了工业文明的快车道,20世纪更可以说是一个工业文明普照全球的世纪,越来越多的不同种族和肤色的个人或家庭享受工业文明带给人类的便利、效率、自由、公正及休闲和快乐。但是1979年诺贝尔经济学奖得主舒尔茨在发表获奖感言时说:"世界上大多数人是贫穷的,所以如果我们懂得了穷人的经济学,也就懂得许多真正重要的经济学原理。"的确,当一些人一掷千金之时,更多的人却依旧处于工业文明的边缘甚至仅仅是文明的垂涎看客。世界银行2009年2月26日发布的一项报告显示,根据最新制定的每天1.25美元生活费的贫困线标准,2005年全世界贫困人口为14亿人,而撒哈拉沙漠以南非洲地区的贫困人口为3.84亿人,占该地区总人口的50.4%,日均消费水平仅为70美分。回首几千年的历史长河,"贫穷"一直是萦绕在人类头顶之上挥之不去的谜团,正因为如此,有一种观点认为人类的发展史就是一部反贫困的历史。

几千年来,人类一直没有停下脚步寻找打开贫困谜团的钥匙。在相当长的一段时间里,人们将贫困的根源归咎于统治阶级或者是富人的压迫和剥削,起义或革命成为人类历史的舞台上经常上演的"大片","剥夺者被剥夺"被视为摆脱贫困走向富有的有效之路。"二战"后,越来越多的非政治学解释和非革命性选择日益成为人类寻找脱贫之策的主流路径,以刘易斯的"二元经济模式"、舒尔茨的"人力资本"理论、W.W.罗斯托的"经济起飞论"等为代表的发展经济学的贫困理论学者,以霍布森、阿瑟·C.庇古、帕累托及阿马蒂亚·森等为代表的福利经济学的贫困理论学者,以奥肯、萨缪尔森等为代表的主流经济学的贫困理论学者,均给出了以经济的或社会的方式和平脱贫的主张和对策,诸如转移支付、负税收、扩大就业、教育、城市化等。19世纪70年代和80年代,在拉丁美洲和南亚,两个学者出身的经济学家所开出的两种"药方"为人类的脱贫事业开拓了极大的新的时空。一位是秘鲁著名经济学家赫尔南多·德·索托(Hernando de Soto),他提出"财产所有民主制"并以此为根据为萨尔瓦多、海地、埃及、墨西哥、菲律宾、加纳、洪都拉斯等国政府提供帮助和建议,为众多贫困人群铺设了一条脱贫之路。《财富》杂志将其列入20世纪90年代影响世界与人类的50位领袖与思想家的榜单,《福布斯》杂志则将其列为重塑人类社会未来的15位创新者之一。美国前总统克林顿则称其"或许是最伟大的经济学家"。2002年,他高调入围2002年诺贝尔经济学奖提名。另一位则是诺贝尔和平奖得主尤努斯,1976年他在孟加拉国的乔不拉村创办了全球第一家乡村银行,以专业化的方式为当地穷人,尤其是妇女提供无须任何担保的信用贷款。在接下来30多年的时间里,尤努斯在全球复制这一模式,从而建立了分支机构遍布全球的专业化小微金融机构——格莱珉银行(Grameen Bank)。30多年来,格莱珉银行为全球750万农村女性提供了小微贷款。这位来自孟加拉国的经济学家从此将人类领入一个全新的脱贫领域——小微金融领域。此前,几乎没有人,特别是商业性的金融从业者认为,穷人是金融可以进入的一个群体,而且穷人被视为天然的低等级甚至是无等级信用群体,因此穷人被排斥在金融信用体系之外似乎是天经地义的。缺乏信用支持对穷人而言无疑是雪上加霜,许多可以因此脱贫的路子被封堵。尤努斯则以活生生的例子在金融业展示了一个全新的天地:穷人,特别是女性穷人群体具有良好的信用度。这无疑是向"嫌贫爱富"的金融圈子投下了一枚重磅炸弹,击碎了金融业用几百年时间建立起来的信用风险管理传统,将金融引向一个新的领域——小微金融领域,也为人类找到了一把破解贫困难题的新钥匙。格莱珉银行的运作模式特别是其小组微贷经验为全球众多国家借鉴,截至2005年底,约137个国家引入了小微金融模式,小微金融机构3133个,受益人口超过1.13亿人,其中84%是妇女(Hermes 和 Lensink,2007)。而到了2009年,小微金融机构已向全世界10亿～20亿的穷人提供了金融服务。小微金融在人类应对贫困方面的积极作用得到了联合国等国际组织的认可,1998年,联合国大会将2005年确定为国际小微金融年。2006年12月10日,诺贝尔基金会将诺贝尔和平奖的桂冠戴到了尤努斯的头上。

第二节　小微金融的定义与类型

一、小微金融的定义

在古典经济学中,金融企业与实体经济的关系日益密切,但在各国政府的治国理念中,自由经济流派和政府宏观调控的凯恩斯(Keynes)主义,都在强调或是市场或是财政、计划的重要性,金融业长期以来并非经济发展的主流,其中小微金融则涉及更少,甚至没有一个比较公认的定义。发达国家的金融机构发展较早,金融体系经过多年发展已日趋健全,一般都有与各级实体经济相对应的金融机构,但中小企业、微型企业和个人的融资缺口也是存在的。由于政府往往无法决定银行等机构的商业行为,其已有文献中涉及的往往是与微观金融项目的设计和微观金融类企业公司治理等相关的讨论。而在我国经济发展的早期,金融体系的构建主要是以大银行为中心,国民经济的发展也是以大企业为起点,小型、微型融资需求量较少,故而小微金融的发展很受局限。近年来,随着经济体制改革的深化,民营经济快速发展,中小企业、微型企业及个人的融资需求越来越大,而金融体系中又较为缺乏支持它的一个环节。随着这个融资缺口日渐加大,在理论界和相关产业部门的倡导下,政府开始日益重视中小微企业的融资困难问题,小微金融的提法也就应运而生,显然,我们在理论上需要深入探讨的是相关制度设计的问题。

国内一些先驱研究者通过理论积累或实践调研也得出了一些初步的定义,比较典型的有如下几位:

中国社科院前副院长李扬认为:"小微金融是指专门向小型和微型企业及中低收入阶层提供小额度的可持续的金融产品和服务的活动。它有两个特点:一是以小微型企业以及贫困或中低收入群体为特定目标客户。二是由于客户有特殊性,所以它会有适合这样一些特定目标阶层客户的金融产品和服务。这类为特定目标客户提供特殊金融产品和服务的项目或机构,他们追求自身财务自立和持续性目标。"

中国银行业协会首席经济学家巴曙松认为:"小微金融从其功能来说,其有效发展可以服务'三农'、完善农村金融服务,缓解农村金融市场资金需求;培育和发展竞争性农村金融市场,开辟满足农民和农村小微企业资金需求的新渠道,进而促进经济欠发达地区的经济发展;有利于合理有效利用民间资本,引导和促进民间融资规范发展;支持小微企业发展,缓解小微企业融资难问题。"

秦志辉认为,小微金融主要还是指小金融机构。"小金融机构一方面要明确服务企业的类型,重点支持三类企业:创新型、劳动密集型和创业型中小企业,特别是小型、微型企业的发展,根据行业和发展特点研究其融资需求,实现自身的快速发展。小金融机构必须响应国家政策的导向,真正做到顺势而为,与中小企业,特别与小型、微型企业共同成长。"

国家开发银行原副行长刘克崮认为:"中国生产性经济体分六个层次,小微个体户农户,小微企业和个体户农户就是草根经济体,或者叫小微经济体。为他们服务的金融体系就是小微金融,或者叫草根金融。"

中国人民银行金融消费权益保护局局长焦瑾璞认为,小微金融"这种金融的源泉,不在于大银行,在于小银行、微型金融机构,我们必须要低准入地构建一批中小银行、中小金融机构,而且是非银行金融机构,这里面包括我们常说的村镇银行,小额贷款公司,农村资金互助社,金融消费类的公司,以及各种类型的银行,我们要实现,并且要低准入"。

中国社科院农村发展研究所研究员杜晓山认为,小微金融应该向公益性方向倾斜,"商业小贷绝大多数根本覆盖不到乡镇及村一级,它们基本上是浮在县城这一级,服务小微,或者中小微企业或个体户。要解决这个问题的根本办法就是采用综合性的手段,手段之一就是鼓励一部分愿意做公益信贷的金融机构去做,然后政府在政策和法规方面给予鼓励,促进公益性制度主义小额信贷的发展"。

中国农业大学经济管理学院教授何广文没有直接给小微金融下定义,但她提出,小微金融重在服务体系。"小额信贷需要近距离地服务农户、小微企业。因此,构建农村本土金融服务体系与机制是必然选择。从数量上看,农户、小微型企业群体是巨大的,因而,其信贷需求总量也是巨大的,农户、小微型企业信贷市场空间巨大,要满足小额信贷、微型金融服务需求,就必须克服信息不对称,解决操作成本过高问题,就需要近距离服务,就需要将机构或业务延伸至社区、街道、乡村,构建本土金融服务体系"。

中国小微企业融资研究中心主任刘勇认为:"小微企业面临的困境有经营成本上涨,利润空间被压缩,生产经营不稳定,缺少信用记录,抵御风险能力差,融资难,融资贵,实践证明作为金融体系新生力量,小微金融服务机构点多面小,通过创新产品和服务模式为小微企业提供更多的金融服务类的产品,与小微金融门当户对,典型案例有中国邮政储蓄银行、小贷公司、担保公司、典当行、人人贷等模式。"

中国小额信贷联盟秘书长白澄宇认为,小微金融的服务对象应该是微型企业。"500万元以下统称微小型企业贷款,但我们认为微型企业和小型企业应该还有一个市场分层,因为它们在贷款技术和风险管理上不一样,在贷款额度上也有差别。微型企业的贷款成本应该说比小企业还高,在利率等各方面应该还需要一些更有针对性的政策。"

邯郸银行董事长郑志瑛认为,所谓小微金融学是研究小微银行经营、小微企业融资、小微额度信贷及其关系和规律的应用金融学科,其研究对象包括小微银行及其经营、小微企业融资(不包括个人信贷)、小微额度(500万元以下)信贷等内容。

除了上述观点,国内有关小微金融的系统性论述比较少见,关于小微金融的基础理论研究尚缺乏,但综合上述观点可以看出:小微金融指的是专门向小型和微型企业及中低收入阶层提供小额度的可持续的金融产品和服务的活动,其主要研究对象包括小微银行及其经营、小微企业融资(不包括个人信贷)、小微额度(500万元以下)信贷等内容。

二、小微金融的类型

可以从多种角度对小微金融进行分类,从是否"营利"的角度可将小微金融分为慈善型、营利型和非营利型。亚洲开发银行按照"正规与否"原则将小微金融机构分为三类:一是正规金融机构,如村镇银行和农村合作金融组织;二是半正规金融机构,如非政府组织从事的小微金融业务;三是非正规金融,如民间借贷行为和零售店主等。本书综合国内外的研究文献或机构对小微金融所做的划分将小微金融分为如下五种类型:

(一)私人借贷型

私人借贷是小微金融的初步形式和原始形式,既可以是亲友邻居间的无息或低息的民间借贷,也可以是专业借贷者的高利借贷。前一类体现的是互助关系;后一类则是奴隶社会或封建社会的高利贷残余形式,它普遍存在于亚、非、拉原殖民地国家,而且在发达的资本主义国家底层的穷苦劳动人民中间也十分猖獗。目前世界各国都对高利贷采取打击政策。

近年来,互联网金融领域中的私人借贷方兴未艾,如支付宝中新加入了"蚂蚁借贷"这一功能,京东有了"白条"等,都取得了很好的市场口碑,赢得了客户的认可。

(二)合作金融型

合作金融型小微金融是指一国小微经济发展的资金需求主要由合作金融制供给的金融类型,其代表国家主要有德国、法国、日本等。

农村信用合作社虽然最初是在资本主义制度下发展起来的金融机构,但是从本质上看,它是群众性的组织,代表并保护社员的利益,受到社员的支持和拥护。综合来看,合作金融主要有以下三个特点:

1.合作社与其社员之间主要是互助服务关系,不是盈利分红的关系,它的业务活动不是为了追求最大利润和效益,而是为了调剂农村资金,满足社员的生产、生活需要。

2.合作社既不是救济机关,也不是股份公司,贷款有借有还,存贷款都有利息,实行商业经营。

3.社员地位平等,不受股金限制,实行"一人一票"制度。

目前西欧(除英国)、北欧、美国、日本都有比较发达的合作金融组织,并在农业信贷中起重要作用。苏联和东欧各国在历史上也曾在农村中推行过信用合作运动,但随着国家金融机构的发展,其已过早地结束了合作社的活动。在亚非拉发展中国家,由于经济不发达,推行农村信用合作运动并非一帆风顺,但在政府的重视和支持下仍有较大发展。

(三)商业银行型

商业银行型的小微金融是指小微金融机构主要由商业银行构成,小额信贷资金主要来源于商业银行,其代表国家主要是英国和巴西。商业银行被称为"万能银行",除发放工商业贷款外,也对农业发放短期贷款。只要有利润可赚,商业银行并不排斥农业贷款,比如法国农业信贷银行。

(四)国家集中型

国家集中型小微金融是由国家银行或面向农业的国家专业银行提供农业信贷资金的集中型小微金融类型。国家集中型小微金融是高度集中计划经济的产物,其最大特征是国家集中供应农贷资金。大致可分为三种情况:

1.政府直接发放农贷。主要应用于某些现代金融机构较不发达的国家。例如,中国历史上在灾荒和战乱之后,为了尽快恢复生产,地方政府经常会对农户进行实物放贷,帮助农户恢复生产;印度政府则有一种对农民直接发放的贷款;加蓬政府曾向农民以实物形式贷放种子和农药;马里政府也向农民发放过农具贷款。

2.设立专门农业信贷机构,农业信贷由国家银行统一办理。苏联、东欧国家及中国在 1978 年前均通过中央银行发放农业贷款。贷款对象主要是集体农业组织。某些西方国家、非洲新兴国家及 1978 年至 1996 年时期的中国,则通过专业银行发放贷款。

3.由国家扶助农村信用社。一种是法国式的做法,由国家机构在上层直接领导和管理。另一种是日本式的做法,由政府给予业务指导和资金融通,但不直接管理。

(五)复合信用型

复合信用型小微金融是指一国农贷资金由多种不同性质的金融机构共同提供。这种类型的代表国家主要是美国和印度。

在这种模式中,提供农贷资金的金融机构,既有专门的农业金融机构,也有其他金融机构,既有提供中短期借贷资金的金融机构,又有提供长期信贷资金的金融机构。在所有关系上,一般是政府金融机构、私人金融机构和合作金融机构并行。

第三节 小微金融的发展现状

小微金融机构是指服务小微企业的金融机构,主要包括国有银行、股份制银行、城市商业银行的小微金融专门部门及机构、农村合作社、农村合作银行、农村商业银行、村镇银行、小贷公司、担保公司、典当行、资金互助社、消费金融公司等。

由于小微企业有自己的特点,小微金融也就形成了特有的产品和融资方案。

一、小微金融经营现状

随着企业直接融资比例的上升及利率市场化推进步伐的加快,大企业纷纷减少对银行贷款的依赖,银行贷款需求减少、利润增长乏力,不得不下沉客户,很多银行开始重视小微金融的发展,开设了专门机构或推出专门营销人员,贡献率和规模都有了很大提高。

就当前的银行业而言,随着中国国民经济增速的放缓。利率市场化的推进及监管的日趋严格,商业银行依靠高利差形成的利润高速增长的趋势逐渐放缓,银行应该寻求自身发展的商业模式,实现与企业的双赢。

当前房地产贷款、地方融资平台贷款及产能过剩行业贷款已经受到了监管部门的严格限制,这几类被限制的行业贷款中不乏有一些大企业,一方面其新增贷款投放受限;另一方面随着其发债等直接融资渠道的打开,对银行信贷资金依赖程度减小,那么未来银行可发展的领域将重点放在与实体经济相挂钩的小企业。

从利差的角度看,银行对小企业客户和"三农"客户贷款的议价能力较强,进而可制订较高的贷款利率,而中小商业银行对小企业金融具有优势。从 2012 年末及 2013 年第一季度的银行业绩报告中就可看出,中小银行的利差比大型银行的利差相对高一点,商业银行也有意愿向小微企业金融服务方面倾斜。从银行业绩报告中可以看出,重庆农村商业银行年净利差和净息差列于已被披露相关信息的上市银行之首,这主要得益于增持服务"三农"县域和小企业的市场定位,协调发展城市和县域业务促使其在存贷款业务中具有较强的议价能力。

未来大型商业银行将凭借现金优势和规模网络优势,一方面可以继续从综合化经营向全能金融机构迈进;另一方面也可以满足客户多元化的需求。中小银行需要根据自身的特点慎重选择细分市场,形成自身特点及业务特色,坚持差异化的发展。

目前,很多银行为争夺小微金融市场都各出奇招,如设立专门的小微支行,设立专门的小企业综合金融服务中心,调整小微贷款信贷规模、上限等。

虽然很多银行很想发展小微金融,但面临的许多问题,导致银行发展缓慢。小微企业信息不对称,主要有三个方面的原因:一是信息的不对称。许多企业还款意愿很强,自认为还款能力也没问题,但这不是有效信号,有效信号是海关报关表、税表、水表、电表等要素。银行可以通过政府的渠道获知其工商登记情况、税务报表情况、海关报关情况及水电气的缴费情况,这些信息能解决信息不对称问题。

二是收益与成本不对称。小微企业风险高,相对风险成本就高,货款给小微企业的操作成本高,5 亿元和 5 万元贷款的操作程序差不多,所以操作成本也很高,包括后续的管理成本也高。这三高加起来,造成银行做小微金融贷款业务成本就相对较高。

三是负责小微的客户经理与负责大宗的客户经理业绩考核方式不同,这就需要独立的考核体系。

尽管不少银行都瞄准了小企业金融领域,但也有事实证明,对小微企业的信贷支持存在风险,这考验着银行业风险管控及金融产品创新能力。从 2012 年第四季度和 2013 年第一季度情况看,国内部分小微企业的贷款不良率呈上升趋势,这对于一些小微企业贷款业务比重较高的银行来说需要承担更大的风险。

银监会表示,对于小微企业的不良贷款率容忍度不会"一刀切",各银行、各地区可自主确定不良率和容忍度。

据统计,当前中国具有法人资格的中小企业数量有 4000 多万户,占全国企业总数的 99%,贡献了中国 60% 的 GDP、50% 的税收,创造了 80% 的城镇就业机会。

全国工商联调查显示,规模以下的小企业,90% 没有与金融机构发生任何借贷关系;小微企业,95％没有与金融机构发生任何借贷关系,相比中小企业,小微企业为社会创造的价值与其获得的金融资源明显不匹配。

特别是在经济紧缩时期,金融机构容易将更稀缺的信贷等金融资源向大型企业倾斜,客观上形成对小微企业的挤压,加大了小微企业的经营压力。要逐步缓解这个问题,需要针对小微金融的不同金融需求,为不同的金融机构找到向小微企业服务的商业定位与可行的商业模式。一方面要积极发展村镇银行、小贷公司等小微金融机构,另一方面要推动大型的商业银行为小微企业提供服务,大型商业银行要通过建立差异化的考核机制和商业模式推进客户结构调整。

当前,金融业严格的准入管制,使得面向小微企业的金融服务明显不足,即便在民间融资十分活跃的2011年,主要面向小微企业的小贷公司在年底贷款余额也仅仅是3914.74亿元,2012年底贷款余额达到6500亿元,到2013年4月小贷公司为6758家。到2012年底村镇银行为765家,贷款余额为2324亿元。

其实,不仅小贷公司,从整个金融机构的分布看,在小微企业较集中的中小城镇,能够提供金融服务的金融机构也十分有限,金融服务的供应不足,也使面向小微企业的金融服务市场竞争不充分,从而使小微企业贷款利率相对较高。

而且严格的准入管制带来了显著的牌照溢价,也使金融机构往往习惯于依赖牌照管制带来的溢价等来经营,内在的改进经营管理的动力不足。应当适当放松管制指标,以促进小贷公司等小微金融机构为小微企业提供金融服务,并通过引进新的小贷公司推动竞争来降低小微企业贷款成本。

要促进小微金融机构的健康可持续发展,就必须使其能够通过正常经营获取必要的利润,其中,十分重要的一点就是逐步对小微企业金融服务放开利率的管制。

在利率市场化的过程中,小微金融机构应聚焦小微企业的客户定位,走与大银行等大型金融机构有差异化的发展道路。这样在客观上也有利于推动整个金融结构的调整。2009年6月,中国银监会下发《小额贷款公司转制设立村镇银行暂行规定》,其中允许符合条件的小贷公司转为村镇银行,但是自实行该规定以来,小贷公司要能转制成功,目前仍有不少困难。

从机构规模及客户定位方面看,村镇银行客观上可以结合大型银行和小额贷款公司在提供小微金融服务方面的一些优势,如大型银行的风险管理制度和监管框架,以及小贷公司的区域特色和灵活机制。

由于实践中小贷公司自身信用资质较弱,增资扩股难度较大,且小额贷款公司被定性为特定性质的金融机构,不能进入同业拆借市场,而只能以工商企业身份从银行获取贷款,因此其融资成本明显较高。

小贷公司可以向不超过两个银行业金融机构融入不超过自有资本50％的资

金,但是 1:0.5 的杠杆率对小额贷款公司来说是一个明显的硬约束,这就使得原本资金来源狭窄的小额信贷机构进一步面临资金供给"瓶颈",往往在小贷公司发展到后续阶段时现金流会出现问题。

对比当前监管机构确定的担保行业 10 倍、银行业 10 多倍的杠杆,在坚持小贷公司的只贷不存原则前提下,适当放宽小额贷款公司的负债率上限,允许风险控制能力强的小贷公司能从银行获得一定的资金支持,这样既可以有效地替代民间融资,从而在一定程度上降低非法集资、非法吸收公众存款的潜在风险,又能提高小额贷款公司放贷规模,更好地解决小微企业融资难问题,还能提高小贷公司的经济效益和小贷公司合法合规经营的积极性。

小微金融机构的经营性质和组建形式决定了该类机构在支付结算方面的天然弱势,结算方式难畅通,无法开展对公业务。办理银联卡业务是目前小微金融机构面临的主要问题,村镇银行此问题尤为严重。

目前,绝大部分小微金融机构仍然没有接入征信系统。虽然可以向央行分支机构查询征信,但是小微金融机构服务的对象是被排斥在正规金融体系之外的小微企业和"三农"等低端客户和困难群体,这部分客户并无征信记录,无法在央行分支机构的征信系统中查询到。大力支持小微金融机构进行基础设施改善,尤其是结算系统畅通和征信系统的接入,使小微金融机构能够充分参与到银行业的竞争中,不仅有利于小微金融机构自身的发展,同时也有利于中国金融机构的改革,使小微金融机构更好地发挥在金融体系中的作用。

二、小微金融创新

围绕服务于小微企业的目标,除政策上配套外,还需要根据小微企业的金融服务需求推进金融创新,允许小微金融机构为小微企业提供投资、担保、咨询等增值服务,并建立基于小微金融机构的质量、风险、运营评估体系,允许一些优质小微金融机构开展资产证券化、再融资等金融创新业务。

2012 年,民生银行董事会开始制定《五年发展纲要》,董文标进一步提出了"聚焦小微、打通两翼"战略,实现分行转型。

2012 年 12 月 20 日,民生银行行长洪崎宣布,到 2012 年 11 月末,民生银行小微企业贷款余额突破 3000 亿元,3 年多来累计发放小微企业贷款超过 8000 亿元。

此时,距离民生银行小微企业贷款余额突破 2000 亿元的 2011 年 6 月已经过去了 17 个月。此前,民生银行用了 10 个月实现了小微企业贷款余额从 1000 亿元到 2000 亿元的跨越。如果仅仅从贷款增速上看,民生银行小微企业贷款的发展速度似乎在放慢,突破 3000 亿元似乎也没有当年实现 1000 亿元、2000 亿元那么令人激动。但是,从 2000 亿元到 3000 亿元,不仅仅是 1000 亿元的增加——在量的增加背后，民生银行实现了从小微金融 1.0 版到 2.0 版的实质提升，从小微企业贷款到小微企业金融服务质的飞跃。

通过实施小微金融 2.0 提升版，特别是通过组建小微企业城市商业合作社和建设小微金融专业支行，作为中国银行业小微金融服务开创者的民生银行，正在进行小微金融服务的重构。

2011 年下半年到 2012 年，中国经济遭遇了全球金融危机后的一轮严峻挑战。宏观上，经济增速逐季下滑；微观上，企业整体经营困难。广大的小微企业更是经受了严峻的考验，特别是长三角地区的经济形势严峻，大量企业倒闭，让这一传统上小微经济异常活跃地区的小微企业面临生死考验。而钢贸、光伏、煤炭、风电等行业出现的全行业亏损或者微利，让处于这些行业产业链上下游的小微企业生存异常困难。这让小微企业贷款的资产质量面临严峻考验。面对这一严峻形势和挑战，不少银行业人士认为，当前并不是开展小微企业贷款业务的良机，风险难以控制。虽然多家银行的领导纷纷表示将把小微企业贷款作为今后的业务发展重点，但是在不良贷款的现实压力面前，银行对真正的小微企业贷款慎之又慎。

民生银行则不这样看。既然确定了"做小微企业的银行"的战略定位，就不会抱着投机的心态开展小微金融服务，不会因为小微企业状况不佳而不再向它们提供金融服务。2012 年，民生银行小微企业贷款余额从年初的 2325 亿元增加到 3170 亿元，增加了 845 亿元，占到了民生银行全年新增贷款的一半以上。其中，2012 年下半年，民生银行的小微贷款开始加速，半年的余额增加了 663 亿元。

2009 年下半年，民生银行提出了做民营企业的银行、小微企业的银行、高端客户的银行的战略定位，大力实施小微企业战略。小微企业贷款余额从 2009 年末的 448 亿元增加到 2012 年 12 月末的 3170 亿元，3 年累计新增了 2722 亿元，占到了民生银行过去 3 年新增贷款的一半以上。小微企业贷款余额从不足 5％增加到约 23％，"做小微企业的银行"在短短 3 年内取得了实质性突破。

小微企业贷款余额的变化并不能涵盖民生银行小微企业金融服务的全部，因为小微企业金融服务并不仅仅是小微企业贷款。只有 30％的小微企业有贷款需求，绝大多数小微企业缺的是金融服务，这是民生银行深入调查后的重大发现。

过去几年，董文标每年都会花上几个月的时间到基层调研，调研的主体就是小微企业金融服务。他与上百家支行和支行行长、客户经理以及客户交流，倾听他们的心声。每每听到支行行长和客户经理抱怨，他们辛辛苦苦营销来的客户，都被银行同业以更低的利率加上更高的额度抢走了的时候，他都会说："你的商业模式不对。"当慢牛资本公司董事长张化桥在对自己的小贷公司面对的贷款需求不足问题感到费解时，董文标也指出了其商业模式存在的问题。从 2011 年 6 月末到现在，民生银行小微金融服务就是通过深入推进小微金融 2.0 提升版，致力于商业模式的创新,致力于打造小微金融服务的"百达翡丽"。

2011 年 6 月末,在小微企业贷款余额突破 2000 亿元之际,民生银行同时宣布,正式推出小微金融服务 2.0 提升版,从小微企业贷款转向小微企业金融服务。与 2009 年 2 月最早推出的小微企业贷款"商贷通"相比,小微金融 2.0 提升版从五个方面做出了重大提升:一是全面拓展服务范围;二是进一步主动提高保证、信用等非抵押方式在贷款机构中的比重;三是改进授信定价体系;四是加强售后服务;五是优化运营模式。

董文标认为,小微金融 1.0 版与 2.0 版的最大差别就是从小微贷款到小微金融服务。在 2009 年 2 月民生银行进军小微金融服务之初,其主推贷款产品"商贷通",为小微企业提供单笔不超过 500 万元、户均 150 万元左右的贷款,贷款主要采取了抵押和强担保的方式。在贷款对象中,散单占绝大多数。小微客户绝大多数是贷款客户。到了 2012 年 12 月末,这种状况已经有了根本性改变,3000 亿元贷款余额中,弱担保和信用贷款的比重持续提升,非抵押贷款的比例已经达到 59%,告别了抵押物"崇拜"。2012 年,民生银行明确把控制散单率作为衡量小微金融业绩的一项指标,严格控制新的散单增加,新增客户中,基本上都是围绕"一圈一链"——商圈和产业链进行开发的。

2012 年 12 月,散单的占比已经从最高时的 90% 以上下降到了不足 40%,通过批量营销、批量操作,极大地降低了人工成本。全行小微企业客户快速增加,到 12 月末已经达到 99.2 万户,较 2012 年初新增 100% 以上,其中无贷户占了绝大多数,这意味着更多的小微企业客户接受的是民生银行的金融服务而非贷款。

与小微企业客户数的快速增加相适应,民生银行小微企业结算量也在快速增加。2012 年,民生银行小微企业结算量快速增加,结算产品"乐收银"机具数达到 31 万台,小微企业全年的资金结算量达到 1.48 亿元。事实上,仅仅发放小微贷款,小微企业金融就将面临巨大的存款来源缺口,这将对银行的资产负债管理带来艰巨挑战。民生银行通过大力开展小微企业资金结算实现了不少存款派生,极大地缓解了存款压力。

民生银行零售银行部总经理赵志敏认为,2012 年,小微企业带来的存款增量已经和贷款增量相差无几,这极大地缓解了民生银行开展小微企业贷款业务所面临的存款来源压力,向着自身可持续的小微金融服务迈进。同时,有了结算的资金来源,民生银行既可以监控客户的资金动向,更好地管理信贷风险,也可以根据结算量的大小适度降低贷款利率,进一步减轻小微企业的财务负担。

从小微金融 1.0 版到 2.0 版,这些数字的变化都是结果而非原因,实现这些结果,民生银行小微金融有两个抓手:小微企业城市商业合作社和小微金融专业支行。

要想降低散单率,除了集中于商圈和产业链这"一圈一链",更重要的是进行小微企业客户整合,把原本分散在同行业、同区域之内的小微企业通过一定的组织模式整合起来,使之作为一个小微企业群体与银行开展业务。这样既实现了批量营销,降低了人工成本,同时也减轻了信贷风险。这种客户整合,民生银行是通过牵头发起成立小微企业城市商业合作社来完成的。民生银行积极推动小微企业客户的整合,以"抱团发展、创造多赢、共同超越"为宗旨组建小微企业城市商业合作社,以行业、商圈、社区为单位,以支行为节点,以城市为基础,打造全国性的增值服务平台。

2012 年 4 月 11 日,民生银行下发了关于小微企业城市商业合作社组建工作的指导方案。其目的在于统一全行建设城市商业合作社的思想。通过举办活动鼓励全行群策群力开展丰富多彩的城市商业合作社活动,其目的在于发挥民生银行在整合小微企业客户群体中的核心纽带作用,将其原本无序、组织松散的小微企业联合起来,使其有联系、有活动、有交流、有合作,在帮助小微企业抱团发展的同时,创造多赢,实现银企共同超越与发展。

【本章小结】

本章主要回顾了小微金融产生的背景与发展历程,梳理了小微金融的发展脉络。在比较诸多相关领域学者、专家、政策制定者、市场践行者等观点、看法的基础上,提炼总结出小微金融的定义,进而把握它的特征与分类。再以民生银行为例,介绍了小微金融目前在我国的发展现状、面临挑战和应对策略。

第二章
小微金融的产品和方案设计

资料导入

　　包商银行在充分认识小微企业特点的基础上,将市场和客户进行了深入细分,针对不同客户类型,推出了各具特色的五大系列 14 种小微贷款业务产品:商赢宝系列——商赢宝;保商赢保时节系列——3 个工作日内拿到贷款;保您致富好时节好贷系列——贷过方知好贷;诚信系列——送给优质诚信老客户的礼物;富农宝系列——农民致富"助推器",新产品利率更优惠、手续更简便、审批更快捷、还款更灵活。

　　1. 商赢宝系列。目标客户:个体户、小微企业客户。贷款金额:5 万～500 万(含)元。适用利率:0.9% ～ 1.5%(该利率仅适用于内蒙古地区,深圳、宁波等地按所属区域利率政策执行)。贷款期限:3 个月至 2 年。还款方式:按月等额(或不等额)还款、按月付息按季还本等。担保方式:个人、企业均可做担保;除必要的担保外,抵押物可灵活设置,小金额贷款无须抵押。

　　2. 保商赢保时节系列。目标客户:个体户、微型企业客户。贷款金额:3000 元至 5 万元。适用利率:0.9% ～ 1.5% (内蒙古地区)。贷款期限:3 个月至 2 年。还款方式:按月等额还款。担保方式:保证担保即可,无须抵押物。

　　3. 诚信系列/诚信利＋利。目标客户:优质诚信客户。适用条件:A 款为正常清结一笔贷款或还款记录在 10 个月(含)以上;还款记录良好。B 款为正常清结两笔贷款或还款记录不少于 18 个月;还款记录良好。贷款金额:3000 元至 500 万元。适用利率:A 款为在原利率基础上,下浮 0.5 个千分点。B 款为在原利率基础上,下浮 2 个千分点。贷款期限:3 个月至 2 年。还款方式:按月等额(或不等额)还款、按月付息按季还本等。担保方式:个人、企业均可做担保,除必要的担保外,抵押物可灵活设置，小金额贷款无须抵押。

第一节　小微金融产品创新机制建立

产品创新是指银行为适应市场新的需求而开发的与原来产品有着明显差异，能给客户带来新的利益和满足的产品（包括服务）。

一、银行新产品开发的目标

（一）满足客户需求，提升银行形象

银行产品具有易模仿性，为了使银行在众多的竞争者中异军突起，应该使银行的产品具有鲜明的特色，才能得到客户的信任。通过产品的开发与创新，可以使产品能更多、更好地满足客户并体现银行的特色。同时，一家在创新潮流中永远立于前沿的银行给客户的印象必然要优于守旧型的银行。如招商银行通过产品与技术创新树立起了"一卡通"与"一网通"两个品牌，使银行焕发出勃勃生机，也在客户心目中留下了深刻的印象。

银行的客户分为现有的客户与潜在的客户。对于所有客户，银行应该进行分门别类，针对他们不同的需求来开发新产品。随着经济的发展，人民生活水平的不断提高，客户需求也越来越有个性，需求变化的周期也越来越短，因此，银行只有不断地创新产品，才能更好地适应这种需求变动的趋势。

（二）吸引既有市场以外的客户

如招商银行为了满足顾客的需求，从 1995 年起，相继推出了集各种本币、外币、定期、活期存折于一身的多储种、多币种的个人理财工具"一卡通"，充分显示了安全、简便、灵活、高效等特点，受到广大客户的青睐。到 2000 年 10 月，"一卡通"的发行量超过 1000 万张，卡均存款 3880 元，是全国银行卡均存款 731 元的 5 倍左右，居全国卡均存款额第一位。

（三）赢得竞争优势

"二战"后，各国金融管制不断放松，为银行经营提供了一个较宽松的环境，也为新产品的出现奠定了基础，科学技术的发展及其在金融领域的应用则为金融产品开发提供了有利的物质条件。

20 世纪 70 年代以后在金融界掀起的金融创新至今仍方兴未艾，据统计，截至 2015 年，金融创新产品已经达到 3200 多种，名义价值高达 18 万亿美元。这一切都导致银行业竞争不断加剧，使得银行经营也面临巨大的压力。银行只有不断推陈出新、开发新产品，才能提高在金融市场上的竞争力。否则肯定会被市场所淘汰。

（四）提高现在市场的销售量

银行通过对市场所有的客户需求进行调查分析，设计出有效的金融产品，可以吸引客户，巩固已有的市场，同时，银行不断扩大与改善服务范围，对产品进行重新组合以便为客户提供更加便利、全面的服务，使客户得到新利益，增强银行对客户的吸引力，只有这样才能将竞争对手的客户争夺过来，使客户朝着纵深发展，不断提高市场份额。

很多银行、媒体人都在谈小微金融产品创新，而目前大部分银行没有建立相应机制，还停留在最原始的经营阶段。想要创新没有丰富经验，缺乏了解市场的人才。队伍建设尤其重要，产品经理队伍水平高低决定了创新什么样的产品、产品怎样销售，以及销售业绩，因此首先要建立适应银行小微金融的产品设计和销售队伍。

小微金融产品设计、营销及风险控制应该组成产品团队专业开发，由产品经理任组长。他们之间的工作侧重点不同，客户经理以拓展、维护客户为主，产品经理以产品及方案设计为主，而风险经理以风险控制为主。由于重点不一样，考核的指标设置及权重也应该不一样。考核中，产品经理将产品销售为考核指标，理想权重应该在50％左右。

二、产品创新机制

小微金融产品创新机制以产品经理为主，他们负责各类银行尤其是商业银行产品开发全过程的创新设计、生产营销、管理服务和应用实施。产品经理将银行产品的全过程创新设计、生产营销、管理服务和应用实施由面向产品本身和银行内部转而面向客户和市场，实现从环境分析、产品策划、产品设计、产品开发到产品的营销、推广、维护。改进产品市场效果评价与稽核的全过程产品生产、销售和服务，使银行能够推出适应市场需要的、可盈利的金融产品，从而更好地巩固现有客户关系，建立新的客户关系并实现利润的最大化。

具体来讲，产品经理要做好以下六个方面的工作：

（一）销售支持

产品经理在帮助销售人员完成公司目标中扮演主要角色，一名具有协调职能的产品经理会着重负责销售支持工作。同样，销售人员也会向产品经理提供有用的市场信息。在操作实践中，产品经理也需要花费一定时间，和销售人员、潜在顾客进行电话沟通。

（二）研发和生产

产品经理与研发部门和生产部门之间最频繁的接触可能发生于新产品开发阶段。产品经理必须依赖生产部门制造出价格和质量都合适的产品，并且及时传递给顾客。

产品经理还需要与各个具体操作部门联络,了解新产品的可操作性,估计未来的生产能力和效率。产品经理将代表顾客意愿,平衡投资回报率、顾客满意度和生产成本三者间的关系,建立各方均可接受的质量标准和服务标准。

(三)顾客和产品的维护服务(包括方案提供)

顾客服务作为一种职能,在银行内通常由客户经理完成。产品经理要从客户经理那里获取有关产品表现的信息,也需要向客户经理提供有关信息以提高顾客对产品的满意度。

许多产品附加值中的一部分是由服务构成的。产品经理必须确保服务人员制订服务标准,理解服务标准并且达到服务标准,并以顾问的形式为客户提供个性化的产品应用解决方案。

(四)预算与计划

产品经理必须和财务人员一起,使产品成本与市场价格达到平衡。产品经理根据财务人员提供的各种指标数据来制订预算、预计损益表及产品平衡表。

(五)营销策划与传播

产品经理决定产品的市场定位,职能部门负责把这种定位传递给消费者。根据产品的特性、目标市场,职能部门制订促销方案,选定合适的媒体传播。

(六)市场调研与持续改进

产品经理必须掌握市场和竞争对手的第一手资料。个人银行业务的产品经理通过针对特定群体和利用其他调查技术来直接接触客户;而公司银行业务的产品经理更可能通过与客户经理的接触而间接接触客户。

第二节　小微金融产品及方案创新原则和方法

一、创新的原则

小微金融产品创新要从小微金融的特点出发,必须考虑并坚持下列原则:

(一)与企业双赢的原则

双赢在营销学中的定义:双赢是成双的,对于客户与企业来说,客户先赢企业后赢;对于员工与企业来说,员工先赢企业后赢。双赢强调的是双方的利益兼顾,即所谓的赢者不全赢,输者不全输。这是营销中经常用的一种理论。

随着社会发展和人类文明进步,人们的思维能力、思维方式发生了很大变化。在经济领域人们不再固守成王败寇这一传统思维模式,而是慢慢地在寻找一种"互惠互利"的合作模式,也就是通常所说的双赢。

双赢思维是一种基于互敬、寻求互惠的思考框架与心意。只有在双赢思维下,才能实现冲突各方的利益均衡,找到他们之间的利益支点。

每个企业在潜意识里都想成为支配其他企业的霸主,但支配他人并不是一种健康的思想,它最终必将导致自己孤立,成为众矢之的。可以说,时代的发展已经让企业能够做到共存共荣,既有竞争又有合作,最终共同进步,说到底,这是一种良性的竞争。如麦当劳与肯德基、可口可乐与百事可乐等,它们始终保持着自身的优势,而又始终在比拼。

(二)照顾银行的风险偏好

商业银行的风险偏好不仅是董事会对风险接受水平的定性描述,更是基于量化体系的风险接受标准和收益期望水平。通过资产组合模型,可以将宏观层面的风险偏好分解到微观层面,实现自上而下的风险传导,同时又将微观层面的风险偏好执行情况反馈到宏观层面,实现自下而上的风险汇总。在极端情况下,银行通过测试不同风险偏好下的资本变化状况,可以为资本预算提供支持。

从商业银行内部风险管理的角度看,完全可以根据不同信贷资产类别的历史损失水平和银行风险控制体系的完备程度,通过确定差异化的置信度来体现对不同信贷资产组合风险偏好的差异。

考虑到历史上主权国家、金融机构和大型企业违约概率相对较低,特别是,考虑到我国银行业以信贷资产为主,在信贷资产中,企业授信比例远高于国际同业,其中国有或地方政府控股大型企业,由国有或地方政府提供隐形支持的大型企业占有相当的比例。如果这类企业的还款前景较乐观,对其短期贷款或授信(一年以内)可以考虑以 99% 置信度设定相对宽松的风险偏好,以此作为内部资本配置的基础。

从组合层面看,受经济周期波动的影响,相对于短期贷款,企业中长期贷款违约的可能性增加。在内部评级法初级法下,即使是抵押品超额覆盖贷款或授信,违约损失率也不能低于 35%。我国企业中长期贷款或授信中有相当一部分有效期限超过 5 年。银行可以设定比监管要求更严格的置信度,以 99.99% 的置信度作为银行内部计算银行中长期贷款未预期损失的基础。

内部评级法将满足一定条件的中小企业归入零售暴露(Retail Exposure),由于归入零售暴露的中小企业违约风险较高,如果银行业务发展战略鼓励零售中小企业的发展,那么对零售中小企业组合的风险容忍度应该提高,置信度可以考虑设在 95%。

针对公司业务,鉴于违约概率表示的债务人在未来一年内违约的可能性,对于期限在一年以上的授信申请,则需要以多年期累计的违约概率计算预期损失率。

在多年期累计的违约概率数据缺乏的情况下,设定预计损失率阈值应该足够保守。一年期预期损失阈值和多年期预期损失阈值的差别也意味着银行对多年期贷款或授信业务的风险偏好不同于一年期的风险偏好。

以极端情况下资本变化情况作为资本预算的依据,资本自上而下向单笔业务的分解过程远比预期损失的分解过程复杂很多,要考虑单个债务人之间违约的相关性,可以考虑借用内部评级法提出的以资产相关性替代违约相关性的思路。

新巴塞尔协议信用风险监管资本计算方法有四条基本假设,即银行的信用组合可以无限细分;贷款违约是由单一的系统性风险因子驱动;系统性风险因素是LOG正态的随机变量;非系统性风险因素也是LOG正态的随机变量。假设批发业务资产相关性为 $0.12 \sim 0.24$,其中中小企业因为考虑了规模调整因素,资产相关性在 $0.08 \sim 0.20$,住宅按揭暴露为 0.15,合格的循环零售暴露为 0.04,零售小企业和其他零售为 $0.03 \sim 0.06$。随着债务人违约概率的增加,资产价值的相关性呈现下降趋势。根据巴塞尔委员会的相关文件披露,批发业务资产相关性以10国集团银行实证研究为基础确定,而住宅按揭暴露采取固定的资产相关性则主要是通过对长期固定利率的按揭贷款实证研究确立。由于数据局限性,按揭以外的其他零售资产相关性主要是由监管机构判断得出的。2007年金融危机发生后,《巴塞尔协议Ⅲ》将符合总资产大于或等于1000亿美元的受监管金融机构和所有未受监管的金融机构,其所有风险暴露的资产相关性由 $0.12 \sim 0.24$ 提高到 $0.15 \sim 0.30$,进一步增加了资本要求。

将压力测试结果引进资本预算过程中是实施新资本协议的必然要求,银行进行资本预算可以由不考虑资产相关性的个体压力测试逐步过渡到考虑资产相关性的信贷组合压力测试,尤其是信贷组合在压力情形下,对银行资本充足率的影响是进行资本预算重要的考虑因素。如果压力情形导致银行整体资本充足水平处于商业银行风险偏好设定的资本充足率目标以下时,需要考虑压力情形发生的可能性及可能采取的补救措施,这也正是《巴塞尔协议Ⅲ》在银行监管方面的着力点。

(三)符合银行客户经理、风险经理的业务水平

银行客户经理、风险经理的业务水平决定了短期内产品的销售能力和风险控制能力,当然其可以通过培训逐步达到标准,但考核要放慢脚步。

(四)产品是否适合银行的原有客户群发展要求

原来没有小微企业,银行一下子要发展客户群,显然不切实际,风险就难以控制。此外,营销渠道也是必须考虑的。

二、产品设计流程

紧密围绕银行业当前及未来的客户需求、市场变化和我国银行业经营发展需要,

提出具有市场潜力的银行新产品创意,并围绕该创意开展调研论证,形成内容翔实、论证有力的产品设计方案,内容包括产品名称、产品构思、目标客户、产品解决的主要问题、产品主要用途、产品主要功能、客户申领和使用该产品的方式、银行服务模式、产品盈利模式、风险控制方式等。以下是产品设计流程的具体介绍:

（一）产品定义

小微金融产品与其他金融产品一样,要将市场、目标客户、销售目标加以分析,同时对产品定位、竞争对手等进行分析。设计银行新产品的定义如图 2-1 所示。

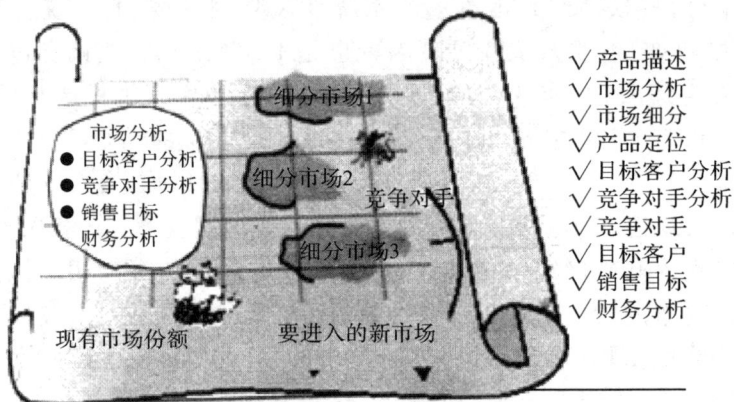

图 2-1　银行新产品定义

（二）产品的类型

银行产品设计分为仿制、改造、换代、全新,其风险也由低到高,如图 2-2、图 2-3 所示。

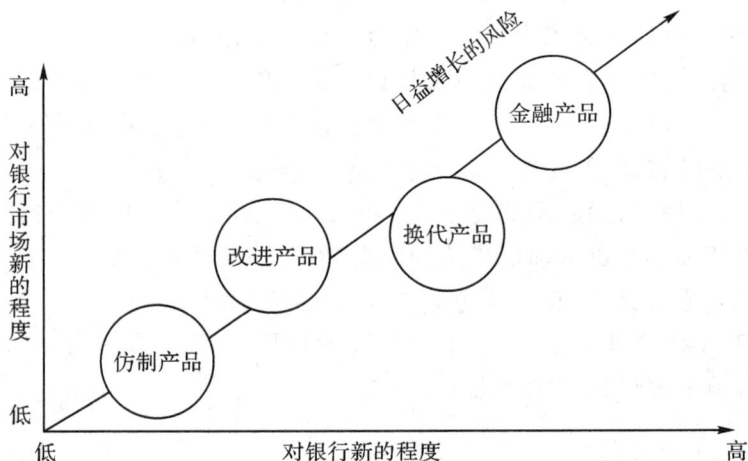

图 2-2　新产品的类型

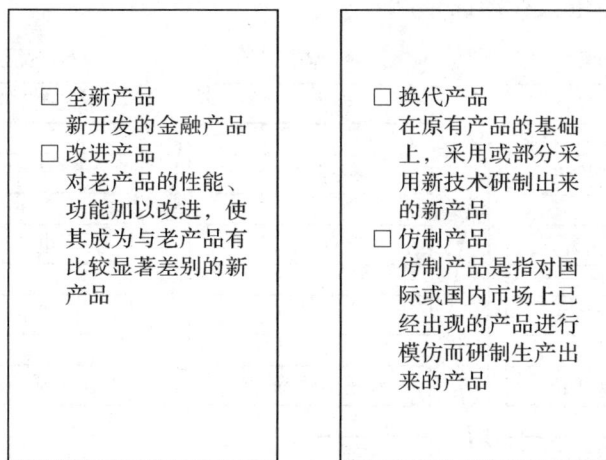

□ 全新产品
　新开发的金融产品
□ 改进产品
　对老产品的性能、
　功能加以改进，使
　其成为与老产品有
　比较显著差别的新
　产品

□ 换代产品
　在原有产品的基础
　上，采用或部分采
　用新技术研制出来
　的新产品
□ 仿制产品
　仿制产品是指对国
　际或国内市场上已
　经出现的产品进行
　模仿而研制生产出
　来的产品

图 2-3　银行新产品开发类型

（三）产品创新流程

创新要从银行经营的短期、长期来考虑，成熟一批，推广一批，其创新流程如图2-4、图 2-5、图 2-6 所示。

1. 新产品的开发使命。

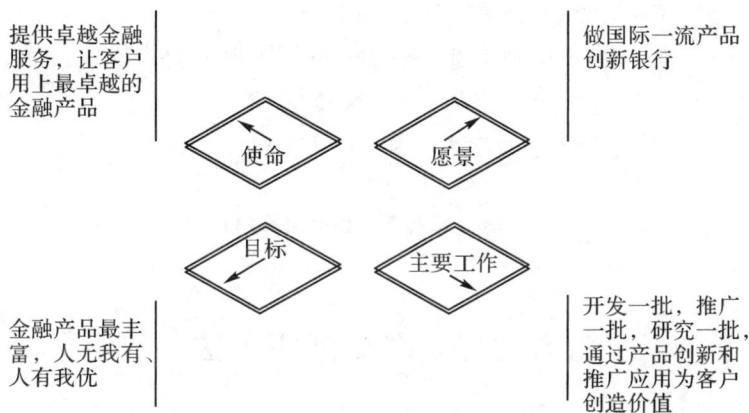

提供卓越金融服务，让客户用上最卓越的金融产品

做国际一流产品创新银行

使命　愿景

目标　主要工作

金融产品最丰富，人无我有、人有我优

开发一批，推广一批，研究一批，通过产品创新和推广应用为客户创造价值

图 2-4　银行产品创新流程（1）

2.客户需求催生银行产品创新。

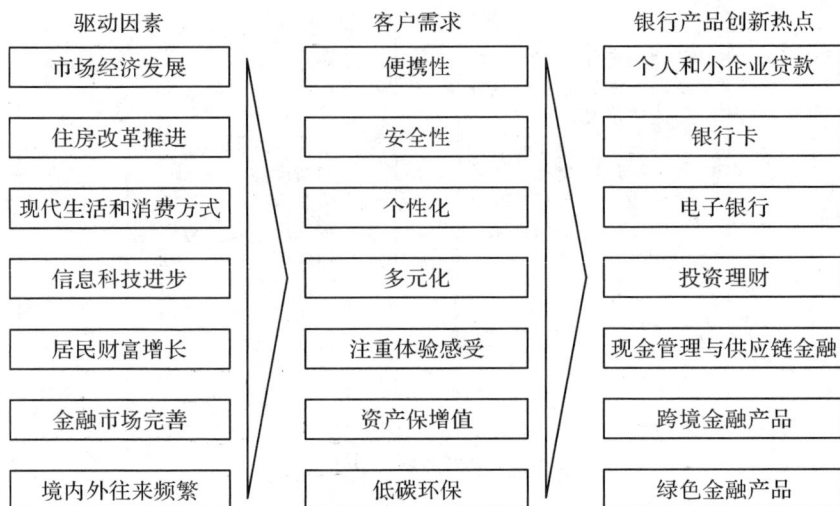

驱动因素	客户需求	银行产品创新热点
市场经济发展	便携性	个人和小企业贷款
住房改革推进	安全性	银行卡
现代生活和消费方式	个性化	电子银行
信息科技进步	多元化	投资理财
居民财富增长	注重体验感受	现金管理与供应链金融
金融市场完善	资产保增值	跨境金融产品
境内外往来频繁	低碳环保	绿色金融产品

图 2-5　银行产品创新流程(2)

3.新产品的开发步骤。

> (1)市场预测与需求调查
> (2)前期产品定位与设计
> (3)中期各业务条线沟通,吸取意见
> (4)后期市场推广,配合营销
> (5)建立产品形象,形成品牌

图 2-6　银行产品创新流程(3)

第三节　产品创新方法

　　银行为客户制作个性化金融产品服务方案,熟练掌握各项银行产品的组合,关联使用技巧很有必要。销售、采购融资、管理、理财是金融企业的核心需求,银行进行产品组合设计,本着"便利采购、促进销售、节省利息、强化管理、理财增值"的目的,从企业的角度来思索银行的价值。

　　银行的各项产品是相互关联的,单一使用效果不够理想,客户的忠诚度低,银企合作流于表面。尤其是授信产品单一使用具有一定的风险,如果银行承兑汇票与现金管理、理财结合,就可以有效提高客户综合回报。客户经理应当能够组合银行的产品,形成对客户有价值的服务方案。

关系可以靠一时,能设计适合客户的金融方案的银行才能终生赢得客户。现在需要启发客户需求,客户经理应成为客户的教练,手把手教会客户如何使用银行的产品。

思维决定行动,行动决定结果。客户经理必须具有较强的开拓创新意识,开拓创新意识主要体现在客户市场的开拓及金融产品营销的开拓方面。优质服务体现在全新的客户服务理念、全方位的客户服务内容及现代化的服务手段上。为使简单枯燥的服务工作变得丰富多彩,真正体现客户第一的观念,客户经理在接触客户的过程中,要牢记客户的需求就是客户经理的工作这一发展思路,勇于创新,创造性地开展工作,用真诚的心,把兄弟情、朋友义注入工作中。要为客户所想,知客户所愁,排客户所忧,做客户所需,情系客户心,用情去包容客户,用心去体谅客户,用爱去感动客户,用优质服务去发展客户。

小微金融创新的方法要根据企业的特点展开,主要从以下方面考虑:

一、创新存款类产品

小微企业对存款的回报少,应将资金来源作为重点来发展,开发产品也应以此为重点。

（一）组合存款

储蓄存款不符合银行的固有存期时,可以对存款制订一个最佳组合计划,即收益最大的组合计划,也即"组合存款"。

定期存款的利息可以直接计算。如果定期存款到期未取,超过期限的天数按活期存款利率计息。如果急着用钱,提前将定期存款取出来,就会有利息损失,因为取出来的那部分本金是按照活期存款利率计息的。

组合存款业务是指个人或单位客户在存入存款时,不约定存期,支取时按实际存期所对应的整存整取或通知存款利率档次计付利息的一种存款业务,有的银行也叫理财业务。

单位客户办理这种存款业务,可为其出具带有"××"字样的单位定期存款证实书。

个人组合起存金额为 5 万元,现金或转账方式均可办理。

单位组合起存金额为 50 万元,多存不限,只能以转账方式办理。

每笔这种存款业务实际存款天数所达到最长期限档次部分,按此期限所对应的开户日(存入日)人民银行挂牌公告的整存整取利率档次计息,剩余部分所达到最长期限档次部分按此期限所对应的起始日人民银行挂牌公告的整存整取利率档次计息,以此类推;若实际存期或剩余部分天数在 7 天以上(含)不满 3 个月的,则该部分天数全部按照支取日人民银行挂牌公告的 7 天通知存款利率计息;若存期或剩余部分天数在 7 天之内的,则该部分天数全部按照支取日人民银行挂牌公告的一天通知存款利率计算。

这种存款业务按满足定期存款组合的存期和相应整存整取利率计提利息,不足存期的部分不计提利息。

这种存款业务允许部分支取,部分支取本金按当时适用利率计息,剩余部分本金不作变动。单位这种存款的部分支取金额不得少于 10 万元。这种部分支取后的留存金额不得低于最低起存金额。

这种个人存款允许行内通存通兑,但不支持在他行柜面、自动存取款机办理存取款及转账。

单位存款不允许行内通存通兑,也不支持在他行柜面、自动存取款机办理存取款及转账。

（二）小微金融负债

小微金融负债除了资产派生类存款外,还有乐收银、现金管理等结算工具聚集的存款,以服务客户现金流为核心,探索增加存款新渠道,重点强化结算平台建设,完善现金管理业务系统,继续依托传统结算、交易融资、贸易融资、现金管理等重点业务及服务拉动存款增长,对公存款内生性增长机制逐步形成。

（三）外汇存款利率

相比之下股份制银行和城商行的美元、欧元和港元存款利率普遍比较高,以一年期存款为例,小银行的美元利率多数为 0.5%,有的高达 2.5%,比四大行中最低的高出 1 个百分点。股份制银行的港元利率大多为 1% 或 1.2%,与四大行相差不大。有的城商行为 2%,而最高的一家股份制银行则报出 3%,可见小银行中这三种外币一年期存款的最高利率与四大行中的最低利率相比都高出了七八成。

（四）本外币买卖及换存

根据其利率及汇率走势,确定利率收益。

二、创新小微信贷产品

要从自身发展阶段及行业本身出发,因各家企业经营特点千差万别,各家银行应针对性地推出信贷产品。如处于创业期的企业往往经营年限短、缺乏抵押物,普通的抵押贷款就不能满足他们的需求。郊区农户如果想申请贷款的话,就不妨考虑银行专为农户设计的信贷产品,这类产品一般额度较小,手续也相对简便。泰隆银行的"创业通"和"易农贷"等为特定群体设计的产品就可以满足这部分客户的需求。

要合理确定贷款期限。合理的贷款周期不仅能满足企业的资金需求,还能让银行更好地了解企业经营状况,开展进一步服务。专家提醒,贷款期限其实不是越长越好。不同行业都有着特定的周期,行业周期才是小微企业合理确定贷款期限的关键。此外,针对一些没有明显周期、资金需求频次高的小型商贸流通型企业,一次授信、随借随还的信贷产品能够满足他们"短、频、急"的需求。如泰隆银行推出的点点鼠标就能放贷的"融 e 贷"、中期贷款"SG 泰融易"、"接力贷"、"延展贷"等产品。

（一）与有效积数挂钩的借贷产品

存贷积数挂钩贷款,指用借款人（包括企事业单位、个体工商户、自然人）在一定时期内的存贷积数比来确定贷款利率的一种贷款品种,采用房产抵押或他人保证为贷款担保方式,实行贷款优先、利率优惠。办理存贷积数挂钩贷款遵循"先存后贷、贷款担保、操作快捷、互惠互利"的原则。

一个贷款客户允许与本行的多个存款账户（包括个人银行结算账户、个人活期储蓄账户和通知存款账户）建立存贷挂钩关系。几个存款账户只能与一个贷款客户建立存贷挂钩关系。同时又具有一定的灵活性,根据客户需要,可以经审批将自己的存款积数变更到其配偶或其他家庭成员账户上。企业单位存款积数原则上用于与其企业贷款挂钩,但确实需要,经审批可以变更到其企业法定代表人账户或指定股东账户。

个人存贷积数挂钩贷款额度确定的方法：根据借款人（挂钩关系人）贷前存款积数加上期结算冲减存款积数、贷款额度和贷款天数（最小按 90 天计算,大于 90 天按实际天数计算）及一定的存贷比例来确定。即贷款金额＝（贷前结存存款积数加上期结算冲减存款积数）÷（贷款天数×存贷比例）。

贷款利率的确定,利率按存贷比例及担保类别共分为四档：存贷积数比例2∶1保证贷款、存贷积数比例1∶1保证贷款、存贷积数比例0.5∶1保证贷款、存贷积数比例1∶1抵（质）押贷款。

（二）担保类贷款产品

小企业融资难的核心原因在于其担保物有限,担保能力不足。可以实行仓单质押、多户联保、第三方回购担保等担保方式；研究采矿权抵押、水面养殖经营权抵押、"公司＋农户"保证担保、农民专业合作社保证担保、集体流转土地担保等担保方式的可行性；利用广东省中小企业再担保公司授信额度获农行总行的双重条件下,把抵押担保乘数放大至 1 倍或 1.5 倍；积极推进广州市融资担保中心"七三"分险模式,深化银担合作,创新合作模式。事实上,普通的担保只能贷到担保额的七成。

2012 年 12 月 6 日,中国民生银行广州分行广东高科产业商会小微金融商业合作社成立。该合作社已招募 50 多家社员企业。合作社的成立标志着民间团体与银行的合作迈向新的历程,金融是现代经济的命脉,金融部门和企业是经济社会发展不可分割的整体。加强银企合作,意义重大而深远。民生银行广州分行和协会领导希望更多的企业加入中小微金融合作社,争取更多的中小微企业逐步做强做大,为广东的经济发展多做贡献。

黄浦区工商联与民生银行上海分行签订了《小微金融服务战略合作协议》,内容包括成立工作领导小组、互派对口联系人、推荐信用授信等。截至2012年8月末,黄浦区内的十个街道商会、一个园区商会和一个行业商会都与民生银行开展了合作,共建立了12家小微金融服务合作社,吸收小微工商企业会员600多家。民生银行上海分行将为这12家小微企业金融服务合作社提供无担保信用授信2.4亿元。

三、资产和负债业务的联动

小微企业对银行而言不只是贷款收益,中小银行正通过持续创新,全面绑定小微企业客户,新推出的一些小微金融业务给银行带来了存款资金沉淀。

中小银行竞相开展的供应链融资业务亦可以拉动存款增长。供应链融资对拉动存款肯定是有帮助的,供应链上的企业要申请保理业务、应收账款融资业务,需要在提供融资的银行开立结算账户。

商户卡流水贷对吸引存款资金沉淀是有一定效果的。流水贷是民生银行针对细分行业客户推出商户卡所具备的新功能。而在当前银行存贷比普遍较高的情况下,存款对贷款增长的牵制作用又越发突出,小微企业专项金融债的发行对于存贷比较高的银行无疑是一场及时雨。

创新小微金融方案:

组合贷业务,是指客户以不动产抵押为主担保方式,并追加其他补充担保措施向银行申请授信,银行给予最高授信额度不超过抵押物评估值60%的短期融资业务(包括流动资金贷款、银行承兑汇票等表内外短期融资业务,下同)。担保方式项下不动产包括土地、住宅、商铺、办公楼及工业厂房等。组合贷业务纳入客户统一授信额度管理。

组合贷业务授信申请人除须具备银行短期融资业务规定的基本条件外,还须具备以下准入条件:①原则上成立两年(含两年,优质客户可适当放宽)以上或主要股东(含实际控制人)在本行业经营三年(含)以上;②主营业务清晰,所属行业为当地的优势行业或特色行业;③企业实际控制人无不良嗜好、无恶性不良信用记录。

主担保措施项下的不动产抵押物,必须符合要求且为授信申请人、授信申请人股东或实际控制人及第三方支付合理对价合法取得的、产权明晰、可公开交易、可办理抵押登记的不动产。

补充担保措施包括第三方担保、动产质押、权利质押、其他不动产抵押（非首次抵押）等。补充担保措施应不低于银行授信敞口与主担保方式项下抵押物折算值的差额，且尽最大可能覆盖银行授信敞口。

主担保方式项下抵押物折算值＝主担保方式项下抵押物评估值×《XX 银行公司客户授信担保管理暂行办法》规定的对应抵押率上限。

若补充担保方式为银行准入的专业担保公司，该公司单户担保限额及可用担保额度不得低于拟办组合贷授信敞口余额与主担保方式项下抵押物折算值的差额。

若补充担保方式为非专业担保公司的第三方法人，其净资产原则上应大于拟办组合贷业务授信敞口余额与主担保方式项下抵押物折算值的差额；同时该法人须生产经营状况良好，代偿能力较强，无重大债权债务纠纷，资产负债率不得超过 70%。

若补充担保方式为动产质押或权利质押，动产或权利价值的折算值（动产评估值或权利价值×《XX 银行公司客户授信担保管理暂行办法》规定的对应抵质押率上限）须覆盖拟办"组合贷"业务授信敞口余额与主担保方式项下抵押物折算值的差额。

若补充担保方式为其他不动产抵押（非首次抵押），该抵押物折算值[（抵押物评估值－前抵押权人对应的债权金额）×《XX 银行公司客户授信担保管理暂行办法》规定的对应抵质押率上限]须覆盖拟办"组合贷"业务授信敞口余额与主担保方式项下抵押物折算值的差额。

上述几种补充担保措施也可以组合使用，但各种补充担保措施按前四款规定计算的担保额度之和须覆盖拟办组合贷业务授信敞口余额与主担保方式项下抵押物折算值的差额。

四、科技＋融资

银行借助信用卡发放小微贷款，突破了消费范畴。

信用卡具备一定优势：一是绝大多数小微企业主都有信用卡，透过信用卡能窥出其信用情况，这就解决了小微企业贷款经常缺乏抵押担保的问题，信用卡所在银行在对其信用考核完成后，提供的服务是无抵押无担保；二是信用卡便捷，只要在额度内，贷款方便快速，无须烦琐的审核流程。

不少银行针对小微企业开设的信用卡融资服务没有免息期，往往是协议价，适合流动资金一时短缺、很快可以还款的客户，不宜作为长期融资工具。

五、互联网金融产品创新

互联网金融能够呈现注册用户的动态信息，一定程度上摆脱了依靠抵押品的传统信贷技术，可以通过这些数据来发现消费的行为，用数据进行管理。互联网介入金融，主要是提供更多的产品信息以及过往的历史记录，能够让信息更透明，信息的传播更迅速。

银行试水微信金融信息安全成最重要课题，但微信提醒某种程度上可以取代短信提醒，而微信其实更符合现在客户的使用习惯，而且图文并茂，提供信息更丰富。重要的是，对于银行而言是免费的，成本低。

由于融资难，不少小微企业主瞄上了信用卡，通过透支保持现金流。然而几万元的透支额度仅是杯水车薪。既然用户把视线投向了信用卡，一款专门针对小微客户短期融资需求的个人信用卡问世了，该卡特点是预先授信，随用随取，按日计息，明确最低还款额，轻松周转也充分考虑了小微客户融资特点。

六、涉农个人小额贷款

涉农个人小额贷款是指向自然人发放的用于"涉农"生产、经营和消费的贷款。

借款人必须具备的条件有：具有合法有效的身份证明，原则上借款人年龄与贷款年限之和不超过65岁；借款人需为"涉农"人员，具体包括：种植户、养殖户、订单农业户、进城务工经商户、小型加工户、运输户、农产品流通经营户等各类"涉农"的生产经营户，进城务工或创业的农民，以及长期在县（含县级市）及以下地区的政府、医院、学校等机构中为"三农"提供服务的人员；信用良好，无不良记录，有偿还贷款本息的能力；能够提供银行认可的担保。

各类涉农经营户应满足的条件：需工商登记的，应拥有工商登记的营业执照，并通过年检，不需要进行工商登记的（含种植户、养殖户、租赁经营户等）提供相应的材料；信誉良好，经营正常；银行规定的其他条件。

涉农个人小额贷款用途。用于涉农生产经营周转；用于购置农机具；用于日常消费、购买高档耐用消费品和建房或购房等。

七、贷款速度＋小微企业循环额度

（一）小快灵·快易贷业务（以下简称"本业务"）

主要针对经营正常的借款人，能够提供强抵押和强担保条件下的授信业务申请，因此各行在办理本业务时应重点调查审核抵押物的产权归属、存续状态、抵押设定及司法部门查封冻结等情况，调查核实担保公司准入评级、履约代偿、在保总量、申请业务是否纳入再担保体系等情况。

本业务最高可做到"一次授信,三年有效",可将授信期限放宽至三年,但每年应做好额度审核工作,鉴于担保公司每年需进行准入工作,原则上应将授信有效期限控制在一年(含)以内。

对于授信期限在一年以上的,经办行可按实际批复的授信期限与客户签署《最高额综合授信合同》,并应在合同中"双方约定的其他事项"中注明以下内容,"授信人每个年度有权对受信人的综合授信额度进行审核调整,具体额度以授信人审核通知为准且不超过本合同所定最高授信额度"。

(二)"村长贷"产品

"村长贷"是创新服务"三农"理念,以三户联保、互保、信用为主要担保方式,推出"村长贷"产品,目前已向 40 名村主任发放贷款 8000 万元以上,为村级小微企业发展注入了活力,深受村里干部群众欢迎。

八、贷款+债券

2012 年,民生、浦发和兴业银行被银监会批准发行的人民币债券额度分别为不超过 500 亿元、300 亿元和 300 亿元,募集资金须专项用于小微企业贷款。此举有利于解决三行小微企业贷款资金来源不足的问题,缓解银行存贷比压力,同时有助于补充中长期负债来源。在当前银行体系内流动性日益紧张、吸储压力加大的情况下,发行小微企业专项金融债,一方面可以增加银行小微企业信贷资金额度,另一方面还可以享受存贷比考核上的放松政策,商业银行因而有较高的意愿申请发行。此举在利好银行的同时,也使小微企业迎来及时雨。

九、固化小微企业客户营销模式

(一)供应链融资

供应链融资是指把行业内供应链条上的核心企业及其相关的上下游配套企业作为一个整体,根据供应链中企业的交易关系和行业特点制订基于货权及现金流控制的整体金融解决方案的一种融资模式。供应链融资解决了上下游企业融资难、担保难的问题,通过打通上下游融资"瓶颈",降低供应链融资成本,提高了核心企业及配套企业的竞争力。供应链融资以行业核心企业为载体,涉及供应商、制造商、经销商、零售商、物流企业等众多上下游企业,涉及核心企业资金流、物流、信息流,有利于银行风险的整体控制、拓展客户基础,有利于核心企业进行行业整合,集中行业资源,降低融资成本。

国内较多银行已建立完整的供应链融资产品体系,如建设银行的供应链融资产品,包括:订单融资、动产融资、仓单融资、保理、应收账款质押、保单融资、法人账户透支、保兑仓融资、金银仓融资、电子商务融资十大类产品,覆盖了企业经营的各个环节。

供应链融资主要的风险来自核心企业风险及其合作风险,核心企业风险主要来自经营风险和信用风险,合作风险最主要的是合同风险,其主要的风险防范重点在于考察贸易的真实背景、交易的连续性、交易对手的履约能力、业务的封闭运作与贷款的自偿性。供应链融资的营销要抓住行业内核心企业,以其为出发点向其上下游辐射,通过物流、资金流的延伸最终覆盖整个行业的各个环节。

(二)商圈融资

商圈是指集聚于一定地域或产业内的商贸业经营群体。随着经济的发展,以商品交易市场、商业街区、物流园区、电子商务平台等为主要形式的商圈经济发展迅速,成为中小企业生存和发展的重要载体。商圈融资作为服务中小企业的创新举措,受到国家政策支持,商务部、银监会联合发布了《关于支持商圈融资发展的指导意见》,对发展商圈融资做出了具体部署。国内商圈融资的主要做法有:一是商圈担保融资,商圈管委会或管理公司、商会对入驻商圈的中小商贸企业进行筛选,然后通过担保公司为其中的合格者担保获取银行贷款;二是商铺经营权质押融资,个体工商户将商铺的经营权、优先续租权向银行质押获取融资;三是通过建立商圈物流监管平台,为商圈企业提供动产质押融资业务。商圈融资可以通过集中采购融资、"1+N"互助担保、资金池集群担保等形式,为商圈内中小企业提供融资。商圈融资是主要以地区内占有水平较高、效益较好、经营较规范、发展前景好的专业市场整体为重点营销对象,通过信用增强手段,向市场内发展较好的重点企业进行授信的营销模式。

(三)产业链营销

产业链营销是为市场后进者制造进入壁垒的首选利器。对待客户不能一放、三收(收贷、收息、收中间业务)了事,停留在这个阶段,一旦面临价格战或其他冲击,其主流银行地位将风雨飘摇。要长治久安,必须研究客户上下游,主动寻求一切机会编织网络,促进其使用网络产品,将其核心经营活动与银行产品绑定,提高市场后进者进入难度。

(四)专业市场营销

专业市场融资需求差异较大的特点,从准入条件、信贷模式、业务办理流程及产品营销等方面给予个性化的规定。2011年初,农行广东分行推出了"金利市"专业市场信贷业务,对专业市场客户量身定制集合"支付结算、贷款融资、理财规划"为一体的全方位、多层次的综合金融服务,2012年底已为全国性的大型专业批发市场制定专项融资服务方案33个。

【本章小结】

　　本章以小微金融产品创新为主线,先讨论小微金融产品创新的目标,以及与之建立相适应的机制。其次介绍小微金融产品设计的流程,包括产品定义、新产品类型、产品创新流程等。这里要特别注意突出小微金融产品特色,能用所学知识分析目前市场中的小微金融产品,能进行分类,在总结和分析客户需求的基础上设计开发符合银企双方利益,达到共赢的小微金融新产品。本章还介绍了小微金融产品创新的一般方法,以供参考。

第三章
小微金融服务创新

资料导入

中信银行东莞分行为切实改善和深化小微企业金融服务，宣传推广扶持小微企业的各项政策措施，大力发展普惠金融，积极响应广东银监局号召，于近日在辖内 27 家网点集中开展以"普助小微、惠及民生"为主题的第四届小微企业金融服务宣传月活动。

中信银行东莞分行相关工作人员介绍，近年来，银行业坚决贯彻党中央国务院决策部署，积极深化改革创新，持续服务实体经济，小微企业金融服务取得了一定成效。"第四届小微企业金融服务宣传月"的开展，目的是深入发展普惠金融，强化先进典型的示范和引领作用，切实缓解小微企业融资难、融资贵问题。

活动启动以来，中信银行东莞分行一方面通过在辖属各网点设置宣传展板、设立咨询点，以及悬挂条幅和 LED 电子显示屏滚动播放等方式扩大宣传覆盖面，另一方面则组建专业队伍，进社区、进企业，辅以宣传手册、电话访问等途径，开展了多场户外驻点展览、银企对话等活动，进一步宣扬了小微企业金融服务。

在本次小微企业金融服务宣传月活动中，中信银行东莞分行着力对银监会出台的差异化监管政策措施进行宣传，对地方政府和相关部门出台的支持小微企业金融服务的总体部署、金融服务、产业支持、财税优惠等政策措施予以普及，并介绍和推广了该行在服务小微企业方面的各类金融产品和优惠政策，助力普惠金融的发展。

第一节　概　述

一般来讲,在商业领域,服务当属营销范畴之内,因为商家提供服务,也无非是想获得客户对本企业提供的产品及服务的肯定并期望持续合作下去,即是接受继续由本企业为其提供本类商品。再换个角度看,营销也是一种服务。营销致力于在全体员工的共同努力下,将企业的价值传递给顾客。当然,其前提是企业所提供的产品或服务对顾客一定是有真正价值的,而不是坑蒙消费者而为企业牟取不法私利。所谓君子爱财,取之有道。通过正当合法的营销手段将具有使用价值的产品或服务营销给客户。所以服务显得越来越重要。

从金融角度讲,金融就是一个服务行业,包括提供贷款、结算、存款、咨询等,狭义的金融是指为客户提供除信贷、结算以外的额外工作。由于小微金融需求的特殊性,决定了传统的以规模扩张为导向的发展模式在这一领域难以为继,需要银行对服务机制进行改进和优化。小微金融面广、量大,分布比较分散,要做出品牌,服务必须要提升。

一、小微金融服务

(一)明确服务部门及其职责

提升服务水平,组织领导是关键。各单位要建立"一把手"亲自抓、分管领导具体抓、部门负责人主要抓的活动组织管理体系,以保证营销活动的持续、有效开展。

建立服务管理部门负总责、各业务部门分工负责的机制,具体来讲,客户服务部要负责:①全面负责电话中心各项管理工作,制定和完善二线支持协调制度,确保电话中心高效运行。②配合柜面主管部门制定和落实柜面客户服务标准化实施细则,对于各分支行的柜面客户服务标准化实施情况定期开展检查通报等各项工作,督促提升柜面服务水平。③制定和完善客户投诉管理办法,细化投诉处理流程、部门管理职责;定期对全行投诉受理、处理情况进行汇总、分析、通报。④配合总行客户经理主管部门制定客户经理客户服务日常化规范管理相关办法。⑤配合人力资源部门开展客户服务线的人员绩效管理工作。⑥配合培训中心开展全行客户服务相关培训工作。⑦负责开展客户满意度调查、评估、考评和通报工作,并针对服务薄弱环节开展整改。

小微金融设置专门部门的原因,是为了检查营销部门的冒名、借名贷款及审批效率,这与做大企业融资业务有不同之处。

各业务部门负责本条线的服务工作,强化服务意识,牢固树立一线为客户、二线为一线的理念。适时开展岗位练兵活动,将服务内涵从礼仪向技能延伸,努力提升本单位的整体服务效率与服务质量。

柜面作为银行对外服务窗口,与客户接触最为频繁,客户对银行服务的认同和满意程度,在很大程度上取决于柜面人员的服务水平和服务质量。因此,要把规范柜面服务质量、提高柜面人员的优质服务意识,作为重点来抓。

加强投诉处理。对各类投诉明确处理部门、处理流程、处理方法等,明确投诉处理的责任制,在对外服务的醒目位置公布投诉电话。对于发生的投诉事件,坚持哪个单位、哪条线发生投诉事件,就由该单位、该条线妥善处理,并要加强与投诉人及时联系和沟通,双方达成谅解,坚持不上交、不扩大。

加强监督检查。各单位要采取多种手段与方式加强活动的监督检查。暗访、录像检查涵盖全行所有网点,暗访每季一次,由总行外聘的专业公司负责;录像检查每半年一次,由总行服务管理部门负责。明察进行分级管理,总行服务管理部门负责辖内分支机构及总行本级,分行负责辖属支行及分行本级。总行本级的明察每月一次,辖内分支机构的明察每年一次,分行明察次数自定但全年不少于两次。

(二)服务制度的建立和完善

小微金融本身由于起步晚,规模小,因此刚开始就要重视制度建设。服务要从制度上改进,杜绝领导独裁决定,明确各部门职责、服务流程,这有利于提高办事效率,创造一个标准化的服务模式,形成一整套的优质服务规范,将以客户为中心的服务理念真正由表面化向内核层转变,用服务水平增强客户认同感,用服务质量提升客户满意度,使客户服务质量在同业中处于领先水平,并使广大客户能够充分感受到银行的优质文明服务和股份制改革后的崭新形象。要建设具有竞争力的一流商业银行,就要从根源上把以客户为中心的理念烙印在每一位员工的内心深处,真正做到"您的需要,我的追求"。银行需要制定《××营业机构服务规范指引(实行)》以及《××支行标杆网点规范化管理手册》,并认真组织员工学习,严格执行"服务环境规范""员工行为规范""营业机构岗位流程规范"及"突发事件和特殊状态服务规范""服务管理规范"五个板块工作要求,创造整洁的工作环境,合理的业务流程,切实形成"以客户为中心"的具有合力的服务工作格局。让每一名员工树立这样的理念:

换位思考,用心服务。客户是银行赖以生存的基础,服务好客户、让客户满意是我们生存和发展的必然选择。网点员工一定要树立换位思考的观念,站在客户的角度用心服务、思考问题、安排工作、替客户解决问题。

注重细节,周到服务。细节决定成败,"以客户为中心"理念必须全面贯穿到网点服务的每个环节,把服务的细节做精细,使整个工作链条坚实而牢固;关注细节,为客户提供超值的服务;注重细节,展示良好的形象和气质;服务无止境,注重操作过程中的创新和突破。

　　真诚如一,标准服务。无论客户大小、业务多少,都要一视同仁,对待每一位客户都要始终如一地热情、真诚;客户走进银行的每一个网点都能享受到统一标准的服务。

　　合理引导,个性服务。要善于了解客户的不同需求,根据客户需求的不同提供不同的服务内容和服务方式。

　　准确定位,专业服务。网点员工要善于钻研,成为金融专家,努力为客户提供有深度的专业服务。

　　由于小微金融机构少,银行可将服务好的客户经理在媒体上公布以增强对银行及客户经理的信任度。

　　(三)职业道德

　　网点服务工作是银行业务的重要组成部分,职业高尚、责任重大。作为一名银行网点员工应做到:

　　1.热爱金融事业,爱岗敬业,勤奋工作,乐于奉献,努力完成各项工作任务。

　　2.平等自愿,诚实守信,不损害国家利益、社会公益、客户利益。

　　3.维护银行的利益,珍惜银行的荣誉,保守银行的秘密。

　　4.公平竞争,恪守商业道德,不以不正当手段争揽业务,不对产品进行故意夸大、引人误解或有歧义的宣传,不得贬低同业的产品或服务。

　　5.严格遵守国家法律、法规和银行有关规章,不违规或变相提高利率吸收存款,不向客户承诺法律法规、政策许可之外的利益。

　　(四)行为举止

　　良好的服务态度是以客户为中心的服务理念的直观体现,热情自然的行为举止向客户展现了银行网点员工积极向上充满朝气的精神面貌。因此要求每一位网点员工要做到:

　　1.接待客户提倡站立式服务,礼貌热情,主动招呼,微笑迎接。做到问有答声,走有送声。

　　2.要保持精神饱满,举止端庄,神态自然。站姿挺拔,坐姿文雅,行姿稳重。

　　3.与客户交谈要规范使用服务用语,提倡说普通话。特殊岗位根据业务需要掌握特殊服务用语,努力实现语言无障碍服务。

　　4.对待客户要做到:存款取款一样主动,生人熟人一样热情,忙时闲时一样耐心,表扬批评一样诚恳。

　　5.办理业务坚持"先外后内、先急后缓"的原则,保证客户优先;柜员轧账必须在柜员无客户情况下进行;因故离柜中断服务,必须摆放"暂停服务"柜员指示牌,向客户明示并引导客户在其他柜台办理业务。

（五）技能技巧

具备娴熟的业务技能，是胜任本职工作、为客户提供优质服务的基本保证。因此要求每一位网点员工要做到：

1.努力钻研业务知识，熟练掌握岗位业务操作程序，不断提高实际工作水平.能够准确识别假钞及伪造、变造的票据。要掌握与业务相关的计算机应用知识，熟练操作岗位各种电子设备。

2.熟悉掌握网点开办的各类业务及具体办理程序。了解掌握与营业网点业务相关的各项金融业务知识及规章制度，并能熟练运用解决实际工作中遇到的有关问题。

3.坚持持证上岗，考核不合格必须下岗参加培训。不断学习，保持和更新专业知识，充实和提高业务技能，成为网点服务的专家，为客户提供专业化服务。

4.勇于创新，改进服务。服务无止境，要与时俱进，创造性地开展工作；要善于发现服务中的问题，及时改进服务的流程，提高服务的效率。

5.掌握当地方言，提倡学习外语，并将其用于本岗位日常业务会话。

（六）仪表服饰

员工庄重的仪表，得体的服饰，体现银行的信誉，能使客户增加对银行的安全感和信任感。所以，在仪表服饰方面要注意做到：

1.同一网点应该统一着装，着装要保持整洁、得体、大方。

2.必须在左胸上方佩戴统一的工号牌。

3.发型自然，不染异色，仪表大方，装饰得体。

4.不戴有色眼镜，不佩戴过多或过于耀眼的饰物。

5.员工不得文身，不留长指甲，女员工不得浓妆艳抹，可化淡妆，不涂有色指甲油。

（七）环境维护

网点环境会对客户排队等候心理和行为有不同的影响，网点员工要积极维护，加强引导，强化对客户的正面影响，使客户对营业网点的服务和工作效率产生一种信任感。在实际工作中，应该做到：

1.网点必须配备大堂经理。大堂经理要有亲和力，应具备较全面的业务知识水平、较强的沟通能力和应变能力。必须做到：指导业务耐心细致，解答客户咨询认真准确，确保营业大厅正常有序，处理纠纷及时公正。

2.合理安排营业窗口和工作人员，提高工作效率，缩短客户等候时间，切实解决客户排长队的问题。

3.保证营业网点整洁、明亮、美观、大方。要提供完善、周到的便民设施和无障碍设施，如设置安全警示、业务品种项目牌、利率牌、服务收费标准牌，提供客户书写用具等,并通过增加自助设备等保证多种服务渠道。

4.公布服务监督电话号码,设立意见簿。对客户的服务需求和疑问咨询要及时办理、解释,书面意见应有正式处理结果并告知客户。

5.配备自助设备专管人员,保证设备的正常运行,做好自助服务项目的宣传辅导工作,积极引导、合理分流客户使用自助设备。

6.做好业务宣传和产品介绍。各类业务宣传广告应摆放有序,有条件的网点可设置专门的公示栏。

（八）工作纪律

只有严格遵守纪律,才能保证银行机制正常运转,各项业务顺利进行,使工作效率得到提高。因此,每位网点员工必须做到:

1.按时上班,不迟到,不早退,坚守岗位,不擅自代班代岗。有事须办理请销假手续。

2.岗前不得饮酒,当班不得吸烟。

3.上班时间,精力集中,不做与工作无关的事情。

4.营业闲暇时,不得举止懒散,或离岗串岗。

5.办理各项业务时,严格按业务操作规程和有关制度办事,杜绝违规操作。

6.工作出现差错,不得隐瞒包庇,最大限度挽回损失。

7.不得利用工作之便贪占客户利益;临柜人员不得携带私有、非营业用现金,存折,存单,银行卡上岗工作。

8.发现内部违规、违纪、违法行为必须及时报告。

9.保证按照对外公布的时间营业。未经批准不得中途或提前停业关门。

10.服从领导,听从指挥,令行禁止。对工作提出意见或建议应通过正常渠道反映。

二、小微金融服务承诺方案的建立与完善

小微金融面广、量大,分布比较分散,因此服务创新需要政府、社会、金融部门的通力合作,发挥各部门的作用,主要是要建立部门条线承诺制,这对提高工作效率尤为关键:

（一）建立银行大堂经理制

建立银行大堂经理制可以起到有效的引导作用,更能有效沟通银行内部各部门与客户之间的关系,其主要岗位职责:服务管理,严格按照《银行服务工作规则》和《大服务工作实施方案》的规定,协助网点负责人对本网点的优质服务情况进行管理和督导,及时纠正违反规范化服务标准的现象。迎送客户,热情、文明地对进出网点的客户迎来送往,从客户进门时起,大堂经理应主动迎接客户,询问客户需

求,对客户进行相应的业务引导。热情、诚恳、耐心、准确地解答客户的业务咨询。差别服务,识别高、低端客户,为优质客户提供贵宾服务,为一般客户提供基础服务。根据客户需求,主动客观地向客户推介营销先进、方便快捷的金融产品和交易方式、方法,为其当好理财参谋。小微金融的客户,对金融了解甚少,大堂经理要配备全能型人才。

（二）首问负责制

银行是一个服务行业。首问负责制就银行而言,首先是银行本身如何做好对职工的内部营销,为职工提供更好的服务,使职工在对单位满意的基础上积极主动地开展工作。其次是职工在回报单位的过程中,如何尽心尽力地开展对外服务,真正使客户满意度达到百分之百,为客户创造价值,也为自己创造价值,最终实现银行的服务宗旨、服务文化。

银行本身要做好内部营销,培养和造就一支敬业爱岗、无私奉献、爱行如家的职工队伍,这是贯彻服务首问负责制的先决条件。为此,银行要让职工对企业产生集体归属感;要为职工创造良好的服务环境,使职工通过自身努力工作获得成长和满足;要经常性地开展全方位的教育培训,鼓励员工走出行门,不仅到社会上参加学历教育,而且多方位地参加国家统一的各类专业证书的培训与考试,职工根据自身情况,有选择地进行培训,不断改善其知识结构,创造提升服务能力的机会;同时,还要建立科学的服务质量考评机制,真正实现公平竞争、优胜劣汰,激励职工创先争优,积极向上。

作为银行的职工,要时刻意识到服务是每一个人的义务和责任,职工自身的素质和服务能力的好坏直接影响到银行的整体形象。因此,银行在为职工创造良好的服务环境的同时,职工自己也必须从以下两个方面努力做好服务工作,为银行也为自己创造价值。一方面,要全面系统地学习、掌握相关服务知识,具备较强的业务素质,这是贯彻首问负责制,也是做好一切服务工作的基本要求。同时,要努力树立客户至上的服务理念,要从心理上真心接受客户,从礼仪上亲近客户,从服务措施上善待客户。另一方面,要有技巧地积累和掌握客户的资料,做到知己知彼,灵活服务,以求事半功倍,提高服务效率。

第二节　小微金融服务创新的途径和方法

由于小微金融客户对金融知识了解相对较少,加强服务途径和方法创新尤其重要。主要从三个阶段入手。

一、售前服务

（一）建立金融服务合作社

我国农村不少地区金融产品少、金融服务方式单一、业务功能不足与农村经济社会发展和农民多元化金融服务需求的矛盾仍然突出。小微金融商业合作社是可以为小微企业提供免抵押贷款的服务机构,合作社为小微企业在银行搭建了一个快速、高效的融资平台。目前广东省多家银行与广东省内各行业商会、协会、专业市场建立合作。在贷款方式上,继续大力发展不需抵押担保的农户小额信用贷款、联保贷款、银(社)团贷款,着力探索"银行(社)＋企业＋农户＋合作社(协会)＋保险＋担保"信贷合作服务模式。结合农村改革,积极探索农村财产抵(质)押制度,推动扩大农村担保物范围,缓解农村抵押担保难问题。

（二）建立个人金融联系点

建立个人金融联系点,如电子修理部、老年舞蹈队,建立商城等便民服务点,这些地方人多、扩展快、影响大。

（三）与政府、企业一起,共建金融服务示范区

政、银、企战略合作,三方将在企业融资服务、金融产品和服务方式创新、金融政策宣传和金融生态环境建设等方面加强协作,互利共赢。在为企业实行融资服务时,定期统计更新辖内有融资需求的企业及项目,中国人民银行定期组织全市金融机构进行银企项目对接。对重大融资项目,通过银团贷款等方式给予重点支持。融资难题,将安排专项财政资金,通过设立中小企业融资担保基金、过桥资金、风险补偿基金、金融奖励基金等形式,吸引、撬动更多的信贷资金长期支持开发区发展。

建立金融示范镇、街道,可以推动以 POS 机布放为内容之一的"惠农兴村"工程,力争在最短的时间内做到"一户一卡(小康卡)、一村一机(POS 机)、一村一服务点",实现金融服务由乡镇向村的全面探底,让农民群众足不出村就能办理查询、转账、贷款发放、还款、小额存取款、消费等业务。

（四）金融宣传

金融网络宣传。微博,报纸,创新金融宣传方式,是把宣传由场外搬入室内的一个缩影。忽闪忽闪的 QQ 头像在这里成了广大群众和金融宣传工作人员沟通信息的桥梁,成为家喻户晓的金融知识宣传方式,深受市民农民欢迎。大家争着向讲解人员询问自己不懂的金融业务问题,争着把自己的手机号码和 QQ 聊天号码、电子邮箱向金融宣传工作人员递送,希望通过这种不见面的宣传方式弄懂自己遇到的金融疑问。

利用手机、固定电话、短信、微博等载体和农民拉家常,拉近与农民的距离,按照"农民缺什么补什么、用什么学什么"原则进行金融知识传送。内容主要涉及存、

贷款利息的计算,信用卡知识及使用注意事项,利率变动后银行存款的转存技巧,假币辨别常识等涉及广大群众切身利益的问题,以引起较大反响,收到良好的社会效果。

送金融知识下乡,金融知识下乡活动的开展是为了适应社会主义新农村建设的需要,全面普及现代金融知识,增强农民群众的金融、理财、风险意识,从根本上改善农村金融环境,繁荣农村金融市场,提高农村金融服务水平,促进农村经济社会发展。送金融知识下乡活动开展以来,金融机构以基层农民群众和县域、乡镇地区为服务主阵地,开展了培育金融理财意识、防范打击非法集资等主题活动,大力推广农村青年创业小额贷款等惠农金融产品,着力服务小微企业,支持农村青年和大学生就业创业,惠及广大农村群众。

二、售后服务

售后服务,就是在商品出售以后所提供的各种服务活动。从推销工作看,售后服务同时也是一种促销手段。在追踪跟进阶段,推销人员要采取各种形式的配合步骤,通过售后服务来提高企业的信誉,扩大产品的市场占有率,提高推销工作的效率及效益。售后服务,对银行来讲,就是要了解他们使用我们产品的困难,其他产品的介绍等。

随着消费者维权意识的提高和消费观念的变化,消费者在选购产品时,不仅会注意产品实体本身,在同类产品的质量和性能相似的情况下,还会更加重视产品的售后。因此,企业在提供价廉物美的产品的同时,向消费者提供完善的售后服务,已成为现代企业市场竞争的新焦点。

(一)虚心倾听客户意见

体现承诺与惯性原则。它是指人们对过去做过的事情有一种强烈连贯性的需求,希望维持一切旧有的形式,使用承诺来扩充观念。

加强友谊,客户介绍的潜在客户比全新的客户更有利,因为它的成功概率是全新顾客的 15 倍,一个拔尖的销售人员,永远是在培养老客户的同时也不断地开发新客户,而新客户的开发来源,最好的方法就是由老客户介绍。而这种老客户的介绍,就是人们在运用友谊的原则。

听出真意,在与客户谈话的过程中,或者是了解、商讨对策的过程中,要听出客户真正的用意在哪里,看他们有什么不满。如果遇到的客户表达能力不是特别好,或讲话有一些结巴,一定要有耐心,让客户把他的问题说出来,听出真意。

树立企业形象,在产品同质化日益严重的今天,售后服务作为市场营销的一部分已经成为众厂家和商家争夺消费者的最好方式,优质的售后服务有助企业腾飞。

（二）积极处理客户投诉

客户购买了产品之后，在使用的过程中出现了问题，导致产品不能正常使用。客户会通过各种渠道（电话、邮件、信访等）抱怨对产品的不满。在和客户沟通过程中不要争辩，要耐心地倾听，把客户的问题要点梳理出来，然后在适当时机表达自己的观点。要做一个高情商的销售人员，尊重客户是必须具备的素质。

如果是由产品本身的质量问题而引来的不满，首先要诚恳地向客户表达歉意，并表示会在约定期间尽快帮客户把问题处理好。

如果是人为原因造成了金融产品不合适的情况。首先，要肯定客户对金融产品的认可，感谢客户对本行支持，然后，向客户说明问题原因，再根据客户的问题，向客户提供其他的解决方案。

（三）听取政府部门的意见和建议

加强与地方政府合作，充分调动和发挥地方政府的积极性与创造性，通过银行业、证券业、保险业金融机构及创业投资等各类资本创新金融产品、改进服务模式、搭建服务平台，实现科技创新链条与金融资本链条的有机结合，为从初创期到成熟期各发展阶段的科技企业提供差异化的金融服务。综合运用政府的无偿资助、偿还性资助、风险补偿、贷款贴息以及后补助等方式引导金融资本参与实施国家科技重大专项、科技支撑计划、火炬计划等科技计划；进一步发挥科技型中小企业技术创新基金投融资能力；充分利用贷款风险补偿基金及中小企业贷款风险补偿机制，新首台（套）产品的推广应用和科技企业融资类保险、税收政策，企业研发费用加计扣除政策和创业投资税收优惠政策，帮助企业了解相关情况，并提供咨询和服务。

三、服务的奖惩机制

小微金融面大、量广，没有好的制度，服务标准就不能统一，如果没有奖惩制度约束，服务就是空谈。因此奖惩是必要的，而且要坚决执行。

（一）考核方式

1.采取由客户服务部定期或不定期对各营业网点进行明察和暗访的考核方式。

2.采取由客户服务部定期对支行服务质量小组的工作效果进行评估的考核方式。

3.其他层面有关服务的检查通报和投诉处理情况均列入考核。

（二）考核周期

考核周期分月度、季度和年度进行。

（三）考核指标

1.打分器客户满意率。该指标以客户本月在支行办理业务的满意度为准。

支行客户满意率＝（满意次数＋非常满意次数）/该支行月业务总量

2.各项服务规范检查。以总行不定期检查或第三方定期暗访的检查数据为准。

3.组织推动得分。主要包括各项客户服务活动的组织、落实。包括检查日常柜员晨会及客户经理业务部例会开展情况,组织本机构人员服务规范检查、整改、培训考试等。特惠商户体系的建立等。

4.二线支持协调工作。主要包括各分行对工单处理、落实情况及信息上报的及时性、有效性。

5.投诉管理。主要包括及时妥善处理客户投诉,并按要求及时上报各项报表、总结。

6.加分项。客户来电、来函、来访点名表扬,或各分行自行申报优秀服务事迹,经总行确认的;提出可行的服务创新建议并被总行采用的;自行开展客户服务活动。

（四）考核方法

1.采用月度服务考核成绩。月度服务考核成绩＝打分器客户满意度＋各项检查分＋组织推动得分＋96521二线支持协调工作得分＋投诉管理得分＋加分项。

2.采用每个月网点服务监测分析的通报,做好分析工作,对服务工作差的银行进行督促检查,限期整改。

【本章小结】

小微金融服务是小微金融的重要组成部分,本章首先介绍了小微金融服务的主要责任部门及其相应职责;进而介绍了小微金融服务应当建立的机制,服务中应有的职业道德、行为举止、技能技巧、仪表服饰和环境维护等内容,提出小微金融服务承诺方案的建立与完善;最后分别从售前服务、售后服务、服务的奖惩机制角度介绍了小微金融服务创新的途径和方法。

第四章
小微金融贷款利率风险定价

资料导入

2010 年以来,依靠大规模政府投资的推动力量,我国迅速摆脱了全球金融海啸的影响,并逐步将经济工作重心转向加快发展方式转变和调整经济结构方面。在此宏观背景下,小型企业及微型企业信贷业务逐步受到国内银行业的重视。

事实上,以个体工商户为主体的小微企业多经营情况复杂,资产规模小,生命周期短,缺乏规范的财务报表。如果小微企业贷款继续按照传统的公司贷款定价和贷后管理方式运转,银行将背上沉重的人力成本和运营负担,无法回避小微企业对经济波动敏感等风险。

要做好小微企业贷款业务,必须用积极的眼光来重新审视小微企业,使用新的信贷技术管理推动业务进展。贷款利率定价就是其中的一个重要环节。科学合理的定价机制,不仅能够保证贷款利率覆盖风险和运营成本,实现一定的盈利水平,而且有利于最大限度地满足客户需要,支持小微客户的发展壮大,进而实现我国小微金融的可持续发展。

第一节 贷款利率与收益

小微企业融资难,难就难在金融机构不愿意为小微企业放贷,因为他们为小微企业放贷不仅自己的利益小,而且还要承担一定的风险。2013 年 6 月 4 日,银监会主席尚福林表示:监管部门将继续提高小微企业贷款可获得性,拓宽小微企业金融服务覆盖面。一是要加大机构、信贷、优惠政策三方面供给;二是要加强专业化、综合化、差异化服务，针对个别地区和行业小微企业风险暴露增加、不良贷款反弹的情况，银行要创新服务方式、信贷产品、管理流程、贷款利率定价机制，提高风险防控的前瞻性、主动性，要有有效的财政资金和信贷资金配套使用方式来支持小微企业发展。

经济波动对小微企业来说正如大浪淘沙，加剧了优胜劣汰的进程。优质的小微企业将激发出更加多元化的融资需求。单一的发放贷款已不能满足其需求。同时部分银行在战略定位上尚未树立差异化、特色化的经营理念，专业化机制和体制建设落实还不到位，缺乏对市场和自身的了解，导致市场竞争力不足。

小微企业死亡率高，形成坏账的可能性高，银行提取的拨备也相应较高。由于商业银行经营小微企业贷款拨备较高，并与大企业贷款一样实行拨备税后计提，因而对商业银行经营业绩影响较大。如果允许商业银行小微企业贷款拨备税前列支，假定按大中型商业银行小微企业贷款占比 10% 计算，预计能使商业银行提升 0.6% 左右的利润，可以部分弥补小微企业贷款风险损失。

《关于进一步支持小型微型企业健康发展的意见》（国发〔2012〕14 号）中提出，进一步落实支持小型微型企业发展的各项金融政策。其中，银行业金融机构对小型微型企业贷款的增速不低于全部贷款平均增速。通过加快发展小微金融机构、拓宽融资渠道、加强对小型微型企业的信用担保服务等努力缓解小型微型企业融资困难。

该《意见》中首次明确，商业银行可自主确定对小微企业的贷款利率，并指出，鼓励金融机构建立科学合理的小微企业贷款定价机制，在合法、合规和风险可控前提下，由商业银行自主确定贷款利率，对创新型和创业型小微企业可优先予以支持。这为商业银行确定本行的贷款利率提供了法律依据。

近年来，各商业银行、小额贷款公司甚至担保公司都纷纷推出了面向小型企业的金融服务品牌。如中国银行的"中银通达"，建行的"速贷通"，中国银行还针对小企业贷款推出了"中银信贷工厂模式"。各股份制银行也推出了自己的小企业金融品牌，其中有很多品牌特色值得同行借鉴。如整贷零偿的还款方式、根据小企业的成长周期和业务流程提供差异化的产品、关注小企业投行业务资金需求、联贷联保的批量贷款模式等，总体看，同业产品的客户定位大多是具有一定规模的中小企业，品牌属于公司金融产品，真正面向以个体工商户为代表的小微企业的金融服务仍然不足。目前，民生银行已将小微企业业务上升为全行战略，并大力加以推动。

小微企业受生产规模小、生命周期短等条件的制约，相比于大中型企业，其抵抗周期波动变化的能力较弱，单个企业信贷风险较大。因此，在价格覆盖风险的原则下，要为小微企业贷款合理定价，必须明确影响贷款风险的主要因素，主要表现在以下几个方面：

一、企业自身因素

影响小微企业风险的自身因素主要包括企业生产经营情况、企业现金流状况、企业家个人信誉及风险偏好和企业所处的发展阶段等。对于这些因素,银行可以利用客户评分等授信审核手段筛选客户,预估客户风险。如同自然界的生物一样,小微企业也存在生命周期。不同发展阶段的企业有着不同的融资需求,同时也存在着不同类型的信贷风险。银行应根据小微企业的成长周期细分市场,设计不同的金融产品和风控手段。

二、贷款设计因素

影响小微企业信贷风险的贷款设计因素主要有贷款金额、担保方式、本息还款方式、贷款期限等,此类风险同样应反映在贷款定价中。

小微企业贷款抵押品往往难以变现、贬值速度快,还可能存在重复抵押的问题。因此,一旦发生违约,小微企业抵押贷款的回收率甚至低于企业间担保或保证类贷款。

三、还款方式因素

好的还款方式将会显著降低贷款风险。小微企业现金流紧张、资金来源不稳定,银行应积极研发分期还本息的信贷产品。这样,一方面可以动态监控企业的还款能力;另一方面还可以避免贷款到期后给企业造成的集中还款压力。研究表明,小微企业贷款金额与不良贷款回收率呈现明显负相关关系。在贷款额度的确定上,应坚持"不使贷款人过度负债"的原则。在确定贷款金额和还款计划时,应确保即使投资失败导致贷款资金全部损失,贷款人仍有一定偿还能力。

四、经济周期因素

以经济周期为代表的宏观系统因素对信用风险有显著影响。与大企业相比,小微企业经营不确定性大,受宏观经济波动影响更明显。在经济繁荣时,企业经营状况相对良好,资金流动性相对充足,企业还款能力强;经济低迷期,小微企业违约率会迅速上升。

穆迪公司的研究表明:小企业经济衰退期的债务回收率与经济繁荣期相比要低 $1/3$,而对于有抵押的贷款,不良贷款回收率在一定程度上由押品的价值决定。一般情况下,当宏观经济低迷时,小微企业押品价值下降更快。我国四大资产管理公司贷款清收数据表明,在经济增速高于 10% 的繁荣时期,不良贷款平均回收率较低迷时期高出 $8\sim10$ 个百分点。当然由于贷款风险对经济周期的反映具有一定滞后性,银行需加强对宏观经济的研究,提高预测能力,提高贷款定价的前瞻性。

五、区域因素

我国幅员辽阔,不同地区经济发展水平、信用文化习惯和法律环境等差异明显,不同地区不良贷款率具有显著差异。

区域人均 GDP 越高,不良贷款的平均回收率也越高,银行贷款风险越小。长三角、福建、广东等经济水平较高的地区或省份不良贷款平均回收率在 50% 左右,而经济水平较低的地区平均回收率在 15%~25%,两者相差 30 个百分点左右。

六、行业因素

产业环境直接影响企业的生产经营状况。对小微企业来说,能否选择适合发挥自身优势的行业,决定了企业生存的质量和时限。对于银行来讲,明确小微企业的行业分布,实行正确的客户行业定位,有利于降低潜在风险。在关系到国计民生的重要行业中,垄断企业主导性较强,小微企业难以生存。结合政策导向和企业发展实际,银行可针对其具体情况进行设计。

七、基于大数定律的小微企业贷款定价策略

在国内商业银行小微金融实践中,民生银行倡导依据大数定律和价格覆盖风险两项原则对小微企业信贷进行定价。这两项原则是对传统经营性贷款依据"客户评级"和"债项评级"两维风险定价模式的扬弃;为银行业对冲小微企业个体风险提供了可靠的解决方案。

大数定律和价格覆盖风险两项定价原则内涵丰富。大数定律成立的条件有:①资产池的样本量要足够大;②单笔贷款金额要小,单笔贷款产生的风险对总体平均贷款风险不会产生显著影响;③资产组合的各项头寸风险相关性较弱,风险实现分散化。形象地讲,若各商户违约相关性强,做 1000 户小额贷款等价于做 1 户规模相当的大额贷款,这就无法满足大数定律的条件。

价格覆盖风险原则的要求:银行贷款定价不仅要覆盖预期风险,同时还要覆盖非预期风险。

在大数定律原则下,商户的个体风险能够得到有效对冲,银行可以通过信用评分、授信审核等客户筛选手段实现对总体预期风险的有效预测和控制。但资产池的风险是会随着经济周期、区域、行业等因素变化的,这就是非预期系统性风险。解决非预期系统性风险需要降低资产的集中度,同时依据客户所在的区域、行业等宏观因素实现差异化定价,使价格覆盖系统性风险。

传统的公司贷款定价模式,实际上属于"成本加成的定价模式",贷款定价需综

合考虑银行盈利目标、风险成本、运营成本等因素。其中，风险成本的计算依赖于银行对客户的风险评级和债项评级，并需要给出贷款违约概率（PD）和违约损失率（LGD）的精确估计。

小微企业经营情况复杂，对外部经济环境的变化反应敏感。单个客户风险参数难以精确测算，且需要付出巨大的研发成本。依据大数定律和价格覆盖风险原则对小微企业贷款进行定价可克服上述困难，在较低的模型研发成本下，实现对差异化产品较为有效的定价，具体描述如下：

在大数定律成立的条件下，客户的个体风险能够得到有效对冲，资产组合的平均贷款风险趋向于预期贷款风险。因此，我们可以用小微企业业务总体的预期损失率（或者不同资产池的预期损失率）代替单笔贷款的预期损失率，这就避免了估计单笔贷款的 PD 和 LGD，极大地降低了模型开发难度，并提高了估计结果的准确性。

对于非预期风险，我们主要考虑资产组合中无法对冲的周期、区域、行业等宏观系统性风险对贷款的影响。根据宏观环境的不同，给予一定的风险溢价，来覆盖非预期风险。那么，基于大数定律的小微企业风险定价模型可以用公式（4-1）和公式（4-2）表示：

$$P = R + CC + OC + RC \qquad (4\text{-}1)$$

其中，P 表示贷款利率；R 表示期望实现的目标利润率；CC 表示银行的资金成本率；OC 表示银行的运营成本率；RC 表示风险成本率。风险成本率（RC）可以做以下分解：

风险成本率（RC）＝资产组合预期损失率（GEL）＋经济周期风险溢价率（MR）＋区域风险溢价率（DR）＋行业风险溢价率（IR）＋基于贷款设计的定价调整率（TP）

$$\qquad (4\text{-}2)$$

其中，经济周期、区域、行业风险溢价是指由于宏观环境变化造成的，在资产组合中无法对冲且总体预期风险无法覆盖的、非预期系统性风险的定价补偿；基于贷款设计的定价调整主要指，由于贷款担保方式、单笔金额的大小、还款方式、贷款期限等方面的不同而对贷款定价进行的调整。

实践表明，北京、天津、上海、江苏、浙江等地区域风险溢价较低；受益于经济结构转型、消费升级等因素，居民服务、消费品贸易等行业经营稳定性好、系统性风险低，应予以较低的行业风险溢价。

每一次危机过后均会孕育出新的发展机会，全球金融海啸过后，小微企业必将迎来更加广阔的发展空间。各银行加大小微企业业务的推广力度，不仅是银行加快业务转型、提升盈利水平的必然之选，更是银行践行社会责任、缓解政府宏观调控压力、支持国家经济结构转型的重要金融手段。

要推动小微金融迅速发展,各银行必须进一步探索符合自身特色的商业运作模式,其中包括对小微企业贷款的准确定价。正确的贷款定价方式有助于银行实现对利润和潜在风险的有效管理,对推动业务可持续发展具有极强的杠杆作用。

第二节　风险定价原则和方法

一、风险定价原则

发展业务,既要注重收益,也要考虑风险,既要考虑客户需求,也要考虑综合收益,实行双赢的利率风险定价机制。在利率定价上,以基准利率加点法为基础,要综合考虑国家宏观调控政策、客户所处行业利润率、贷款期限、金额、综合贡献度、客户成长性、企业发展阶段等风险因素,合理确定不同产品利率系数,在保证资产收益基础上,平等协商,扶持小企业成长壮大。融资利率定价遵循以下基本原则:

(一)成本效益原则

贷款利率定价必须依据本行总体经营成本,保持合理的利差,实现效益目标。

(二)择优限劣原则

贷款利率定价必须依据"区别对待、择优扶持"的信贷原则,发挥利率的杠杆作用,引导信贷资金投向。

(三)风险覆盖原则

贷款利率定价必须依据不同借款人的信用等状况和具体贷款的风险程度,低风险低利率,高风险高利率。

(四)有利竞争原则

贷款利率定价必须依据资金市场供求状况及同业利率水平,充分考虑竞争因素,提高银行参与市场竞争的能力。

(五)共赢原则

贷款利率定价必须充分考虑银企合作状况,对银企合作综合贡献大、忠诚度高的贷款人,实行激励性优惠利率措施,促进双方长期合作。

二、贷款定价方法

贷款如何合理定价是银行长期以来颇感困扰的问题。定价过高,会驱使客户从事高风险的经济活动以应付过于沉重的债务负担,或是抑制客户的贷款需求,使之转向其他银行或通过公开市场直接筹资;定价过低,银行无法实现盈利目标,甚至不能补偿银行付出的成本和承担的风险。随着许多国家金融管制的放松,贷款市场的竞争日趋激烈,对贷款进行科学定价较以往更为重要。

广义的贷款价格包括贷款利率、贷款承诺费及服务费、提前偿付或逾期罚款等,贷款利率是贷款价格的主要组成部分。在宏观经济中,影响贷款利率一般水平的主要因素是信贷市场的资金供求状况。从微观层面上考察,在贷款业务的实际操作中,银行作为贷款供给方所应考虑的因素是多方面的。

一是银行提供信贷产品的资金成本与经营成本。如前所述,资金成本有历史平均成本和边际成本两个不同的口径,后者更宜作为贷款的定价基础。而经营成本则是银行因贷前调查、分析、评估和贷后跟踪监测等所耗费的直接或间接费用。

二是信贷风险是客观存在的,只是程度不同,银行需要在预测贷款风险的基础上为其承担的违约风险索取补偿。

三是贷款的期限。不同期限的贷款适用的利率档次不同。贷款期限越长,流动性越差,且利率趋势、借款人财务状况等不确定因素越多,贷款价格中应该反映相对较高的期限风险溢价和银行的目标盈利水平。在保证贷款安全和市场竞争力的前提下,银行会力求使贷款收益率达到或高于目标收益率。

四是金融市场竞争态势。银行应比较同业的贷款价格水平,将其作为本行贷款定价的参考。

五是银行与客户的整体关系。贷款通常是银行维系客户关系的支撑点,故银行贷款还应该全面考虑客户与银行之间的业务合作关系。

六是存款补偿余额。银行有时会要求贷款人保持一定的存款余额。即存款补偿余额,以此作为发放贷款的附加条件。存款补偿余额实际上是一种隐含贷款价格,故而与贷款利率之间是此消彼长的关系。

银行在综合考虑多种因素的基础上,开发出了若干贷款定价方法,每种方法体现着不同的定价策略。

(一)成本加成定价法

成本加成定价法是按产品单位成本加上一定比例的利润制订新产品价格的方法。大多数企业是按成本利润率来确定所加利润的大小的。即价格=单位成本+单位成本×成本利润率=单位成本(1+成本利润率)。成本加成定价法是企业较常用的定价方法。而银行的贷款利率包括可贷资金的成本、非资金性经营成本、违规贷款定价、风险的补偿费用(违约率)、预期利润。也即在贷款成本之上加一定的利差来决定贷款利率,贷款利率的计算公式为:

贷款利率=筹集资金的边际利息成本+经营成本+预计违约风险的补偿费用+银行目标利润水平

(4—3)

银行要准确掌握贷款资金的利息成本和经营成本水平并非易事,为此,需要一个精心设计的管理信息系统。首先,银行要归集各种债务资金的边际成本数据,计算出全部新增债务资金的加权平均边际成本,作为贷款定价的基础。然后,银行需要开发贷款经营成本的系统性测算和分解方法,将不同岗位职员的工薪和福利、经常性开支、设备成本及其他费用支出分摊到每笔贷款业务上。在计算违约成本时,银行可以将贷款划分为不同的风险等级,再根据历史资料计算各风险等级贷款的平均违约率,据此确定贷款的违约风险补偿费率。目标利润是银行为股东提供所要求的资本收益率而预期要实现的贷款利润率。

成本加成定价法考虑了贷款的融资成本、经营成本和客户的违约成本,具有一定的合理性。不过,这种定价方法也有其缺陷,它要求银行能够准确地认定贷款业务的各种相关成本,在实践中有相当的难度。它没有考虑市场利率水平和同业竞争因素,而事实上,在激烈竞争中,银行并非完全的价格制订者,而往往是价格的接受者。

目前融资应该考虑下列因素研究利率:

1. 浮动利率。商业银行在制订浮动利率时,采用"法定利率相乘法"。即在法定利率的基础上,乘以人民银行确定的上浮幅度。

2. 贴现利率。贴现利率采用"法定利率相加法",即在法定利率(此处为再贴现利率)的基础上按不超过同期贷款利率(含浮动)加点执行。

3. 内部资金往来利率。这是因为商业银行系统内部各级行之间存在资金上存或借用所使用的利率,所以各商业银行总行参照人民银行的准备金利率和再贷款利率自行确定。

4. 同业拆借利率和转贴现利率。同业拆借利率是在全国银行间拆借中心信用拆借的成交利率,由拆借双方经过报价、询价、确认三个交易步骤完成,利率完全依供求关系而定,利率的高低与期限的长短并不完全总是呈正比。转贴现利率一般在贴现利率与同业拆借利率之间,由办理转贴现的双方银行自主协商解决。

5. 账户总收入。账户总收入包括银行可以从客户的账户中获得的可投资存款的投资收入、表内外业务服务费收入和对该客户贷款的利息收入及其他收入等。其中客户账户中的可投资存款额是指该客户在计算期内的平均存款余额扣减托收未达现金、法定存款准备金后的余值。银行求出可投资存款额后,结合一定的存款收益率水平,即可计算出该客户存款给银行带来的投资收入。服务费收入主要是指贷款承诺费、结算手续费等。

6. 目标利润。目标利润是指银行资本要求从每笔贷款中获得的最低收益。目标利润根据银行既定的股东目标收益率(资本的目标收益率)、贷款分配的资本金比例(资本与资产比率)及贷款金额确定,用公式表示为:

目标利润＝资本÷总资产×资本的目标收益率×贷款额

（二）目标收益率定价法

贷款定价的目标是要保证银行贷款可以获得或超过银行资产运用的目标收益率，即贷款的总收入应该大于或等于贷款的总费用和目标利润之和。如果总收入小于总费用，则为经营亏损，需要降低费用支出；如果总收入大于总费用，则有盈利，但获利水平低于银行的目标利润。这两种情况出现，都需要银行对贷款重新定价，主要有两种方式：一是提高名义贷款利率，即在签订贷款协议时约定支付贷款利率，但调高贷款利率受市场供求的限制；二是贷款名义利率不变，之外收取一些附加费用，以提高贷款实际利率，又有三种提高贷款实际利率的方法：缴纳补偿存款余额，收取承诺费，收取其他服务费。

（三）价格领导模型定价法（优惠利率加数法或优惠利率乘数法）

价格领导模型定价法又称差别定价法，是指在优惠利率（由若干大银行视自身的资金加权成本确定）的基础上根据贷款人的不同风险等级（期限风险与违约风险）制订不同的贷款利率。根据这一做法，贷款利率定价是以优惠利率加上某数或乘以某数。

（四）基础利率定价法（交易利率定价法）

基础利率定价法是指商业银行在对各类贷款定价时，以各种基础利率为标准，根据贷款人的资信、贷款金额、期限、担保等方面的条件，在基础利率上确定加息率或某一乘数来对贷款进行定价。它类似于差别定价法，但又与此不同。基础利率主要有国库券利率、同业拆借利率、商业票据利率，由金融市场上资金的供求关系所决定。

（五）目标利润定价法

银行必须明确自己的成本是多少，才能对贷款进行正确定价，以保证每一笔贷款都是盈利的。用公式表示为：

$$贷款定价＝资金成本＋贷款管理成本＋违约成本＋目标利润率 \qquad (4-4)$$

这种方法的优点是银行能保证每一笔贷款都能弥补成本，并有盈利。但是这种方法有明显的缺陷：一是报价时没有考虑同业竞争状况，可能会失去客户；二是银行很难准确地计算出每一笔贷款的管理成本，如办公费用的分摊比例等。由于上述明显的缺陷，大多数银行采用的是风险加成法和账户利润定价法。

（六）风险加成法

随着竞争的加剧，银行由主动定价转为被动定价，在与客户，特别是优良客户的合作过程中，价格的决定权不完全在于银行。因此，越来越多的银行开始采用风险加成法。用公式表示为：

$$贷款利率＝优惠利率＋风险加成 \qquad (4-5)$$

优惠利率是银行对优良客户发放的短期贷款的最低的利率。风险加成是按照客户的不同风险程度,收取的风险溢价部分。这主要取决于银行对贷款客户风险,信用等级的判断。一般而言,信用等级越高,风险加成越少;信用等级越低,风险加成越多。

（七）账户利润定价法

如果银行使用账户利润分析法为新客户的贷款定价,就需预测客户的账户活动,在此基础上估算账户总成本和总收入,银行也可以使用该方法对老客户已发放贷款的价格水平进行评价。总的来说,如果账户净收益等于目标利润,说明贷款定价基本合理;如果客户账户净收入大于或小于目标利润,银行就应考虑调整对该客户贷款定价做上浮或下浮调整。银行也可以采用提高或降低服务价格的方式来调整贷款定价。

这种定价方式在考虑贷款申请时,把同客户所有的关系都考虑在内,它强调的是银行与客户的整体关系,综合考虑客户在银行的存款平均余额、客户结算量等,而不仅仅是某一单笔贷款的定价。它要求账户总收入≥账户总成本。

三、合理确定贷款浮动范围

综合上述定价方式,结合商业银行实际,在央行确定的贷款浮动范围内,商业银行在进行贷款定价时应以风险为主,同时兼顾客户的综合收益后确定贷款利率水平。

而在确定具体定价方法时,应采用定量和定性相结合的方式,以定量为主,同时确定一定的定性指标对其进行微调。

（一）定量因素

贷款利率＝基准利率×（1＋浮动系数）　　　　　　　　　　　　（4－6）

浮动系数目前在－10％～70％。浮动系数分为两部分,即定量浮动系数与定性浮动系数。浮动系数＝定性因素浮动系数＋定量因素浮动系数。定量因素可设置企业信用等级、企业资产规模、贷款担保方式、企业存贷比、单笔贷款额等多项指标,分别赋予不同的权重,同时确定不同的评价区间与分值,加权汇总后得到定量因素浮动系数。

例4-1:某企业信用等级A级,资产规模2亿元,贷款采用担保方式,存贷比为5％,单笔贷款额为1000万元,则其浮动系数为:

浮动系数＝∑指标权重×指标系数＝0.5×0.2＋0.2×0.2＋0.1×0.4＋0.1×0.2＋0×0.1＝0.2

（二）定性因素

在确定定量因素浮动系数后,还应考虑定性因素,酌情对浮动系数进行调整。定性因素应包括以下方面:

1.企业的信用记录,包括在他行的信用记录。根据信用记录的好坏,酌情调整企业的浮动系数。

2.企业所能带来的收益。如客户在商业银行的国际结算或票据业务的开展情况。

3.同业竞争状况。制订贷款利率不能闭门造车,必须考虑同业竞争状况,制订具有竞争力的利率。

4.其他因素。如有利于提升商业银行整体形象或有利于资产保全等。

四、贷款定价自定

我国的利率管理体制经历了严格的管制利率、有管制的浮动利率和利率市场化改革的三个阶段,商业银行的贷款定价自主权从无到有并逐步扩大,贷款定价日益成为信贷经营管理的核心环节,对于商业银行提升信贷风险管理水平、盈利能力和市场竞争力,发挥着十分重要的作用。

(一)贷款定价引导信贷管理理念和方法的变化

贷款定价技术的应用和发展,标志着信贷经营管理从以风险控制为核心向以追求风险与收益的平衡、经风险调整后的资本回报最大化为核心转型。

(二)贷款定价与信贷业务流程再造

根据现代银行流程再造理论,信贷业务流程不仅是风险控制流程,同时也是形成收益、创造价值的流程。因此,应将贷款定价作为信贷业务流程的必要环节,对各岗位的职责定位应兼顾风险与收益的平衡,并在信贷管理系统中开发相应的贷款定价程序和功能。

(三)将贷款定价政策作为信贷政策的重要组成部分

对不同的行业、客户、产品实行差别化定价,运用价格杠杆引导信贷结构调整优化。

利用贷款价格机制优化信贷资源配置。银行分支机构的经营管理水平和面临的经济、市场环境存在较大差异,从客观上要求银行的信贷资源配置体现区域性差别。贷款定价的应用使信贷资源配置手段从单一的总量管理转变为总量管理和价格管理相结合,即在分配信贷规模的同时,通过对不同分行进行差别化贷款定价授权和对价格参数调整区间的设置,实现信贷资源的优化配置。

(四)运用贷款定价手段促进信贷产品创新

信贷产品创新主要包括要素创新、组合创新等方式,通过针对不同客户、不同的信贷产品设计相应的利率浮动方式、计结息方式及与相关要素的组合定价,使信贷产品具有更加丰富的结构和灵活多样的选择,在有效控制风险的前提下,提高信贷产品的市场竞争力和盈利水平。

（五）建立以贷款定价为基础的信贷绩效评价体系

传统信贷业务考核对前台营销部门来说主要看市场拓展、贷款收益，对后台管理部门来说主要看贷款质量，考核评价指标分设造成前后台之间难以形成合力。全面的考核体系应综合评价市场拓展所带来的收益增长和收益增长所承担的风险。

五、准确运用价格策略

（一）转变经营观念

贷款利率浮动范围扩大后，各家银行的市场份额也面临一个重新洗牌的过程，而且银行的经营观念、思维模式也将面临一个转换的过程。利率放开后，如何为客户提供一个优惠报价，涉及商业银行业务经营的方方面面。商业银行的成本控制、实力与信誉、内部管理水平、金融产品与服务创新能力等多方面竞争将全面展开。因此，银行必须根据市场适时进行战略转型方能取得长足发展。

（二）合理运用价格竞争策略

利率市场化后，企业掌握了相当的主动权，但并不代表银行可以无限让步，"一浮到底"。商业银行的贷款定价应具有市场竞争力，商业银行定价过低，不仅直接影响银行利润，而且会影响其在市场上的信誉，不利于长期发展。同样，贷款利率也不应"一浮到顶"，要注意逆向选择问题。因此商业银行在定价过程中首先要做到定价的差异化，根据客户的风险程度和给银行带来的综合收益进行区别定价，防止"一刀切"。同时在营销过程中要掌握技巧，注意从侧面了解其他行的报价信息，并及时反馈，以利于银行知己知彼，在竞争中立于不败之地。

（三）加大新产品的开发力度，增强业务创新能力，提高市场竞争力

商业银行应大力研究客户需求，大力开发、引进新产品，提高业务创新能力，通过高质量和具有独特性的产品吸引客户，实现业务经营由粗放型向集约型转变。根据客户的财务需求，设计出不同期限、不同利率档次的存、贷款组合方案，采取灵活的计结息方式。

（四）建立合理的内部资金价格转移机制

在利率市场化的条件下，资金在银行内部调拨，如何核算每笔资金成本显得非常重要。如果成本核算准确，商业银行就可以对各种资金来源的价格进行分析，从而确定合理的贷款价格，有效地引导信贷资金的流量和流向，引导具有不同经营能力的经营单位合理处理发放贷款和其他资金运用之间的关系，处理好支持重点客户的问题。

（五）以贷款定价为出发点，建立完善的产品定价机制

在推出每一项金融产品的过程中，定价是相当重要的环节。在此过程中，要综

合考虑一个客户给银行带来的综合收益,包括存款、贷款、结算、外汇业务、承兑、保函、票据等,同时还应考虑客户的信用等级、贷款期限的长短、利率风险大小,以及筹集资金的成本和运营成本。这就需要商业银行各个部门的共同合作,建立起这种综合收益测算体系,对金融产品进行合理定价。

（六）建立科学的利率管理机制和分级授权体制

利率水平的确定是商业银行资产负债管理的一项核心内容,需要有一套严密、科学、权威的决策机制,以利于准确、及时、科学地决策。商业银行资产负债比例管委会是利率的最高管理机构,应承担起利率管理责任。同时,各部门、各级经营单位也应确定专、兼职的利率管理人员,加强利率管理的人员建设,并定期开展利率管理培训。通过建立科学高效的利率分级授权机制,以及严格完善的监管制度,保证利率制订的有效性,防范利率风险。

贷款利率上,泰隆银行的特别之处在于严格地按客户定价。在泰隆银行上海分行,贷款利率细化为60多个档次,在进行利率定价时,泰隆不仅考虑客户的贷款用途、对资金价格的承受力,还会将同期市场上的资金供求情况、民间借贷利率水平及竞争对手定价状况一并考虑在内。"创业通"贷款没有确定的期限,贷款人可以根据自己的资金需求做到随借随还。但是,泰隆银行对于贷款实行"笔笔清"的制度,也就是说"余贷未清,新贷不放"。泰隆"存贷挂钩"的做法:贷款企业如果将公司的结算账户开设在泰隆,就将获得一定的贷款利率优惠;同时根据账户的存款金额,贷款利率可以由存贷款数来确定,客户的存款越多,其对应的贷款利率也就越低。这种做法不仅可以起到吸收存款的作用,通过企业日常账户的往来,银行也可以更清楚地了解客户的经营情况。

渣打的"无抵押小额贷款"利率水平较高,目前渣打在各城市推广采用的小额贷款年利率水平在17%左右,信用贷款额度最高则可达100万元。其贷款期限也在原来的1年期、2年期之外,增加了3年期的选择。

1.利率定价还要考虑外汇汇率及市场变化。货币外汇汇率(Foreign Exchange Rate)是以另一国货币来表示本国货币的价格,其高低最终由外汇市场决定。外汇买卖一般均集中在商业银行等金融机构。它们买卖外汇的目的是追求利润,方法是贱买贵卖,赚取买卖差价,其买进外汇时所依据的汇率为买入汇率,也称买入价;卖出外汇时所依据的汇率叫卖出汇率,也称卖出价。外汇汇率的标价通常由五位有效数字组成,从右边向左边数过去,第一位称为"X个点",它是构成汇率变动的最小单位;第二称为"X十个点",以此类推。如:1欧元=1.1011美元;1美元=120.55日元,欧元兑美元从1.1010变为1.1015,称欧元对美元上升了5点,美元兑日元从120.50变为120.00,称美元对日元下跌了50点。

2.将手续费纳入贷款定价中,通盘考虑。商业银行中间业务手续费主要有九大类,小微企业结算业务较多,表外业务较少,中间业务少,而且主要发展中间业务的目的是吸收存款,而不是赚取手续费。具体来讲:

(1)减少支付结算类中间业务的收费,包括为客户办理因债权债务关系引起的与货币支付、资金划拨有关的收费业务。结算业务借助的主要结算工具包括银行汇票、商业汇票、银行本票,主要包括同城结算方式和异地结算方式,包括利用现代支付系统实现的资金划拨、清算,利用银行内外部网络实现的转账等业务,包括银行卡业务的收费。代理类中间业务指商业银行接受客户委托、代为办理客户指定的经济事务、提供金融服务并收取一定费用的业务,包括代理政策性银行业务、代理中国人民银行业务、代理商业银行业务、代收代付业务、代理证券业务、代理保险业务、代理其他银行银行卡收单业务等。代理政策性银行业务,指商业银行接受政策性银行委托,代为办理政策性银行因服务功能和网点设置等方面的限制而无法办理的业务,包括代理贷款项目管理等;代理中国人民银行业务,指根据政策、法规应由中央银行承担,但由于机构设置、专业优势等方面的原因,由中央银行指定或委托商业银行承担的业务,主要包括财政性存款代理业务、发行库代理业务、金银代理业务;代理商业银行业务,指商业银行之间相互代理的业务,例如为委托行办理支票托收等业务;代收代付业务,是商业银行利用自身的结算便利,接受客户的委托代办理指定款项的收付事宜的业务,例如代理各项公用事业收费、代理行政事业性收费和财政性收费、代发工资、代扣住房按揭消费贷款还款等;代理证券业务是指银行接受委托代办债券还本付息、代发股票红利、代理证券资金清算等业务。此处有价证券主要包括国债、公司债券、金融债券、股票等。商业银行代理保险业务,可以受托代个人或法人投保各险种的保险事宜,也可以作为保险公司的代表,与保险公司签订代理协议,代保险公司承接有关的保险业务。其他代理业务,包括代理财政委托业务、代理其他银行银行卡收单业务等。

(2)适当开展担保类中间业务,合理收费。担保类中间业务指商业银行为客户债务清偿能力提供担保,承担客户违约风险的业务。主要包括银行承兑汇票、备用信用证、各类保函等,能为银行带来存款的,风险与贷款一样,减少承诺类中间业务,承诺类中间业务是指商业银行在未来某一日期按照事前约定的条件向客户提供约定信用的业务,主要指贷款承诺,包括可撤销承诺和不可撤销承诺两种。

(3)谨慎开展交易类中间业务。交易类中间业务指商业银行为满足客户保值或自身风险管理等方面的需要,利用各种金融工具进行的资金交易活动,主要包括金融衍生业务。

(4)大力开展基金托管业务和咨询顾问类业务,它们基本属于低风险业务。基金托管业务是指有托管资格的商业银行接受基金管理公司委托,安全保管所托管的基金的全部资产,为所托管的基金办理基金资金清算款项划拨、会计核算、基金估值、监督管理人投资动作,包括封闭式证券投资基金托管业务、开放式证券投资基金托管业务和其他基金的托管业务。咨询顾问类业务指商业银行依靠自身在信息、人才、信誉等方面的优势,收集和整理有关信息,并通过对这些信息及银行客户资金运动的记录和分析,形成系统的资料和方案,提供给客户,满足业务经营管理或发展的需要的服务活动。主要包括:第一,企业信息咨询业务,包括项目评估、企业信用等级评估、验证企业注册资金、资信证明、企业管理咨询等。第二,资产管理顾问业务,指为机构投资者或个人投资者提供全面的资产管理服务,包括投资组合建议、投资分析、税务服务、信息提供、风险控制等。第三,财务顾问业务,包括大型建设项目财务顾问业务和企业并购顾问业务。大型建设项目财务顾问业务指商业银行为大型建设项目的融资机构、融资安排提出专业性方案。企业并购顾问业务指商业银行为企业的兼并和收购双方提供的财务顾问业务,银行不仅参与企业兼并与收购的过程,而且作为企业的持续发展顾问,参与公司结构调整、资本充实和重新核实、破产和困境公司的重组等策划和操作过程。第四,现金管理业务,指商业银行协助企业,科学合理地管理现金账户头寸及活期存款余额,以达到提高资金流动性和使用效益的目的。

六、其他类中间业务

包括保管箱业务及其他不能归入以上类别的业务。

【本章小结】

本章首先说明广义的贷款价格和狭义的贷款价格的含义,指出没有特别说明,本书贷款价格是指狭义的贷款价格,即贷款利率。其次分析影响贷款价格的因素及应用大数定律对小微金融贷款进行定价的原理、条件、模型。在分析说明贷款定价的原则和银行作为贷款供给方所应考虑的因素的基础上,最后提出小微金融贷款定价常用的几种方法。

第五章
小微金融贷款拖欠管理

资料导入

　　小微金融贷款业务是中国邮政储蓄银行（以下简称邮政储蓄银行）积极服务"三农"、支持社会主义新农村建设的重要工作，是有效解决农商户和私营企业主贷款难问题，化解邮政储蓄银行资金运作压力和降低经营风险的重要手段。但是在该业务运作实践中，部分分支行出现"重发展、轻管理，重规模、轻质量"的认识误区，某些信贷人员也由放贷之初的惜贷、惧贷转为盲目乐观，因此部分地区邮政储蓄银行的小微金融贷款业务出现了不同程度的拖欠，即贷款逾期现象。尽管目前拖欠管理工作已取得了一定成效，但部分地区邮政储蓄银行边清边欠、前清后欠的现象依然较为严重。

　　权威管理咨询及研究机构中国东方国际保理中心曾经对 2000 多个拖欠款案例进行分析，将应收账款分为三类：政策性拖欠、客观性拖欠及纯粹由于企业内部管理不到位所导致的拖欠。在各类拖欠中，政策性拖欠只占 10％，客观性拖欠约占 20％，而管理型拖欠超过 70％。问题的表象虽然不同，但原理相通，贷款拖欠问题包含了企业经营、法务合约、财务管理等一系列综合管理问题。就邮政储蓄银行而言，虽然无法从根本上解决这个顽固的行业问题，但从上述研究结果可见，通过强化企业管理，提高管理水平，做好长期、扎实、细致的内部工作，完善各项业务规章制度并将责任落实到人，可以在很大程度上防范和解决小微金融贷款拖欠问题。

第一节　概　述

一、拖欠的概念

什么是拖欠？拖欠是指出现逾期还款的情况。

世界上不同的小微金融机构对拖欠的定义不尽相同，如有的认为拖欠贷款或拖延偿还行为的贷款（或称处于拖延偿还期的贷款）是指逾期归还的贷款（Calmeadow）；也有的机构把拖欠贷款理解为任何过期支付的贷款（美国小企业教育促进网络，简称 SEEP）。具体逾期多长时间被记录为拖欠，在小微金融机构的实际操作中更是多种多样。比较多的是认为超过一个还款期即被定为拖欠（在有分期还款情况时），如每周还款的，拖延一周以上即为拖欠，每月还款的，拖延一个月以上，即为拖欠，以此类推。许多机构都对拖欠贷款给了一定的宽限期。这种宽松的定义会掩盖机构的真实风险，诱导管理者做出错误的决策。我们不主张这样的定义，应当采用严格的定义，即逾期一天未还的贷款就是拖欠。

二、机构应重视拖欠管理

贷款是机构发放给借款人并且未来要收回的资金。通常情况下，贷款资金是小微金融机构最大的资产，是小微金融机构创造收入的主要来源，是小微金融业务的主要产品。贷款本金的好坏是小微金融机构需要关心的，因为这部分资产掌握在借款人手中，最容易发生风险——拖欠还款或不还款，这是小微金融机构资产损失的主要途径。

在小微金融贷款管理中要树立对拖欠贷款零容忍的理念，并使之融入企业文化，使每个员工知道和相信零拖欠的目标是可以实现的。

三、拖欠的原因和代价

（一）拖欠的原因

贷款拖欠产生的原因有许多，主要有三大类：第一，自然灾害、政府政策变化等机构不可控因素。第二，贷款户经营失败、家庭变故、自身恶意等客户方面的因素。第三，小微金融机构管理上的因素，包括产品设计不适应当地的经济状况、机构对贷款户的信息不清、宣传不充分、贷款政策解释不清晰、贷款流程中监管不力、机构员工对机构政策执行不力等。

尽管造成拖欠的原因有许多，但小微金融机构自身管理不到位是导致拖欠的主要因素。甚至当最直接的原因看上去与小微金融机构不是很相关时,最终还是要归结到机构管理上来。例如,遇到恶意拖欠的客户,表面看来这无疑是客户的原因,但是选择这类客户却是机构的失误。又如,因自然灾害造成客户生产项目失败而导致贷款拖欠这类看起来客户和机构都无法控制的情况,决不意味着小微金融机构毫无责任,通过科学预测和事先的预防措施,是有可能把损失减到最低。总之,对一切可能发生的拖欠行为,小微金融机构都能有手段或防止其发生或减少其造成的经济损失,因为正是小微金融机构自身确定了信贷政策、原则,宣扬自身的贷款文化,才能够在员工和借款者中灌输信贷纪律,为超出控制的事件事先做准备。另外,尽管机构可能有许多股东,但只有小微金融机构本身才有权力处理贷款拖欠的问题。

(二)拖欠的代价

拖欠所带来的损失不仅对机构,而且对客户都会产生不利的影响。

在资金方面,主要包括:①贷款拖欠降低了贷款资金的周转率,降低了机构资产的生产率,减少机构的收入。②延期的利息收入使机构获得的收入延迟,但机构操作成本并未减少,由此降低了机构的生存能力。③机构出现贷款拖欠后,就必须提高贷款损失准备金的计提率,会增加贷款预提费用。④影响资金流动性。⑤出现拖欠后,上门追讨和可能的法律事务开支等各项成本也将会增加。预防拖欠的成本是低的,而追回拖欠的本金与利息的成本是很高的。⑥可能导致坏账,造成资产损失。长期拖欠的贷款有极大的可能会变成坏账。一笔贷款被定为坏账后,就应被注销。注销额实际就是贷款损失,贷款损失减少了微型金融机构主要的营利性资产。

在机构形象方面,主要包括:①有损机构或项目的形象、信誉,对小微金融贷款及其经营产生负面影响。②降低员工士气,影响信贷员工资。③降低借款户的形象。

拖欠还有一种隐藏的成本。贷款拖欠有传染性,是潜伏的猛兽,一旦爆发易导致越来越多的拖欠,损失无法控制,将威胁小微金融机构的长期生存能力,在不知不觉中侵蚀机构的资产。

第二节　度量与控制拖欠

一、度量拖欠

(一)贷款余额和质量

在分析贷款质量前,首先要知道什么是贷款余额,它是小微金融贷款业务中最重要的和最常使用的概念。贷款余额是指尚未归还的、仍留在客户手中的小微金融机构贷款本金(常用贷出去的款扣掉已归还的剩余表示)。这部分资金虽然由小微金融机构所拥有,但实际上却掌握在借款者手中。借款者的贷款偿还是对未来行为的一种承诺,然而,未来并不确定。所以这部分资产是小微金融机构所有资产中最容易出现风险的,因而也是小微金融机构最需要关注的。在这里提及的贷款质量就是指贷款余款的质量,衡量贷款质量,即衡量贷款余额的质量。

(二)衡量贷款质量的指标

通常用于衡量贷款质量的指标有两个:拖欠率(逾期率)和风险贷款率。

如前所述,拖欠贷款指的是到期的、应当归还给小微金融机构但不能按期归还的那一部分贷款。拖欠率是指在总的贷款余额中这部分不能按期归还的贷款额所占的比重。这一公式虽然常常被采用,但它仅仅考虑了到期没有偿还的拖欠(逾期)的额度。换句话说,它只显示了已发生的或现实的风险,却没有反映潜在的、未来可能发生的风险。因此,这个指标不是度量风险最理想的指标。

风险贷款率是一个比拖欠率更好的度量风险的指标。风险贷款不仅包括已经发生风险的贷款(即拖欠贷款),还包括有潜在风险的贷款。在分期还款制度下,假定一个客户开始发生拖欠,人们有理由担心这个客户也不再偿还所有未到期的贷款。这部分未到期的贷款也就成了潜在风险的贷款,连同已发生的拖欠贷款共同构成了风险贷款。风险贷款率就是指在总贷余额中风险贷款所占的比重。风险贷款率考虑的是有逾期行为客户的所有未偿还本金额,因此,在衡量贷款质量方面,风险贷款率要准确得多。

上述度量贷款质量的两个指标会受到多种因素的影响,是有局限性的。因此,在使用两个指标判断小微金融机构的贷款质量时,必须考虑其他信息,才能得出准确结论。例如,在业务快速增长条件下,两个指标的应用是受限制的:大规模投放的贷款会使分母,即贷款余额增加,在拖欠额和风险贷款额绝对值没有减少的情况下,拖欠率和风险贷款率都会下降,投放新的贷款额越来越多,拖欠率和风险率下降的幅度也就越大。但是,真实的风险却没有任何变化,这样就不可能正确反映贷款风险问题。坏账注销也会造成贷款质量改善的假象。坏账注销使拖欠额和风险贷款额减少,在贷款余额不变的情况下,拖欠率和风险贷款率都会下降。但坏账注销导致的拖欠额和风险贷款额绝对值减少绝不意味着风险的减少和贷款质量的提高,而只是对贷款的风险进行了技术处理。类似的情况还有不少。所有这些做法都会掩盖机构贷款风险的真实状况,这些都是需要注意的问题。

(三)拖欠贷款的时段分析(贷款账龄分析)

在考查贷款质量时,需要采用逾期账龄指标对拖欠贷款进行时段分析,否则会掩盖风险的真相。

假如以 30 天为标准时间段。逾期 30 天所代表的风险水平与逾期 90 天或者120 天的风险水平是不同的。贷款拖欠的时间越长,风险越大,收回可能性越小。

会有这样的情况：两个机构的风险贷款率一样，但贷款拖欠时间的差别使其贷款的风险程度差异非常大。

（四）还款率

还款率常被认为可以反映贷款质量，这是不对的。还款率的公式如下：

$$\text{还款率} = \frac{\text{当期收回额度（当前正常的和逾期的）}-\text{提前还款额度}}{\text{本期到期的贷款额度}+\text{以前逾期额度}} \quad (5-1)$$

还款率衡量的是在一定时期内，已偿还额度与应偿还额度的比率。从公式中可以看到，贷款余额不是还款率计算等式的一部分，不能提供有关贷款余额状况的有用信息，因此它不能反映贷款质量。但还款率在预测和测算现金流、分析还款趋势及检查经营情况等方面，是非常有效的，有时可能用来评价一段时间内营业所和信贷员的成绩，作为奖励的依据。使用还款率时，周期应该比较短。

公式中减去提前还款额度是因为提前还款易掩饰拖欠还款，不能真实反映还款情况。

二、控制拖欠

（一）从借款者视角建立激励机制

借款者的还款行为是建立在还款动力基础上的。按时还款会给借款者带来好处和代价，不按时还款也会给借款者带来好处和代价。

从借款者的视角思考，按时还款的好处包括可以及时得到较大额度后续贷款，建立自身良好的信贷纪律，得到机构提供的培训机会和其他项目服务，得到还款的奖励和奖金。按时还款的代价包括：按时偿付本金会影响生产投资；偿还贷款需要支付金融成本、交易成本和机会成本。不按时还款的好处包括，如果不付利息可降低费用；在经营活动中保持一定数额的贷款本金或用于其他目的；很少或根本不到机构还款，降低交易成本；降低参加会议和贷款机构其他活动的交易成本。不按时还款的代价包括过期还款的罚款，耽搁未来的贷款或得不到未来的贷款，可能的法律行动和成本，可能损失掉担保，得不到其他的项目服务，信贷员频繁地入户催款，在成员之间造成不良声誉。

小微金融机构需要创建更多的还款动力，同时减少还款障碍。

（二）建立、完善预防和控制拖欠的管理制度

大多数小微金融机构是通过他们的经营理念、企业形象、信贷方法及管理信息系统等管理贷款拖欠的。出现借款人拖欠与违约的大部分原因都在金融机构的控制之中，也就是说，只要机构管理好，就可以避免这种贷款拖欠的发生。小微金融机构可采用的措施包括以下内容。

第一，建立完善的管理信息系统和贷款记录系统，使机构能有效和及时地跟踪

和管理贷款。管理信息系统和贷款记录系统越简明越好,使员工能够清楚哪些贷款逾期、逾期了多长时间,知道哪些客户有逾期贷款,保证员工有足够的时间做客户的工作。

第二,建立信贷员的激励机制。激励机制应能保证信贷员对贷款质量负责,应能鼓励信贷员寻找和消除拖欠的原因。

第三,建立客户的激励机制。激励客户还款的措施有:保证额度更大的后续贷款、利率返还、参加培训及其他精神的和物质的奖励;对拖欠客户可以采取罚款、没收担保品、取消再贷款资格、法律行动等。

第四,产品设计符合客户现金流。一些客户的拖欠与信贷产品设计的缺陷有关,把还款时间定在客户家庭没有现金收入的时候就非常容易造成拖欠,即使能还上,也会带来许多消极后果,如以新贷还旧贷。有关产品设计符合客户现金流的内容在本书关于产品设计部分进行了详细阐述。

第五,贷款模式。针对不同的目标群体设计不同的信贷模式对保护资金安全有积极作用。穷人中的极穷者没有可用于抵押的财产,更适合使用小组贷款模式;对中等收入、有可用于抵押的财产家庭,个人贷款模式也许是一个更好的选择;社区互助模式(自助小组、村银行、村资金互助组织等)在偏远的交通不便地区会显示更强的优势。正确选择贷款模式不仅能为客户提供更好、交易成本更低的服务,而且为小微金融机构的资金提供了安全保障。

第六,机构内部控制制度。相关内容已超出本书讨论范围,此处不再赘述。

第七,在引发拖欠的各类因素中有一些是小微金融机构无法控制的,如自然灾害,包括地震、火灾、洪水、干旱等;政府政策的变化,如制裁街道摊贩、新税种等;个人风险,如生病或死亡,以及地方、国家经济状况的恶化、社会动荡等都有可能使借款者家庭陷入可怕的经济境况。这些因素是小微金融机构无法左右的,但这不意味着小微金融机构束手无策,它需要对其进行监测,并在设计管理制度、贷款方法和回收程序时予以考虑,采取预防性的措施,以使这些突发事件造成的损失最小化。

第三节　与拖欠贷款管理相关的会计制度

一、贷款损失准备金、贷款损失预留

拖欠贷款有收不回来的可能性,造成贷款损失。贷款损失通过在会计账目设立的贷款损失准备金来冲销。贷款损失准备金是一个会计科目,指小型微型金融

机构可能无法收回的贷款本金部分,在资产负债表中被记为负资产,从贷款余额中扣减。扣减准备金后的贷款余额称为贷款余额净值。

贷款损失预留是损益表中的支出科目,贷款损失预提增加了准备金的总量。

如何确定所需的贷款准备金额度?贷款账龄提供了需要建立贷款损失准备金的相关信息。当机构受到监督时,监管当局——通常是中央银行,为每一类账龄的贷款余额设定了贷款损失准备金率。在不受监管部门监督的情况下,贷款损失准备金的预提由机构根据不同账龄贷款损失的历史记录而设定。通过历史数据,小型微型金融机构可以预测每类账龄的贷款损失率。新建立的小微金融机构没有历史数据,可借鉴一些类似地区、类似项目的实际经验,对最初几年进行估计,直到可以根据自己的业绩确定准备金。表 5-1 提供了确定贷款损失准备金的一个实例。

账龄分组依还款期定,表 5-1 反映的是月还款制,每一栏代表一个还款期。风险贷款额可以从账务报表中得到。贷款损失准备金提取比例根据自己机构的历史经验确定。表中的提取百分比只是举例,每个机构应当有自己的数据。贷款损失准备金额度确定后,再以费用的形式从损益表列出。

表 5-1 按账龄确定贷款损失准备金举例

_____年_____月_____日

逾期贷款的账龄	(A) 风险 贷款的笔数	(B) 风险 贷款总余额	(C) 贷款损失 准备金率(%)	(D) 贷款损失准备金 (B)×(C)
1～30 天	—	15000	10	1500
31～60 天	—	10000	25	2500
61～90 天	—	5000	50	2500
91～120 天	—	3000	75	2250
120 天以上	—	1000	100	1000
合　计				9750

二、坏账注销

坏账是指无法收回的那部分贷款本金,通常把拖欠到一定时间长度的贷款本金作为坏账(如国外有把拖欠 180 天的贷款作为坏账处理的政策)。把这部分不能收回的贷款本金继续保留在账上会夸大小微金融机构真实资产的规模。及时在会计上注销这部分贷款资本金会避免在某一天一次性注销大笔资金而带来的资产大幅度减少。注销影响贷款损失准备金和贷款余额,不影响净贷款余额。

坏账注销只是会计的处理手段,而不意味着这部分拖欠贷款的豁免,小微金融机构有责任继续追缴,包括使用法律手段在内的一切措施迫使拖欠客户还款。当已作为坏账注销的欠款收回时,在损益表中反映为其他收入。

三、重置贷款和重新追加资金

重置贷款是指对拖欠贷款重新签订贷款合同,改变贷款条件,包括对贷款延期或者是改变偿还计划或再增加额度。这样,客户的贷款将不归于逾期类。给未还清贷款的借款人提供额外的资金,借新还旧和重新制订还款计划。这两种财务处理都将逾期贷款在突然之间转变为正常贷款,尽管借贷者还是有可能像以前那样不能偿还贷款,而且所有与逾期贷款相关的成本仍然存在。这两种方法都掩盖了贷款质量的真实性,因为逾期贷款只是被重置而不是被收回。

运用重置贷款和借新还旧这两种方法必须十分谨慎。贷款不应该随意被重置,除非很清楚给予额外的时间或者资金可以增加这笔贷款收回的机会。所有重置贷款和借新还旧的贷款都应当单独监控,并且要给予更多的关注,不应该把它们作为正常贷款的一部分,而应作为有风险的贷款来记录。

四、案例:完善治理结构帮助一个小微金融贷款项目从高拖欠转向正常运作

(一)××县小微金融贷款项目的背景

××县是中国早期"三西"扶贫项目的重点区域之一。1996年作为联合国开发计划署(UNDP)"扶贫与可持续发展方案"的一部分,我国商务部经济技术交流中心(以下简称"交流中心")在该县开展了以雨水集流和小微金融贷款为主要内容的综合扶贫项目。其中,小微金融贷款资金投入275.3万元,最高贷款余额达到249万元。

(二)××县小微金融贷款曾经存在的问题

2001年11月,在对××县小微金融贷款管理进行调查和财务审计时发现小微金融贷款项目存在严重问题。

1. 贷款资本金被挪用。

根据×××镇项目办公室提供的资料,2000年9月和2001年1月,镇经营管理站先后两次向小微金融贷款项目办公室借款30余万元(据说其中部分用于发资料),占该镇全部贷款余额的近1/3。2000年9月,镇农业技术站借款4.4万元。××乡的信贷基金被挪用13万元,也占全部贷款资金的近1/3,这些钱大部分用于乡政府的一般行政开支。

2. 向企业和大户的贷款偏离了直接贷款给贫困和低收入农户的方向。

在调查中发现的最大贷款户是×××镇某一私营企业主,2000年8月30日向镇小微金融贷款办公室借款14.3万元,用于修建洋芋市场,该市场建设总投资

100 多万元。小微金融贷款办公室在西川示范园区向 1 户大棚蔬菜户贷款 5 万元;2000 年 5 月,向县饲料厂贷款 10 万元。

3.编造统计数据。

×××镇经营管理站、农业技术推广站和某一私营企业主三家借款大户的借款是用 265 个农户的假名册顶替的。

4.贷款拖欠严重。

2001 年 11 月初核准的拖欠金额达 181 万元,占贷款余额的 76.1%。

(三)拖欠原因

根据调查分析,造成上述问题的原因如下。

1.政府直接操作是造成问题的主要原因。

该小微金融贷款项目在县一级,由扶贫办公室下设的项目办公室负责管理,项目办公室是政府机关,人员是政府公务员,他们不专职,同时从事扶贫办公室委托的其他工作。由于不可能对信贷进行有效管理,县项目办把信贷管理全权下放到乡政府。在基层——乡镇一级,小微金融贷款的放款和收款没有设专门的机构,而是由乡政府的工作人员兼职来做,一般由一位副乡长兼任项目办主任,乡里的会计、出纳兼任小微金融贷款的会计、出纳,也没有设专职的信贷员,全部由乡镇政府人员来担任,往往是下乡做别的中心工作时兼做贷款的发放和回收工作。这种机构安排,不能达到小微金融贷款严格管理的各种要求。

2.缺乏严格的管理制度。

管理制度的许多方面非常不完善。①一部分资金(小组基金和提前还款的资金)失去县项目办的监控,成为最容易发生风险的资金。②当时采取的信贷制度也不利于加强县项目办对资金使用的监控。县项目办与乡政府签订一年期的贷款合同(通过县联社),乡政府下设的项目办公室拿到资金后再向农户贷款。乡政府有较大的资金周转余地,县项目办公室对此基本上没有什么监控。③没有严格的贷款审批制度,参与放款的个人权力过大。④缺乏定期审计制度,特别是县项目办公室对乡镇项目办公的审计很弱。⑤缺乏对拖欠贷款管理的有效办法和制度,有些规定的制度也没有认真执行,如在农户借款合同中都规定了逾期罚息的制度,据了解各乡镇都没有执行。⑥管理信息系统的薄弱问题尤为突出,许多真实的业务活动不能够及时、准确地反映在贷款报告系统中,得不到一些对小微金融贷款非常重要的信息,如有效客户数、贷款余额、拖欠贷款额和风险贷款额等。⑦会计制度上存在不少漏洞,如坐支现象。⑧贷款管理制度各个乡镇不一样,增加了管理的难度。县项目办曾拟定相关的管理制度,但由于没有专职人员,仅有的不完善的制度也没有得到严格执行。

3.缺少必要的信贷管理培训。

工作人员对小微金融贷款的目标、原则和制度缺乏必要的了解,知识过于老化,远不适应小微金融贷款管理的要求。虽然交流中心组织过多次培训,但由于接受培训的管理人员不专职,流动性大,导致培训效果差。对农户也没有深入进行信贷管理宣传,没有让贷款户树立诚信的观念。

（四）对拖欠贷款的清收

问题发现后,××县政府很重视,认真采取了整改措施。

第一,由于贷款是通过政府系统发放的,各项目乡都成立了资金清收领导小组,分头召开专题会议,布置本乡镇的贷款清收工作。

第二,利用行政手段突击清收明显被挪用资金和对企业及大户的贷款。

第三,清收组成员深入乡村,详细了解拖欠贷款的具体情况,把拖欠贷款分类,将违规贷款作为清收重点。

第四,对贷款拖欠户进行宣传动员,争取他们能自觉地采取各种措施偿还拖欠贷款;对短期没有能力偿还的农户,重新制订还款计划,并严格按计划回收资金。

第五,对恶意拖欠贷款的农户,通过法律手段来强制执行贷款清收。

第六,被政府挪用（用于办公费或发工资）的资金,由县政府拨款偿还。

通过上述措施,拖欠贷款的清收工作取得明显成效。到 2002 年 6 月,全县累计清收拖欠贷款占拖欠贷款总额的 75.4%。到 2003 年 7 月底,全县清收拖欠贷款已占拖欠贷款总额的 87.1%。剩余的拖欠户一部分是破产的企业,一部分是特困户,也有一部分拖欠户已举家搬迁至外地,很难清收。

（五）小微金融贷款管理机构的调整

该项目出现上述问题的主要原因是治理结构存在严重缺陷,小微金融机构缺乏相对独立性,在管理上存在明显的政企不分的现象。因此,解决问题的根本方针还在于改革现有的管理制度,实行政企分离,建立一个相对独立、有专职管理人员的小微金融机构。政府机构积极支持小微金融贷款组织的工作,但不干预小微金融贷款组织的具体业务。最后决定建立相对独立的社团组织作为操作小微金融机构代替原有的项目办公室,逐步实现由政府操作向专职和专业的小微金融机构转变。

（六）"城乡发展协会"的建立

在当地政府的支持下,"××县城乡发展协会"注册成立,并于 2003 年 3 月召开了第一届会员大会,通过了协会章程,选举产生了第一届理事会,召开了理事会会议。为了保证协会的独立性,理事会成员由交流中心、省经贸厅、县政府、扶贫办和农户等利益相关方的代表组成,扶贫办只在协会中占据一席。

理事会负责任命主要工作人员,决定重大政策问题,审批工作计划,监督办事机构的日常工作。

协会日常机构为秘书处,负责协会业务的日常管理,根据协会章程,理事会自主经营小微金融贷款业务。秘书处暂设 7 名工作人员。第一届理事会任命的秘书长为原扶贫办副主任,他辞去扶贫办副主任职务,专职担任协会工作。扶贫办原来参与项目管理的人员也辞去了在扶贫办的工作,专职担任协会职务。县政府暂保留上述工作人员的公务员身份和工资福利,今后逐渐过渡。新组建的秘书处从社会上招聘了一名专职会计,其工资由协会发放。通过公开招聘方式,协会从农村招聘了 4 名信贷员,负责信贷的发放和回收,其工资与业绩挂钩,由协会发放。这些人都是有一定文化水平的青年农民,原来在农村从事农业生产或经商。

由于城乡发展协会是挂靠在扶贫办(按照我国政府的规定,社会团体的建立必须有一家政府部门作为挂靠机构才能批准其成立),协会建立后如何保证其职能上的独立性,减少政府对小微金融贷款业务的干预,在实践上可能会存在很多矛盾。保证城乡发展协会经营自主权至关重要。为此,扶贫办的职能有了很大转变。扶贫办只对城乡发展协会进行政策管理,保证城乡发展协会在操作小额信贷中不违背国家政策,作为协会主管单位,了解项目的实施情况,监督小额信贷组织(协会)遵守政府政策、法令和规定,通过参加理事会指导和监督协会工作。在此前提下,不干预城乡发展协会的具体业务。

小微金融机构的治理结构改善以后,交流中心项目办公室提供了技术支持。一是帮助城乡发展协会制定了操作手册,对城乡发展协会小微金融贷款的市场定位、信贷政策、信贷程序、管理制度等做出了规定。二是帮助城乡发展协会进行了市场调查和产品发放,最终确定了几个适合本地农村需要的产品。三是进行了会计和贷款管理的培训,并帮助协会按照国际会计标准建立了会计制度和贷款管理报告系统。2003 年 5 月城乡发展协会的小微金融贷款工作重新启动,此后该县小微金融机构走上正常经营轨道,一直保持着稳步发展和良好的贷款质量。

【本章小结】

本章首先界定拖欠的概念,引用严格的定义,即认为逾期 1 天就应该是拖欠。其次分析造成拖欠的原因及拖欠带来的后果。在充分认识到有必要对拖欠进行治理的基础上,本章提出了度量贷款质量的指标及相应的控制拖欠的办法。最后介绍了一些与拖欠贷款管理相关的会计制度。

第六章
小微金融财务分析

资料导入

　　对于小微及成长型企业而言,发展初期的重点是产品研发、业务拓展,而不是财务,因此企业通常会选择将财务外包给代理机构,或是使用简易的财务软件。这部分客户群的存在,给了新兴财务 SaaS 厂商存在的机会。

　　新兴 SaaS 厂商介入小微企业财务目前看主要有两条路径,一条是通过代理记账机构为小微企业提供财务服务和税务服务,主要偏重于企业税务账的管理,帮助企业便捷、准确地进行纳税申报,一条是为小微企业提供记账工具,侧重于企业内部的管理账,通过数据的实时录入与更新,为管理者提供质量更高的财务管理信息,改善管理者的财务管理体验。

　　账王成立于 2013 年,一直致力于企业记账领域,建立了基于 SaaS 的财税服务管理平台,旨在打造企业内部财务管理的智能化产品,真正从业务经营层面帮助管理者实时了解真实信息状况。

　　2014 年 4 月,账王企业记账软件正式上线,包括网页端和手机端两个版本。2015 年,账王决定增加线下服务,即采用 O2O 模式,为小微企业提供代理记账等服务,但实践下来效果并不理想。2016 年下半年,账王做出战略调整,放弃了线下业务,专注于 SaaS 软件业务。

　　账王目前以小微企业产品为主,重点帮助企业解决管理账、流水账,通过简化记账条目,降低软件使用门槛,让企业老板或行政等非专业财务人员,不具备会计知识也可以记账。

　　在此基础上,账王还顺势推出了面向中等规模的成长型企业(员工数在几十人到几百人之间)的产品,产品已经在小范围内推广试用。新产品在解决基础记账需求的基础上，进一步帮助企业处理在快速发展中出现的财务管理跟不上的问题，着眼于因业务跟财务脱节而导致的账实不一、财务混乱等各种问题，通过业务驱动财务，以订单为管理源头，实现营收结算、支出结算、成本归集、资金稽核、往来核销等的自动管理，并建立统一视角对成长型企业各个部门的数据进行实时汇总，为企业梳理最佳的财务流程。

据账王创始人牟明星介绍，自从战略调整后聚焦于 SaaS 业务，账王现在发展良好，已实现正向现金流，每月新增用户近 2 万，目前已累计 38 万余注册企业。

第一节　概　述

国际上成功的小微金融贷款的实践证明，好的财务分析是持续运作小微金融贷款的基础。有人甚至说，没有财务分析，小微金融机构将不可能达到持久的成功。

财务分析是一种管理工具，具体说就是利用财务报表中的数据进行财务比率计算，并对财务比率做解释，进行趋势分析，并以此作为管理决策的基础。像人的健康要由医生根据各种数据和现象诊断一样，财务分析是对小微金融机构经营状况的诊断。它会告诉经理和其他管理人员机构的弱点和优势在什么地方，问题是什么，潜力是什么，以及发展中可能遇到的障碍。财务分析可以帮助各类小微金融机构的管理人员回答小微金融机构发展中面临的四个基本问题：可持续性程度、效率、贷款质量和资产负债管理水平。

一般而言，小微金融贷款的可持续性是一个比较宽泛的概念，广义的可持续性概念包含有组织上的可持续性（指小微金融机构是否有明晰的产权结构和与之相适应的有效的组织系统）、技术上的可持续性（指是否可以设计出适合市场需求的信贷产品和服务形式）。管理上的可持续性（指的是完善的组织管理系统和较强的人力资源）、财务上的可持续性（指财务上是否能自负盈亏和获得盈利）。本书提及的可持续性仅指财务上狭义的概念，它意味着依靠商业领域的资金进行运作，而不是依赖捐赠生存。财务可持续性表示来自信贷运作的收入能够补偿管理费用、贷款损失预留、包括通货膨胀在内的资金成本和扩展所需要的利润。从小微金融贷款的历史来看，几乎所有的小微金融机构，包括后来非常成功的小微金融机构都经历过依靠外部捐助而发展的阶段。但是，不能由此得出结论，小微金融机构不应当把可持续发展作为自己的目标。实现可持续发展目标意味着小微金融机构依靠自己的力量能够长期为目标客户服务，而且这种服务可以避免捐助机构施加的不利影响，使小微金融贷款业务真正反映本地的需求。

　　效率反映的是资源的利用情况，要做到以较少的资源为尽可能多的人服务，需要提高资金利用率，降低成本，提高资产回报率。效率与可持续发展目标密切相关，后者的实现依赖于许多因素，如资金规模、信贷模式、地理和社会环境，但最重要的是机构本身的运作和财务效率。利用运作和财务效率方面的信息，管理人员可以做出关于人员、项目设计、增加收入和资源配置方面的决策。

　　贷款质量要回答的是机构能不能负责任地管理好自己最重要的资产——用于贷款的资金。如果贷款处于不良状态，意味着资金会不断减少，本身的生存都会遇到困难，更谈不到可持续发展。因此，管理人员必须对机构的信贷资金负责。如果机构是以客户的存款为贷款资金的来源，管理人员还必须对客户的资金负责。管理人员通过分析贷款质量的信息可以判断机构控制信贷风险的制度和机制是否运转正常。

　　资产负债管理的目标是通过建立合理的资产结构实现金融业务的正常、平稳运作和控制风险。

　　财务分析的基础是各类财务报表提供的数据。财务分析能不能有效和有用取决于各类财务报表是否规范、标准以及报表数据的准确性。如果财务报表是不规范的，那就无法提供财务分析所需要的正确数据，这时就需要对不规范的财务报表进行调整（这并不意味着要求小微金融机构必须立即采用标准的财务报表，而是指在进行财务分析前对财务报表必须进行调整）。为此，在开始财务分析之前，有必要讲述有关标准财务报表的格式。

第二节　财务报表

　　财务分析所需要的数据都来自各种财务报表。下面是几种有关财务报表格式和会计科目的含义。

一、损益表

　　损益表（见表 6-1）表现小微金融机构在一个特定时期内的经营业绩。它的数据都是时段数，反映的是机构财务的"电影"，显示在一个特定会计期内经营活动的结果，表示这些活动产生的收入和费用。据此可以判断小微金融机构的盈亏。

表 6-1　损益表样表

账　户	用法注解
金融收入	
1.利息和费用收入	对客户贷款收取的利息和其他费用
2.与信贷业务相关的其他收入	如与客户储蓄相关的收费
3.投资收入	银行存款利息、为了资产流动性管理而进行的市场投资的收益
4.金融收入合计	以上几项收入之和
资金成本	
5.利息和费用支出	所有借款、存款以及为了获得资金而进行融资所支付的利息和费用
6.金融毛收入	金融收入扣除资金成本
贷款损失预留	
7.贷款损失预留	提取和维持贷款损失准备金的费用。如果当期注销的贷款超过贷款损失准备金时,把超过的费用也记在这里
8.金融纯收入	金融毛收入扣除贷款损失预留
操作(管理)费用	
9.人员工资及费用	包括所有员工和咨询人员的工资、津贴等
10.其他管理费用	如房租、交通费、日常办公费、公用事业费、手续费、折旧等
11.操作(管理)费用合计	以上几项费用之和
12.操作纯收入	金融纯收入扣除操作(管理)费用
13.捐赠	包括所有现金的捐款和提供商品和服务的实物捐赠
14.其他营业外收入	与金融服务没有关系的投资活动的收益、非金融服务的收入、提供咨询的收入等
15.营业外费用	为获得营业外收入而支出有关的费用,如捐赠者要求的评估和业绩研究的费用
16.总盈亏	操作纯收入加营业外收入减营业个费用

　　金融收入是指在会计期间内通过金融服务取得的现金(或者根据权责发生制原则即将取得的现金)。小微金融机构的金融收入包括:贷款给客户所赚取的利息、费用和在银行存款的利息等,对拖欠贷款的罚款也包括在内。

　　费用表示在赚取收入的过程中因耗用商品、服务而产生的花费。小微金融机构的直接费用包括资金成本、贷款损失预留和操作(管理)费用。

　　资金成本是指小微金融机构为取得用于信贷服务所需资金而支付的费用,如吸收储蓄(包括自愿和强制)所付出的利息,从银行贷款付出的利息等。机构的金融收入扣除资金成本后的余额被称为金融毛收入。

贷款损失预留是损益表中的一个会计科目,表示一定数量的费用的支出。它是一种准备金,用以应对贷款拖欠造成的损失。贷款损失预留数额的确定建立在本机构拖欠历史数据基础上。数额确定后作为开支在损益表中列出。贷款损失预留增加贷款损失准备金数额。后者是资产负债表中的一个科目。两者的区别在于,贷款损失预留是当年提取的资金,贷款损失准备金是历年积累的数额。从金融毛收入中扣除贷款损失预留后的余额被称为金融纯收入。

操作(管理)费用是与贷款管理相关的费用。对于单一从事小微金融贷款的机构,机构的全部费用都属于小微金融贷款的操作费用。对于除了从事小微金融贷款,还从事其他业务(如培训、医疗保健等)的机构而言,需要对费用进行分割。操作(管理)费用主要包括:员工的工资和奖金、津贴、福利等,这是小微金融机构操作费用的主要组成部分。操作费用还包括机构管理过程中所发展的其他费用,如文具、保险、注册费、租用土地和房屋费、电费、水费、电话费、差旅费、培训费以及其他费用等。操作费用还包括机构固定资产(土地除外)的折旧费,它反映财产价值的减少。折旧是按年度计量的非现金支出。折旧率取决于固定资产使用寿命,最简单的计算方法是使用年限除原值的平均值,即可作为每年提取的折旧额。

小微金融机构除了与信贷相关的金融收入外,一般还会有非金融收入,或称营业外收入,如接受的捐赠。捐赠包括用于操作费用的和用于贷款本金的。用于贷款本金的捐赠只能用于贷款,而不能用于操作费用,因此可作为机构的净资产直接记入资产负债表,无须在损益表中记录,以保证财务报表的平衡。

营业外收入还包括与金融业务无关的收入,如与金融业务无关的投资收入以及为其他机构培训、咨询的收入。接待来访者的收费也可记录在营业外收入中。

损益表中的以下科目与资产负债表相联系:现金捐赠、净损益、固定资产折旧和贷款损失预留。损益表中的现金捐赠、净损益在资产负债表中被记录在所有者权益(净资产)中。固定资产折旧作为费用支出后,在资产负债表中,等量数额将从固定资产价值中扣除。贷款损失预留作为费用支出后,在资产负债表中,贷款损失准备金将增加相同的数额。

与贷款业务表相关的地方是,根据已发生的风险贷款额和拖欠的时间确定需要的贷款损失准备金额度,如果在资产负债表上反映的已有的贷款损失准备金额度达不到需要的贷款损失准备金额度,其差额即被确定为应提取的贷款损失预留数额。

二、资产负债表

资产负债表(见表 6-2)是在特定的时点上小微金融机构的资源(资产)占有和资金来源(负债和所有者权益)的反映,是从业务开始时的积累结果,它的数据都是时点数,是机构财务状况的"照片"。资产负债表的主要要素是资产、负债、所有者权益,三者的关系总是平衡的,即资产=负债+所有者权益。

表 6-2　资产负债表样表

账　　户	用法解释
资产	
1.现金和银行存款	现金指随时可以利用的资金;银行存款指一年以下的储蓄资金、活期存款等
2.央行储备金	存在央行的准备金(只与注册的金融机构有关)
3.市场证券短期投资(当年能转化为现金的)	主要为了资产流动性管理而进行的短期金融证券投资
4.贷款余额	包括未注销的逾期(拖欠)贷款在内的所有客户未偿还的贷款额
(1)正常的 (2)逾期的 (3)重置的	未到还款期的贷款余额 已到还款期,但未能按时偿还的贷款余额 对不能如期偿还贷款重新签订新的贷款合同,或改变还款期限,或增加新贷款
5.(贷款损失准备金)	为了补偿已出现风险(但尚未被注销)、将来可能发生损失的贷款而设的资产账户,在这里它表示为负资产
6.其他短期(流动)资产	应收账款、应收利息、预付费用(房租、保险)
7.长期投资	不能作为目前现金来源的投资,如持有其他企业的股权、一年以上的股票、债券、期票以及其他赚取利息的长期非流动资产(一般只有规模大的小微金融机构才有)
8.净固定资产(固定资产总值扣除历年累计的折旧额)	固定资产是指那些不能轻易转换为现金的资产,如土地、建筑物、设备、机械、车辆、家具等
9.资产总计	以上几项之和
负债	
10.存款账户——强制	作为贷款方法,一部分的客户必需的存款
11.存款账户——自愿	从公众吸收的活期存款
12.定期存款	从公众吸收的定期存款
账　　户	用法解释
13.贷款——商业银行	银行或其他金融机构给小微金融机构的市场利率的贷款
14.贷款——中央银行	中央银行的贴现或其他信用

续　表

15. 贷款——贴息	捐赠机构的优惠贷款
16. 其他短期负债	应付账款、应付的贷款利息、递延收入
17. 其他长期负债	财产抵押
18. 负债合计	几项负债合计
所有者权益	
19. 股东交纳股本	股票持有者的权益投入
20. 捐赠资本——作为贷款资本金使用	指定专门用作贷款本金使用
21. 捐赠资本——作为操作费用使用	指定专门用作操作费用或不规定专项用途的资金
22. 上年累计盈亏	往年累计盈余、亏损
23. 当年结转盈亏	当年营业盈余、亏损
24. 所有者权益合计	几项权益合计
25. 负债和所有者权益总计	负债加所有者权益合计

资产负债表中的资产表示小微金融机构为了获得未来收益而进行的投入,包括机构自己有的(有所有权的资金),还包括作为负债的资金,即从别人那里借来的资金。

资产可分为流动资产(或短期资产)和固定资产(或长期资产)两个部分。流动资产包括现金、银行存款、当年能转化为现金的市场证券以及应收账款、贷款余额(一般为机构的最大资产)。流动资产的特点是能很快转化为现金。

长期资产指那些不能轻易转化为现金的资产,如土地、房屋、设备、家具、机动车辆等以及一年以上的投资和应收款。

现金表示随时可利用的资金余额,如放在办公室保险柜里的。银行存款一般是指一年以下的储蓄(有时也把它称为短期投资)。

贷款余额指某一时点客户尚未还清的贷款额。它包括未到期的贷款额(正常贷款),也包括已经到期但不能按期偿还的贷款额(拖欠贷款),还包括重新设置(或调整)贷款额。重新设置(或调整)贷款的含义是重新调整原贷款条件,包括提供一笔新贷款或改变还款期限。提供一笔新贷款是指上一笔贷款尚未还清情况下再借给同一客户一笔新贷款。改变还款期限是指贷款不能按期履行原定的还款程序而需要重新签订贷款合同,安排新的还款时间表。上述两类情况都反应贷款人出现了还款困难而使贷款处于风险状态。一般来说,小微金融机构不应使用重新设置贷款,因为它掩盖了小微金融贷款的真实风险。但是,在遇到特殊情况时又不得不使用这种形式。例如,在遇到不可抗拒的自然灾害时,为了使贷款人恢复生产,最终能还款,有时就需要再贷一笔新贷款支持他或允许他暂缓还款。这些措施实质上也是为了保护贷款的安全性。无论如何,这部分贷款已经有了风险。需要给予特别关注,在贷款余额中需要把它们单独记录。

贷款损失准备金是指按规定准备出来的用于弥补可能发生贷款损失的资金。贷款损失预留在损益表中计为一项费用,而在资产负债表中则为负资产,即贷款损失准备金。总贷款余额扣除贷款损失准备金后为净贷款余额。实际发生的贷款损失,或称坏账,通过贷款损失准备金和总贷款余额的减少反映,一旦发生真的贷款坏账,资产负债表中的净贷款余额和损益表(收支表)中的费用都不发生变化。

在资产负债表上反映的固定资产数值分原值和净值两种。固定资产原值是该固定资产购置或形成时的开支。固定资产在使用过程中每时都在耗损,这种耗损作为费用在每年的损益表中反映,当年和以前历年累计折费用之和称为累计折旧。固定资产原值扣除累计折旧为固定资产净值。

负债表示小微金融机构欠别人的,如小微金融机构的贷款必须在将来用现金、商品、服务来偿还。

负债包括多种形式,在本书提供的样表中,只列出了具有代表性的几类,实际上可能还有很多。负债首先包括存款,有贷款户的自愿和强制性存款,还有从社会公众吸收的存款。从金融机构贷款也是负债,但它与存款有区别,前者有严格的期限和还款计划。从金融机构和其他放贷主体贷款是小微金融机构负债的重要形式,它包括商业贷款(是以市场利率获得的贷款)、贴息贷款(以低于市场利率获得的贷款)以及从中央银行获得的贴现或其他信用。负债还包括应付账款。用于贷款的抵押财产也是一种负债。

负债还包括一个类别,即递延收入。它是指小微金融机构已经得到但限定在今后使用的资金,在资产负债表中列为负债,小微金融机构得到这部分资金意味着它承担着责任,在以后某个时候必须提供某种服务;否则,要把资金退还给出资的机构。这部分资金在没有转化为服务或产品之前不能计为小微金融机构的收入,随着转化为服务或产品之后,递延收入即作为小微金融机构的收入,可用它来支付与此有关的各种费用。

所有者权益代表小微金融机构自有的资本或称净资产,它反映一个机构的实力。它包括投资者的投资、捐赠人的资金注入、过去和当年的利润积累。

资产负债表至少每年报告一次,经常更短,每月或每季度报告一次。

与损益表的关系:资产负债表中的净损益、捐赠的资本都来自损益表,贷款损失准备金数据也来自损益表的贷款损失预留。

三、贷款业务报告

贷款业务报告(见表 6-3)提供小微金融机构的贷款活动的信息。这些信息通常包括：本期发放的贷款总额、本期发放的贷款笔数、期末贷款余额、期末贷款余额的笔数、每笔贷款平均规模、平均贷款余额、拖欠贷款额、风险贷款额、本期注销贷款额、有效客户数、员工人数、信贷员人数、妇女比重等。但包括的内容并非一成不变。各小微金融机构可以根据需要增添别的内容。

表 6-3　贷款业务报告样表

内　容	用法解释
1. 本期发放的贷款总额	时段数据，表示在一段时间内发放的贷款金额总计
2. 本期发放的贷款笔数	时段数据，表示在一段时间内发放的贷款笔数总计
3. 期末贷款余额	时点数据，指包括未注销的逾期（拖欠）贷款在内的所有客户未偿还的贷款额
4. 期末贷款余额的笔数	时点数据，指包括未注销的逾期（拖欠）贷款在内的所有客户未偿还的贷款笔数
5. 每笔贷款平均规模	表示一段时间内发放的每笔贷款的平均额度，是发放的贷款金融总计与发放的贷款笔数总计之比
6. 平均贷款余额	时段数据，表示在一段时间内贷款余额的平均值，通过贷款余额的平均化处理得出（平均化可用期初数加期末数除以 2，或用每月月末数相加除以 12 求得）
7. 拖欠贷款额	时点数据，表示在某一时点客户已到期应还但未还的贷款余额
8. 风险贷款额	时点数据，表示在某一时点有拖欠行为的客户的全部贷款余额，包括他们的拖欠额，也包括他们的未到期贷款余额
9. 本期注销贷款额	时段数据，表示在一段时间内被注销的坏账余额
10. 有效客户数	时点数据，表示在某一时点有债务关系的客户（已还清全部贷款或还清上一笔贷款尚未贷下笔贷款的客户不包括在内），需要时可做平均化处理，用以表示某一时段有效客户的平均值
11. 员工人数	时点数据，表示在某一时点小微金融机构所拥有的员工人数，包括管理人员和信贷员，需要时可做平均化处理，用以表示某一时段员工人数的平均值
12. 信贷员人数	时点数据，表示在某一时点小微金融机构所拥有的信贷员人数，需要时可做平均化处理，用以表示某一时段信贷员人数的平均值
13. 妇女比重	表示在有效客户中妇女的比重

在考查拖欠贷款时，需要分时段记录拖欠贷款（见表 6-4），即按照贷款拖欠时间分开记录，这一点至关重要。因为贷款拖欠的时间越长，风险就会越大。把拖欠时间不同的贷款放在一起分析会严重掩盖风险程度。

表 6-4　分时段记录拖欠贷款

贷款拖欠时间	按拖欠的时间记录的拖欠贷款额	风险贷款额	贷款损失准备金率	应提贷款损失准备金额
<30 天 30~60 天 61~90 天 91~120 天 >120 天				
合　计				

注:拖欠贷款的时间分段,这里仅仅是举例,不同机构可以根据自己的分期还款的时间确定不同的分段,如每周、每 10 天或每 30 天。

贷款业务报告可以根据还款频率、还款方法按天、按周、按月准备。所需要的数据来源于客户台账。

贷款业务报告与资产负债表的联系在于:业务报告提供了关于贷款余额和本期注销贷款额的信息。贷款业务报告中的一些数据(如风险贷款额、拖欠贷款的账龄记录)将用于计算资产负债表中的贷款损失准备金和损益表中的贷款损失预留。

四、不规范财务报表的调整

由于计算财务比率的数据都来自财务报表,如果小微金融机构采用的财务报表与上述规范的报表不一致,就需要把它调整成为规范的报表;否则,计算的财务比率将是不准确的。表 6-5 是一个不规范的损益表。其中,有以下几处不规范的地方。

表 6-5　不规范的损益表

收入	2008 年	费用	2008 年
1. 利息和收费		11. 管理费用	
2. 贷款利息收入	10000	12. 办公费用	2000
3. 银行存款利息收入	350	13. 差旅费	2000
4. 贷款人贷款手续费	800	14. 培训费	100
5. 会员费	400	15. 向银行贷款利息和手续费	1000
6. 捐款		16. 客户存款利息	500
7. 用于贷款本金的捐赠	20000	17. 用于与取得捐款相关的支出	150
8. 用于操作费用的捐赠	5000	18. 其他管理费用	100
9. 收入合计	36550	19. 费用合计	11850
10. 工资和津贴	6000	20. 当年盈亏	24700

第一,将不同性质的收入相混淆。在计算资产回报率(收益率)时,只考虑与经营贷款业务相关的收入,即金融收入,而不计算与贷款业务不相关的收入,如捐赠;

否则,经营效率会被高估。需要注意的是,不是所有的捐赠都需要记录为机构的收入。例如,只用于贷款本金的捐赠(有许多捐赠都规定了专项用途),只能用于贷款,而不能当成操作费用开支,因此可以直接记录为机构的权益,无须在损益表中记录。如前所述,如果需要在损益表反映,必须同时把同样数额的资金再扣除掉。换句话说,捐赠的贷款本金事实上只记录到资产负债表中,而不记录为收入。这样调整后,机构的收入和盈利远没有损益表上反映的那样多。可用于操作费用的捐赠记入专设的收入科目——营业外收入,以便与贷款业务相关的金融收入相区别。

第二,银行贷款利息和手续费、客户存款利息虽然也是机构的一笔支出,但与机构的管理费用不同,它是为取得贷款本金而支付的成本,这笔支出在标准的损益表上应当记在资金成本的单独科目中。

第三,该损益表中未反映贷款损失预留。这是许多小微金融机构常有的情况,特别在机构发展的初期。但经验证明,贷款损失预留是小微金融机构正常运作所必需的开支,在标准的损益表中,它被列为一个独立会计科目。

第四,与取得捐款相关的支出和作为收入的捐款相对应,记录到营业外支出科目而不是记录到管理费用科目中。

如果不把上述不规范的损益表改造为规范的损益表,用于计算各类财务比率的数据就会有很大差异。表 6-6 是改造后规范的损益表。

表 6-6　改造后的损益表

	2008 年		2008 年
金融收入		管理费用	2000
1.金融收入		13.办公费用	2000
2.贷款利息收入	10000	14.差旅费	100
3.银行存款利息收入	350	15.培训费	100
4.借款人贷款手续费	800	16.其他管理费用	10200
5.会员费	400	17.费用合计	
6.金融收入合计	11550	营业外收入和费用	
资金成本		18.捐款	20000
7.资金成本		19 用于贷款本金的捐赠	
8.向银行贷款利息和手续费	1000	20.(扣除用于贷款本金的捐赠)	−20000
9.客户存款利息	500	21.用于操作费用的捐赠	5000
10.资金成本合计	1500	22.用于与捐赠有关的费用	150
贷款损失预提		23.当年盈亏	4700
11.贷款损失预提	0		
费用			
12.工资和津贴	6000		

表 6-7 是一个不规范的资产负债表。

其中,不规范的地方首先是负债,贷款保证金指的是贷款人的强制存款,是负债;贷方与应计费用也是一种负债,分别表示客户存款和机构从各类途径获得的贷款。但是,这不是负债的全部,表中单项列出的递延收入实质也是一种短期负债,这是债权人委托小微金融机构完成某种服务,如果不能按期实现,该笔资金要退还给出资人。因此,它应记为负债,而不是捐赠的收入。该表的融资仅指获得的捐赠资金。捐赠的资金包括贷款本金、操作费用和固定资产。在标准的资产负债表中,捐赠资金都记入所有者权益,但是必须把捐赠中用于贷款本金和用于操作费用的两部分资金区分开来记录。

表 6-7　不规范的资产负债表

	2008 年 12 月 31 日		2008 年 12 月 31 日
流动资产		固定资产	
1. 客户的贷款	100000	6. 净固定资产	5000
2. 借出款和预付款	1200	净资产总额	
3. 现金和银行存款	2000	7. 净资产总额	102200
流动资产合计	103200	融资	
流动负债		8. 递延收入	3000
4. 贷款保证金	5000	9. 捐赠资金	25000
5. 贷方与应计费用	1000	10. 融资合计	28000
流动负债合计	6000	11. 当年盈利额	4700
净流动资产合计	97200	12. 历年盈利总额	69500

表 6-8 是改造后规范的资产负债表。

表 6-8 改造后的资产负债表

	2008 年 12 月 31 日		2008 年 12 月 31 日
资产		8. 负债合计	9000
流动资产		所有者权益	
1. 银行存款	2000	9. 当年捐赠	
2. 贷款余额	100000	10. 用于贷款本金的捐赠	20000
3. 预收款	1200		
固定资产		11. 用于操作费用的捐赠	5000
4. 净固定资产	5000		
5. 资产总额	108200	12. 盈亏	4700
负债		13. 当年盈利	69500
6. 存款—借款人强制储蓄	5000	14. 历年积累盈利	
7. 其他短期负债——递延收入	3000	15. 所有者权益合计	99200
——贷方与应计费用	1000	16. 负债和所有者权益合计	108200

第三节　财务比率

　　有了必要的信息以后,通过对信息的分析和考察,就可以判断机构经营发展的趋势是否呈现积极的走向,还可以帮助机构管理人员知晓是否偏离组织目标,了解经营效率、可持续发展的程序和资产的安全性以及发现机构经营中的弱点、潜力,帮助管理人员找到提高的途径,制订计划,实现更有效和更科学的管理和决策。对财务信息进行分析将使用许多比率,这里介绍 31 个比率,可以将其分为以下四大类。

　　第一类,贷款质量比率:①风险贷款率(分时段的);②拖欠贷款率;③贷款损失率;④贷款损失准备金率;⑤风险覆盖率。

　　第二类,经营效率比率:①每个员工管理的有效客户数;②每个信贷员管理的有效客户数;③每个信贷员管理的贷款业务量;④每个营业所管理的有效客户数;⑤经营效率;⑥操作(管理)效率;⑦操作(管理)成本率;⑧借出单位资金成本率;⑨每笔贷款成本;⑩资金成本率;⑪负债成本率;⑫人员工资和补贴率;⑬闲置资金率;⑭货款比率;⑮平均货款额度。

　　第三类,盈利能力比率:①资产利润率;②资产回报率;③贷款回报率;④所有者权益收益率;⑤捐助与赠款率;⑥操作自负盈亏率;⑦金融自负盈亏率。

　　第四类,资产负债比率:①流动比;②收益缺口率;③负债权益率;④还贷率。

一、贷款质量比率

　　贷款质量是指贷款余额的质量,贷款余额是小微金融机构尚未归还的贷款本金(即在一个时点上,仍然留存在客户手中的贷款本金)。通常贷款余额是小微金融机构最大的资产,为小微金融机构提供了主要的收入来源。

　　(一)风险贷款率

　　风险贷款率是指在贷款余额中有风险的贷款所占的比重。计算的公式是:

　　风险贷款率＝风险贷款额/贷款余额 　　　　　　　　　　　　　　　　(6—1)

　　风险贷款率呈不断下降趋势为积极走向。国际上一般认为 5％ 以下为可接受的范围。

　　在这里,风险贷款额是所有有拖欠行为的客户的全部贷款余额,包括已经到期应还而未还的贷款(拖欠贷款),也包括未到期的贷款余额。如此区分是出于这样的认识:一个客户一旦有一笔还款发生拖欠,那么其全部贷款都会成为有风险的贷款,都可能发生拖欠。风险贷款率不仅包含已发生的风险,而且还考虑到潜在的或未来可能发生风险,因此,它是衡量贷款质量的最好指标。

（二）拖欠贷款率

拖欠贷款率是指在贷款余额中逾期贷款所占的比重。计算公式是:

拖欠贷款率＝拖欠贷款额/贷款余额　　　　　　　　　　　　　　　（6－2）

拖欠贷款率呈不断下降趋势为积极走向。国际上一般认为2%以下为可接受的范围。

拖欠额仅仅指已经到期应还而未还的本金,反映的是已发生的风险,没有包括潜在的风险。经常有这样的情况,两笔贷款的拖欠额一样,但风险贷款额却不一样。

在实际工作中经常看到,有不少小微金融机构只用还款率度量贷款质量,这显然是不正确的。如前所述,所谓贷款质量是指贷款余额的质量,而还款率指标未显示有关贷款余额的任何信息。它只说明了小微金融机构实际收到的还款和应收的还款之间的关系。有一些小微金融机构不使用风险贷款率,而只使用拖欠贷款率,不建议这样做;有一些机构同时使用两个指标衡量贷款质量,这样做是可以的。

风险贷款率和拖欠贷款率指标受多种因素的影响,在使用这些指标时必须注意,因为这些因素会使两个贷款质量指标发生非正常变化。这些因素有:拖欠定义、发放新的贷款、注销坏账等。不同机构可能对拖欠下不同的定义,有的机构对拖欠采取严格的概念,如逾期一天的还款就列为拖欠贷款,另一些机构采取较为宽松的概念,只有当逾期超过一个还款周期(一周或一个月等)才被列为拖欠贷款。在其他条件一样的情况下,采取较为宽松拖欠概念的机构的贷款质量会显得好一些,因为这时,拖欠额和风险贷款额都要小一些。

新贷款发放也会影响贷款质量的非正常变化,因为新贷款发放增加了机构的贷款余额,在拖欠贷款额和风险贷款额不变的情况下,贷款余额(作为计算公式的分母)的增大就会使拖欠率和风险贷款率下降,尽管贷款质量无任何变化。这一情况常给一些不负责任的机构管理者以可乘之机,在出现贷款质量下降时通过大量发放新贷款的手段来掩盖。

注销坏账以及如何注销也会影响贷款质量。因为注销坏账意味着风险贷款额、拖欠贷款额和贷款余额均减少,但坏账注销额相对于风险贷款额、拖欠贷款额的比重总会比相对于全部贷款全额的比重大,因此注销坏账会使风险贷款率和拖欠率指标下降。如果在出现贷款质量下降时立即注销坏账会掩盖贷款质量的真实性(尤其同时改变注销坏账标准时更是如此)。

贷款的风险程度与拖欠的时间成正比,拖欠时间越长,风险越大,收回来的可能性越小。因此,在评估贷款质量时,要对风险贷款进行分时段分析。假如有两个小微金融机构,其风险贷款率可能一样,但由于贷款拖欠的时间不一样,导致风险程序有差别。拖欠时间长的贷款比重越大的机构贷款风险就越高。

（三）贷款损失率

贷款损失率是一个时段内在平均贷款余额中注销的坏账所占的比重。计算的公式是：

贷款损失率＝坏账注销额/平均贷款余额　　　　　　　　　　　　（6－3）

贷款损失率呈不断下降趋势为积极走向。

拖欠贷款的发生可能使一部分贷款无法收回，由此带来资产的损失。对这部分逾期不能收回的贷款定期注销可以使一个项目避免一次性地注销大量不可收回的贷款以及由此带来的一次性大量资产减少。为了定期注销预期不能收回的贷款，在会计制度中应建立贷款损失准备金和贷款损失预留科目。

贷款损失或注销仅作为一个会计科目出现，并不意味着不继续追回贷款。

贷款损失预留、贷款损失准备金和贷款注销会影响财务报表：贷款损失预留增加了费用并影响当年盈亏，也会影响资产负债表的当年盈亏，从而影响资产负债表的所有者权益和负债与所有者权益之和；贷款损失准备金的增减会影响净贷款余额、总资产；坏账注销减少贷款损失准备金和贷款余额（但不影响净贷款余额）。

（四）贷款损失准备金率

贷款损失准备金是资产负债表中的一个会计科目，它代表一个小微金融机构预期不能收回的贷款本金的额度。它以负资产计入资产负债表，或作为负债记录在资产负债表中。贷款损失准备金率表示提取的贷款损失准备金额与贷款余额之比，它反映预期不能收回的贷款所占的比重。计算的公式是：

贷款损失准备金率＝贷款损失准备金额/贷款余额　　　　　　　　（6－4）

贷款损失准备金率呈不断下降趋势为积极走向。

（五）风险覆盖率

风险覆盖率的计算公式是：

风险覆盖率＝贷款损失准备金额/（＞××天的）风险贷款余额　　（6－5）

风险覆盖率表示机构的风险贷款由其贷款损失准备金覆盖的程度。这是一个反映在最坏情况下为弥补贷款损失所做的准备。贷款损失准备金是根据风险贷款的拖欠时段按一定比例提取的。贷款拖欠的时间越长，提取的准备金数量越多。贷款拖欠的时间越短，提取的准备金数量越少。国际上许多小微金融机构采用的方法是，贷款逾期180天以上的风险贷款即按相当其余额的100%提取贷款损失预留。中国的经验证明，这样的逾期贷款还有可能收回一部分或大部分。因此，在这种情况下就不一定追求100%的风险覆盖率。

二、经营效率比率

经营效率比率通常用劳动生产率和贷款成本来表示,提高效率表明能以更高的生产率和更低的成本服务客户。

(一)每个员工管理的有效客户数

计算公式是:

期末有效客户数/期末员工数　　　　　　　　　　　　　　　　(6—6)

(二)每个信贷员管理的有效客户数

计算公式是:

期末有效客户数/期末信贷员数　　　　　　　　　　　　　　　(6—7)

(三)每个信贷员管理的贷款业务量

计算公式是:

期末贷款余额/期末信贷员数　　　　　　　　　　　　　　　　(6—8)

(四)每个营业所管理的有效客户数

计算公式是:

期末有效客户数/期末营业所数　　　　　　　　　　　　　　　(6—9)

每个员工和每个信贷员管理的有效客户数等指标对监督人员满负荷工作是有意义的。在这组劳动生产率比率中,有效客户数是指有贷款业务的客户,有的客户因为各种原因没有贷款,或者由于新加入正在接受培训,尚未贷款,或者老客户在一轮贷款结束后不需要再贷款,或者已申请新一轮贷款尚未得到批准的,他们都不能算是有效客户。公式中的贷款余额使用总余额,而不是净贷款余额。在其他组织推荐的相同比率中,有效客户数、员工数、信贷员数建议不使用期末数,而是使用全年平均数。这种做法对避免上述数据因季节性变化出现较大误差有帮助。如果采用平均数,就需要对相关数据进行平均化处理(年末数加年初数除以 2,或每月的月末数相加除以 12)。

劳动效率比率没有一个在各个机构都适用的最佳水平和合理的范围,它在很大程度上受到操作模式和环境的制约。例如,采用整贷整还的机构的信贷员可以管理多达 1000 户的贷款户,如果采用每周还款的制度,一个信贷员管理 300~400 户的贷款户就已经是满负荷的工作量了。在平原操作小微金融贷款和在山区操作小微金融贷款其劳动效率也会有很大差别。反映劳动效率的各类指标只能根据小微金融机构自身的情况确定一个合理的范围。如果过低,反映管理的低水平,但也不鼓励越来越高的劳动生产率。如果机构对信贷员提出超出其实际能力的指标,很可能导致贷款风险的增加,带来不良的后果。总之,人人实现满负荷工作量是应追求的目标。

为了避免可能的概念混淆,需要区分客户数和贷款笔数。有一些小微金融机构允许客户借两笔以上的贷款,员工管理的客户数和贷款笔数就不是一个概念了,需要分别计算。如果每个客户只允许借一笔贷款,员工管理的客户数和贷款笔数才是一个概念。有些情况是,向小微金融机构贷款不是以个人的名义,也需要分别计算。

信贷员管理的贷款业务量也是一个监督满负荷工作量的指标,管理业务量越多,为机构创造的收入也会越多。但必须注意的是,如果小微金融机构是以扶贫为目标,过度追求业务量会诱导信贷人员发放大额贷款,因而使目标偏离,大额贷款的需求人是比较富裕的人,而非低收入者。

（五）经营效率

计算公式是:

经营效率＝经营费用/平均贷款余额　　　　　　　　　　　　　　（6－10）

经营效率表示运营一定数量的贷款所需的全部开支,用经营费用与平均贷款余额之比表示。在这里,经营费用包括资金成本、贷款损失预留和管理费用在内的全部费用。平均贷款余额可以用总贷款余额,也可使用净贷款余额。世界银行扶贫协商小组（CGAP）推荐使用净贷款余额,使用净贷款余额表明管理"健康"贷款的经营费用。经营效率公式中的费用可以使用会计报表的经营费用（未调整的,即会计上实际发生的支出）,也可以用经过调整后的经营费用（即把包括通货膨胀造成的损失、资金成本补贴和实物捐赠都作为一种开支。关于费用的调整,后文有专门叙述）。

（六）操作（管理）效率

计算公式是:

操作（管理）效率＝操作（管理）费用/平均贷款余额　　　　　　（6－11）

操作（管理）效率表示运营一定数量的贷款所需的管理费用开支,用管理费用与平均贷款余额之比表示。在这里,管理费用包括人员工资、补贴,还有其他管理费用（办公费、差旅费等）。操作（管理）效率公式中的费用像计算经营效率时的费用一样,可以用会计报表的费用（未调整的,即会计上实际发生的支出）,也可以用调整后的费用（即包括用于管理的实物捐赠的全部成本）。平均贷款余额可以用总贷款余额,也可使用净贷款余额。世界银行扶贫协商小组（CGAP）推荐使用净贷款余额,使用净贷款余额表明管理"健康"贷款的管理费用。

经营效率和操作（管理）效率两个指标是小微金融机构常用的指标。它反映小微金融机构为取得一定的收入而运营一个单位资金贷款所必须支出的费用,当然是越低越好。

使用这两个指标时不宜在不同小微金融机构之间进行比较,因为费用的多少像劳动生产率一样受信贷模式、地理环境等多种多样因素的影响。例如,以扶贫为目标的小微金融机构的贷款额度都很小,即使它们非常有效地服务于自己的目标市场,但这些涉及成本的指标一般总是比那些提供大额贷款的机构要高。

在考虑操作(管理)效率时,有时用平均总资产代替平均贷款余额,这样做可能更好,特别对于那些提供储蓄的机构更是如此。

(七)操作(管理)成本率

用平均总资产代替平均贷款余额后的公式是:

操作(管理)成本率＝操作(管理)成本/平均总资产　　　　　(6—12)

这个指标反映为经营一定量的资产并使其产生收益而必须支付的操作(管理)费用,其呈下降趋势为积极走向。这个指标也是度量金融效率的关键指标。有人认为它比借出单位资金的成本指标更为精确。影响这一指标的因素有借贷方法、员工劳动效率等。国外的经验显示,关于该比率,小微金融机构比在银行高得多。在中国,由于低工资的原因,这个比值比国际上通常认为的正常值低。

在使用该指标时,有的机构只用本机构直接支出的成本,而没有计算外部提供的现金和实物捐赠以及服务,如无偿接受社会组织提供的培训,自己机构未支付任何费用,但仍应将其看成本机构的一项成本。应当对此做出调整,使用调整后的成本更为准确。

(八)借出单位资金成本率

计算公式是:

借出单位资金成本率＝操作(管理)成本/本期发放的贷款总额　　(6—13)

借出单位资金成本指标着眼于放贷体系的效率,表示发放单位资金贷款所支付的操作(管理)费用。该指标下降是积极走向。该比率低反映效率高,表明以同样的成本可以发放更多的贷款。尽管这个指标很有用,但在使用时需要注意一些特殊因素对它的影响。例如,把一年期贷款改为更短期的贷款,加快了资金的周转,但在同一时间内发放更多的贷款,未必伴随着效率的提高。由于这一指标受借贷条件和操作方法的影响极大,在不同机构之间,难以找到可供比较的范围。借出单位资金成本率公式中的费用同前几个指标一样,可以使用未调整的,也可以使用调整后的费用。建设使用调整后的费用。

(九)每笔贷款成本

计算公式是:

每笔贷款成本＝操作(管理)成本/本期发放的贷款的总笔数　　(6—14)

每笔贷款成本指标是以贷款笔数为参照提供信贷服务的成本,表示发放每一笔所支付的操作(管理)费用。该指标降低为积极走向。使用这个指标衡量机构信贷服务效率时最好与借出单位资金成本指标结合起来使用,以判断贷款成本是增还是减。两个指标同步下降是理想的。如果每笔贷款成本下降速度远超过借出单位资金成本下降的速度（更不要说后者没有下降），这可能预示着每笔贷款成本的下降是（或主要是）靠增加贷款额度实现的，如上所述，这是靠牺牲社会目标实现的。

每笔贷款成本公式中的费用同样可以使用未调整的，也可以使用调整后的费用。建议使用调整后的费用。

由于贷款额度和贷款期对指标有非常大的影响，很难在不同机构之间进行比较。

（十）资金成本率

计算公式是：

资金成本率＝资金成本（融资成本或支出）/平均总资产　　　　　　　　（6—15）

资金成本率表示的是为融资而支出的成本占机构总资产的比重。该比率的变化取决于资金来源的结构，该数值低对机构是有利的。但当一个小微金融机构走向成熟时，从依赖低息贷款转向从商业渠道取得资金时，其资金成本会上升。

资金成本率反映的是资产与债务平均成本之间的关系，表示机构为债务而支付的全部费用。资金成本率不反映债务的实际成本，因为这一计算是基于平均资产，而不是债务。反映负债实际成本的比率。

（十一）负债成本率

计算公式是：

负债成本率＝资金成本（融资成本或支出）/平均负债额（平均储蓄额＋平均借贷额）　　　　　　　　　　　　　　　　　　　　　　　　　　　　（6—16）

负债成本率表示的是为融资而支出的成本与机构总负债额的关系，用融资的费用与融资额之比表示。人们都希望融资成本越低越好，但这是有条件的，只有当机构的资金来源完成正常化以后，才能说融资成本越低越好。有些小微金融机构在其成长的初期，由于大量依赖外部捐赠资金，融资成本几乎为零，但这样的机构自立能力很弱，是其不成熟的表现。

（十二）人员工资和补贴率

计算公式是：

人员工资和补贴率＝（人员工资和补贴费＋用于人员的实物捐赠）/
［操作（管理）费用＋用于操作（管理）的实物捐赠］　　　　　　　　（6—17）

人员工资和补贴率表示在全部操作（管理）费用中人员工资和补贴费所占的比重。在这里人员工资和补贴费和操作（管理）费用可以使用财务会计上实际记录的数额，也可以使用经过调整后把用于人员工资和补贴的实物捐赠以及用于操作（管理）费用的实物捐赠都包括在内的全部费用。后一种方法更好，因为它把隐蔽的成本也包括在内了。

人员工资和补贴通常是小微金融机构最大的费用,按照国际上的经验,人员工资和补贴占操作(管理)费用的比重为60%～70%,说明了劳动生产率对小微金融机构管理效率的重要作用。如果这个比率太低,反映机构用人员工资和补贴以外的费用过多,这表明该机构具有通过改善管理提高效率的较大潜力。

(十三)闲置资金率

计算公式是:

闲置资金率＝[现金＋银行存款中变现能力强的存款(一般指存期在3个月以下的)]/贷款余额   (6-18)

在这里闲置资金指的是不为机构创造收益或创造收益很少的那一部分,就是现金以及短期和活期银行存款。闲置资金率表示闲置资金相当于同期贷款余额的比例。一个小微金融机构保留部分变现能力强的资金是应对流动性风险所必需的。至于保留多大数额要根据机构的资产来源、负债结构等因素决定。如果走出合理的界线就会降低经营效率。在中国有一些小微金融机构,现金以及活期、短期银行存款有时占很高比重,分析其原因,主要还是管理能力弱造成的,如缺乏合适需要的信贷产品,因风险大而使信贷人员惧贷等。中国农村的小微金融贷款主要是面向农业、牧业生产,极高的季节性确实给资产高效率的管理提出了挑战。

闲置资金率的计算方法也有不同。有的机构不用贷款余额做分母,而是用总资产或运营资产,只要采用同一指标进行长期趋势的观察,便不会有本质上的差别。

(十四)贷款比率

计算公式是:

贷款比率＝贷款余额/总资产   (6-19)

贷款比率表示在机构的总资产中用于贷款(贷款余额)的比重。在小微金融机构的资产中,信贷资本是为机构创造收益的主要资产,因此应当使这部分资产保持高的比重。一个好的小微金融机构的贷款余额占总资产的比重一般为75%～80%是合理的。

(十五)平均贷款额度

计算公式是:

平均贷款额度＝发放贷款总额/当期发放贷款总户数   (6-20)

平均贷款额度表示每笔贷款(或每位客户)的贷款数额。这个指标与前面介绍的比率指标有所不同,它不能反映资金的运作效率,但是这个指标能帮助我们判断机构发放的贷款瞄准的是哪一个社会群体。当小微金融机构把扶贫作为自己的社会目标时,必须把单笔贷款额度控制在较小量。有一些小微金融机构为了追求经济效益(有时是迫不得已这样做)而不断以远超过目标客户经济收入增长的速度扩大单笔贷款的额度。结果计算各项资金使用效率指标一般都会改善，却潜伏着偏离既定的目标客户的危险。许多小微金融机构的主要管理者（他们决定着小微金融机构的宗旨和承担什么样的社会责任）往往忽视这一点，而这一点决定了小微金融贷款与传统信贷的区别。虽然我们希望本部分介绍的各种资金使用效率指标能不断改善，但不应忘记，在资金使用效率和坚持扶贫的目标之间存在权衡的问题。

计算效率比率时，有时要对数据进行年度化调整。如果数据只源自某个时段而非全年，必须进行年度化处理才能进行比较。换句话说，要把某一时段的数据转换为整年的数据。转换的方法是该时段数据除以时段的月份数再乘以 12。这是基于假设该年最初几个月的业务会在该年剩余的时间里继续下去。这不意味着不需要考虑那些在该年剩余时间里可能影响小微金融机构业务的其他计划和非计划因素。但这的确是一个国际广泛承认的方法，因为历史是预测未来的最好标准。

如果业务具有很强的季节性，这一点在农村业务中尤其需要考虑，它可能会导致年度化数据的扭曲。遇到这种情况，比较前几年同时期的数据可能更好。

如果以上方法都不合适，还可以采用另外两种方法：①对分子、分母都以前一年的数据为基础进行预测；②计算 12 个月移动平均数，如有 1～4 月的数据，可向前推 12 个月，即从上年 5 月到本年 4 月。

三、盈利能力（可持续性）比率

盈利能力与可持续性概念本质是一样的，只有盈利才能可持续。小微金融机构具有可持续性意味着其收入能覆盖操作（管理）费用、贷款损失预留、包括通货膨胀在内的资金成本以及扩展所需要的利润。盈利可以用营业收入与调整后的操作费用的差额来表示。

比率其实就是由分子和分母组成的数学公式，从财务报表中找到相应的数据填写到分子和分母中。在本部分计算盈利能力（可持续性）比率时会遇到如何选择合适分母的问题。

衡量小微金融机构的盈利能力最常用的方法就是用机构的收入或开支与机构发生这些收入或开支而投入的资产进行对比，说明投入一定量的资产给机构带来了多少收入，又产生了多少开支。收入和成本可以从损益表中直接获得，但计算投入的资产却有不同的方法，可以用总资产，也可以用运营资产。总资产是指机构为了运营信贷服务而投入的全部资产，包括直接的和间接的，其中包括固定资产，如土地、房屋，还包括各类流动资产。一个机构可能有两种情况：一种情况是仅仅经营小微金融贷款业务；另一种情况是除了经营小微金融贷款业务外，从事非金融项目，如产品销售等。在前一种情况下，使用总资产做分母才是合适的。在后一种情况下，就不能用总资产，而应当用运营资产。所谓运营资产就是与运营小微金融贷款业务相关联的资产。如果可能的话,可从资产负债表中直接选择用于小微金融贷款业务的资产数据。对于那些小微金融贷款业务与其他业务共用的资产(如土地、房屋、某些设备、机械和车辆等),需要按一定比例进行分摊,加上这部分资产构成完整的运营资产。但是,事实上,在多数情况下,进行这种分摊是困难的。因此,在实际操作中,常常直接选用明确用于小微金融贷款项目或可能用于小微金融贷款项目的那部分资产作为运营资产。如果资产负债表反映的是从事小微金融贷款业务,又从事非信贷业务的机构的财务状况,一般把以下几项资产作为运营资产:①现金和银行存款;②贷款余额;③长期投资。它们与小微金融贷款业务直接相关。使用运营资产指标需要对资产负债上的三个科目的数值进行平均化处理。

本文计算盈利能力(可持续性)比率使用的是总资产指标,而不是运营资产指标。这是假定小微金融机构没有从事与小微金融贷款业务无关的事务。这在中国公益性小微金融贷款组织中是更为常见的情况,只有不多的公益性组织从事多种扶贫项目,小微金融贷款只是其中之一。至于商业性金融机构,往往在从事小微金融贷款的同时也从事大额信贷业务,如果为小微金融贷款建立了专门的机构和财务,计算上述盈利能力比率就很容易。否则,必须选择合适的资产科目。

采用总资产指标(使用运营资产指标也一样)需要使用平均值。因为与其对应的是收入或支出,都取自损益表,反映的是一个时期内发生的数据,即时段数,而资产数据取自资产负债表,反映的是某个时点的数据。时点数据和时段数据不能直接进行对比,必须将时点数据进行平均化处理。平均化处理的方法是把期初数加期末数除以 2,或若干期末数相加除以期数。以年度平均值为例,可以年初数加年末数除以 2,或每月末数相加除以 12。

反映盈利能力通常使用以下比率。

(一)资产利润率

计算公式是:

资产利润率=营业利润/平均总资产   (6—21)

资产利润率表示每单位资产为机构带来的利润,用营业利润与平均总资产之比来反映。这里的营业利润应当使用调整后的数据,即把各类隐蔽的成本也扣除(如各类现金和实物补助、通货膨胀带来的资产损失等)。这个比率反映一个小微金融机构投入的资产的生产率,能带来多少纯收入,即利润。它可以评价小微金融机构是否能有效地管理自己的资产。这个指标与金融自负盈亏率紧密相关,它显示机构总的经营效果。如果为正值说明金融自负盈亏率达 100%;否则,小微金融机构为了生存必须依靠赠款或其他外部支持。有些小微金融机构在计算营业利润时只用财务报表上显示的利润数额,而没有把各类隐蔽的成本扣除。这样做也可以,但必须认识到,这会高估机构的盈利能力。

　　一般而言,单位资产创造的利润呈增长的趋势是积极走向,但这种提法对那些完全商业化(以盈利为唯一目标)的机构更为适合。应当提出的是,对于公益性小微金融贷款组织而言,其主要目标并非盈利,而是某种社会目的,如是否瞄准了低收入群体等,过度追求利润的增加未必是一个积极的取向,可能导致不良的后果。例如,追求更多的大额贷款,最终丢掉自己的社会目标,异化为一般金融。还有一种可能,即必须面向穷人贷款时,往往倾向于提高贷款的利率。当利率到达贫穷借款人的生产项目的收益无法承受时,自然他们也就被排斥在小微金融贷款服务的大门之外了。

　　对于大多数正在成长中的和那些公益性的小微金融机构来说,实现盈利更为困难。因此,同时使用另一个指标——资产回报率,也许更为合适。

　　(二)资产回报率

　　计算公式是:

　　资产回报率＝金融收入/平均总资产　　　　　　　　　　　　　　　(6—22)

　　资产回报率表示为运营每一个单位资产给机构带来的金融收入,用金融收入与平均总资产之比反映。在这里,金融收入是机构为运营小微金融贷款业务而直接获得的收入,不包括其他来源的收入,它是一个没有扣除任何费用的数值。该值呈增加趋势为积极走向,但它有一个合理的范围,即在名义利率和最高有效利率之间。名义利率是借款合同上规定的利率;有效利率是在一定名义利率条件下采用不同还款方法(如分期还款)而使借款人可能达到的最大付费率。国际上一般认为,资产回报率不应低于名义利率(如果低于名义利率说明管理上一定存在重大问题),也不会高过最高有效利率,越接近最高有效利率说明管理越有效率。

　　影响资产回报率的因素很多,如固定资产的比重(指占总资产)、闲置资金量、贷款期限以及利率、收费水平和收取方法等。

　　固定资产占总资产的比重影响资产回报率是因为固定资产不能创造收入,只有用于贷款的资产才能创造收入。因此,小微金融机构要把尽可能多的资产用于贷款,这样才可能实现资产回报率的最大化。闲置资金量影响资产回报率容易让人理解,闲置资金不能为机构创造收入或只能创造较低的收入(与贷款利息相比),因此,在不影响资金流动性的前提下,应当把尽可能多的流动资金用于贷款,才能实现资产回报率的最大化。由于一些小微金融机构的现金计划安排不合理,过高的银行存款成为资产回报率低的一个重要原因。利率的收取方法对收入有重大影响,分期还款条件下采用固定利率法计算利率会提高有效利率,使借款人实际付出的价格比合同上规定的利率增加。在没有收费的时候,贷款期限不影响收入。在按照贷款笔数收手续费时,收入对贷款期限比利率更为敏感。贷款期限缩短,使收费频率增加,机构收入便增加;反之,使收费频率减少,机构收入便减少。由于资产结构、收费结构、贷款期限与收入的关系,资产回报率是一个反映管理能力的重要分析指标,这一分析有助于找到增加收入的潜力。在实践中,有使用业务(贷款)回报率的情况。

(三)贷款回报率

计算公式是:

贷款回报率＝金融收入/平均贷款余额　　　　　　　　　　　(6－23)

贷款回报率表示为运营每一个单位贷款给机构带来的金融收入,用金融收入与平均贷款余额之比来反映。

计算业务(贷款)回报率与资产回报率不同的是平均贷款余额代替平均总资产。它是度量每一单位贷款余额的平均收入,表示贷款余额创造现金收入的能力。贷款余额使用净贷款余额更好。

用这个比率与年度百分比比较很有用处。计算贷款回报率使用的是贷款的真实收入,而计算年度百分比使用的是"应该"的收入。贷款回报率的最大值是有效利率,即年度百分比计算的"应该"的收入,但实际上小微金融机构由于多种多样的原因,几乎不可能达到回报率的最大值。分析两者的差别(即收益差),能帮助小微金融机构发现管理中的问题。造成收益差的原因通常有拖欠、欺诈和快速的扩展。还可以用这个比率与前面经营效率比率中的操作(管理)效率进行比较,从中了解贷款业务的盈利能力以及贷款业务的收入能否弥补费用。

这个指标的缺陷在于不能像资产回报率那样反映全部资产的利用效率。例如,当有过多的资产处于闲置状态而不能创造收入时,业务(贷款)回报率表现得可能很好,但资产回报率却很低。因此,不能用业务(贷款)回报率代替资产回报率。

(四)所有者权益收益率

计算公式是:

所有者权益收益率＝营业利润/平均所有者权益　　　　　　　(6－24)

所有者权益收益率表示每一单位所有者权益所获得的利润,用营业利润与平均所有者权益之比反映。这个比率反映一个小微金融机构投入的所有者权益的生产率。在商业化的小微金融机构中,这是一个关键的比率,因为它度量小微金融机构为投资人带来多少盈利。盈利越多,越有助于吸引更多的私人投资,而减少对捐助者的依赖。

(五)捐助与赠款率

计算公式是:

捐助与赠款率＝捐助与赠款额/平均总资产　　　　　　　　　(6－25)

捐助与赠款率反映的是在总资产中来自捐助与赠款的比重,用捐助与赠款额与平均总资产之比表示。这个指标对判断一个小微金融机构的成熟程度是很有用的,它表明机构对外部资助的依赖程度,从另一个方面反映出机构可持续发展的能力。对于追求可持续发展的小微金融机构来说,这一比率越低越好,但这并非无条件的,不是任何条件下的外部捐助都是消极的、需要否定的。由于高风险和高成本导致小微金融贷款业务的低收益性,几乎所有小微金融机构在其发展的初期,外部的捐助都是不可缺少的。即使已实现自负盈亏的机构往往仍然需要外部捐助,以保持机构具有扩充能力,接受外部帮助几乎可以说是小微金融机构实现可持续发展不可逾越的阶段。对那些负有社会使命的小微金融贷款组织而言,情况尤其如此。

（六）操作自负盈亏率

计算公式是：

操作自负盈亏率＝金融收入/经营费用(管理费用＋资金成本＋贷款损失预留)

$$(6-26)$$

（七）金融自负盈亏率

计算公式是：

金融自负盈亏率＝金融收入/调整后的经营费用(管理费用＋资金成本＋贷款损失预留＋调整的费用)

$$(6-27)$$

金融自负盈亏率是反映持续性的综合指标,用来衡量金融收入在多大程度上弥补了经营费用,因此,它是一个很有用的内部管理工具。金融自负盈亏率考虑了所有经过调整的费用,因此,它比操作自负盈亏率更真实地反映了小微金融机构可持续发展的能力。两者的区别在于:操作自负盈亏率反映的是金融收入弥补经营费用(管理费用、资金成本、贷款损失预留)的程度;而金融自负盈亏率反映的是金融收入弥补调整后的经营费用(管理费用、资金成本、贷款损失预留、调整的费用)的程度。区别是后者增加了调整的费用。

在前文谈到效率和盈利能力(可持续性)的若干涉及成本和利润部分的指标时,标明需要用调整后的数据。所谓调整就是把实际发生但未记录在会计系统的费用计算出来,并在计算相关比率时记入。小微金融机构通常会从外部得到补贴,或者因为通货膨胀而造成资产损失,从而形成"隐蔽"的成本。这些成本通常不被记录在会计中。在我们评估小微金融机构的经营效率和盈利能力时,需要把这些"隐蔽"的成本识别出来,并加进相关的费用科目,才能更真实地反映效率和盈利能力财务比率的真实性。计算这些"隐蔽"的成本不意味着要求小微金融机构修改财务报表和把这些"隐蔽"的成本加到财务报表中。计算这些"隐蔽"的成本只是在做财务分析时的一种内部调整,即只是在计算和分析效率和盈利能力比率时才考虑和加入这些"隐蔽"的成本,以便了解账面上的财务数据所不能提供给管理者的更多和更深层的管理状况。

已经发生但没有反映在会计系统中的费用科目有下面三类。

其一,通货膨胀造成的资产损失。通货膨胀会使已有资产受损,在计算效率和盈利能力(可持续性)比率时,这种损失应作为一种成本予以估算。

通货膨胀会使资产贬值,但需要具体分析。通货膨胀只影响一部分资产,并非全部。资产中的负债部分不受影响,因为在签订借贷合同时,利率已被确定,通常不会因为通货膨胀而变动。换言之,通货膨胀造成的这部分资产的损失已由债权人承担。假如在签订借贷合同时,明确利率可随通货膨胀而提高,由此给借贷人带来的损失就应当被考虑,但这种情况不把预测的损失加到名义利率中。

通货膨胀只会使小微金融机构自有的资产受损。这部分资产即资产负债表中的所有者权益,但也并不是所有的自有资产都受通货膨胀影响而贬值。所有者权益分为两部分,即固定资产和流动资产,其中的固定资产不会因通货膨胀而贬值,因此通货膨胀只影响所有者权益中的流动资产部分。

通货膨胀损失率的计算公式为:通货膨胀损失率=1-(1/1+通货膨胀率);还有一种简单的方法是直接以通货膨胀率作为损失率。   (6-28)

通货膨胀调整的方法是:所有者权益减去固定资产净值后再乘以当期的通货膨胀损失率(或通货膨胀率)。可以用公式表示为:(所有者权益-固定资产净值)×当期的通货膨胀损失率(或通货膨胀率)。另一种计算方法是:金融资产(以货币形式表示)减去负债(以货币形式表示),即净金融资产,再乘以当期的通货膨胀损失率(或通货膨胀率)可得到相同的结果。一个时期的通货膨胀调整额被视为小微金融机构的金融费用,但在会计上并不实际记录。这是多数机构的情况,但也有一些机构把这笔费用记录到财务报表中,而且年复一年地发生。这时一般的处理方法是:在损益表中记一笔费用,同时在资产负债表的所有者权益中增加一项科目——储备金。储备金反映了小微金融机构因通货膨胀造成的损失的累计额。

其二,资金成本补贴。当小微金融机构接受无息和低息贷款时就会发生。计算资金成本补贴依据的基本原理是,假设小微金融机构只依赖商业资源(如银行贷款和社会公众存款)取得资金,以这种情况下需要支付的费用作为基础,这笔费用只是理论上的而非实际支出的,被称为理论价格(或影子价格)。以小微金融机构实际支付的利息与此笔费用的差额部分作为资金成本补贴。一种常见的具体做法是,将小微金融机构的平均负债乘以理论价格(或影子价格),再减去实际支付的资金成本,其差额就是资金成本补贴额,即需要调整的数额,作为费用支出(可概括为公式:资金成本调整=平均金融负债×理论价格-实际支付的资金成本)。在这里,所谓资金理论价格(影子价格)就是资金的市场价格。如果一个小微金融机构有许多贷款来源,贷款的理论价格(影子价格)即为小微金融机构从银行贷款的利率,该利率是银行最近的实际利率。如果没有最近的实际利率,也可以用可比利率,在国外也有用 90 天定期存款利率或 90 天国债利率代替的实践经验。储蓄资金的影子价格等于自愿储蓄的利率加上为获得这些储蓄所支付的管理成本,或者用银行贷款利率。

对于是否要对吸收的股本资金进行调整存在争议。问题的提出是基于这样的认识,当小微金融机构(包括公益性的)吸收私人投资时,每人投资的基本动机是增加盈利。因此,吸收私人投资的成本也应当按理论价格(影子价格)的方法进行调整。但也有不同的做法,即不按理论价格(影子价格)的方法进行调整,而是对吸收的私人资本只进行通货膨胀调整。

其三,实物捐赠。小微金融机构得到的现金捐赠都会在损益表中得到反映,但得到的一些实物捐赠却得不到反映。这些实物捐赠对于小微金融机构开展业务可能至关重要,但小微金融机构并没有支付费用。因此,在计算效率和盈利指标时,它们作为一种成本也应当被记录。实物捐赠可能是技术顾问、培训、租金、运输工具的使用、国外专家的咨询、免费管理人员等。

实物捐赠调整的方法是把捐赠商品和劳务的市场价值增加到相关费用中。如果小微金融机构为获得实物捐赠没有支付任何成本,就可把获得的商品和服务市场价格作为调整的数额;如果小微金融机构为获得实物捐赠支付了一定的成本,就可把获得的商品和服务的市场价格减去实际支付的成本的差额作为调整的数额。

在实践中会遇到某种特殊情况,如外部的实物捐赠未必是机构需要的,这种情况下,可不对该实物捐赠进行调整。另一种情况是实物捐赠远远超过机构的实际需要,这时也可不按照市场的真实价格调整,而是按照本机构的实际需要的服务的市场价格进行调整。

四、资产负债比率

(一)流动比率

计算公式是:

流动比率＝短期资产/短期负债 (6—29)

流动比率用短期资产与短期负债之比表示。流动比率是衡量小微金融机构的资产适应负债期限的能力。短期是指小微金融机构的资产和负债或者其中一部分有具体期限和到期日,或可能在 12 个月内随时需要转换为现金。在小微金融机构可以从社会上自由吸收储蓄时,机构要能够满足储蓄客户随时提款的要求,否则就会发生流动性风险。小微金融机构即使不能从社会上自由吸收储蓄,而是从金融机构或其他机构短期拆借资金时,依然会面临同样的风险。小微金融机构需要做好现金流计划,以充分应对这类风险。流动性风险还有一种表现常被人们忽视。一个小微金融机构向那些按时还款的优良客户承诺提供更大额度的贷款,但到时却因为缺乏资金而不能兑现,这也是一种流动性风险,因为由此可能会丧失优良客户,导致客户群的不稳定性。

应对流动性风险是小微金融机构管理的重要职责,需要留出一定量的资金,以对应风险,应设定一个高值和低值,做好现金流计划,预测资金的流入和流出。在这里也有一个效率和风险之间的权衡问题。留出的资金量过多,会降低经营效率;留出的资金量过少,又会使机构的流动性风险增加。

（二）收益缺口率

计算公式是:

收益缺口率＝100％－从贷款中获得的现金收入/（净贷款余额×预期年收益率）

$$(6-30)$$

这个指标是比较实际收到的现金收入和贷款合同的预期收入。在正常的运营情况下,两者之间的差别不大,如果出现了较大的差别,预示可能出现了严重的拖欠、欺诈、效率低下或财务记录错误。

公式中的预期年收益率是指贷款合同中规定的一个贷款周期的有效利率。

（三）负债权益率

计算公式是:

负债权益率＝负债/所有者权益

$$(6-31)$$

负债权益率用负债与所有者权益之比表示。这个比率反映的是机构的负债与其自有资产（即所有者权益）的匹配程度。一个小微金融机构能吸引多少外部资金在很大的程度上取决于其自有资金的数量。如果这个比率低,说明机构的融资能力弱,会影响经营效率,减少收入。如果该比率过高,表示过度负债,也会带来风险。据小微金融贷款信息交流系统（MIX）的统计,成功的小微金融机构的经验数据是 3.5：1 至 6：1. 不同的国家这个比率差别很大,包括最低的 1：1 到最高的 12：1.

（四）还贷率

计算公式是:

还贷率＝（当期回收额－提前还款额）/（当期到期贷款额＋前期逾期额）

$$(6-32)$$

还贷率表示应还额与实还额的关系。该比率可用于制订资金流计划和业绩考核指标。

第四节　财务比率的应用

财务比率的使用人首先是经理,对其他管理人员也很有用。比率分析告诉管理人员所管理的机构是否在正常运作,能判断机构的各种业绩指标是否在不断改善,还可以从比率分析中看到机构的优势和劣势。比率分析的最终目的不在于了解这些业务指标,而在于从不同财务时段的这些指标比较中找到解决自身弱点的办法。在应用比率分析于管理工作时,应当注意以下几个要点。

一、不宜进行不同机构之间的比较

人们常常用计算出的各类业务指标进行不同机构之间的比较,这有时会带给人们错误的判断和认识,应当特别小心。因为影响这些业务指标的客观因素非常多,而不仅仅取决于机构管理人员的工作业绩。只有当这些客观因素大致一样时,在机构之间进行比较才是可靠的。

影响这些指标的客观因素有以下方面。

第一,机构的规模。规模较大的机构会显示规模效益,其各类业务指标会比规模较小的机构要好。

第二,机构的发展阶段。处于发展初期的机构,即使其业绩非常好,但反映在其各类业务指标上往往并不"理想",与那些成熟的机构相比常有不可思议的差距。因此,在进行财务分析时必须考虑机构所处的成长阶段。当分析一个新建立的机构的财务比率时,一段时间存在较差的业务指标是可接受的,但它同时说明,机构的潜力在哪里,以后需要在这些方面不断改善。

第三,信贷模式。贷款期会影响贷款成本,在保持同等业务量的条件下,短期贷款比长期贷款成本要高;单笔贷款额度会影响贷款成本,单笔贷款额度越大,成本越低;还款频率也会影响许多业务指标,高频率还款使成本增加,也使劳动生产率下降。例如,每周还贷的机构与每月还款的机构相比,在工作业绩水平一样的情况下,劳动效率的指标会有很大的差别。面向农业生产的小微金融贷款会呈现贷款的季节性,在集中放款的时期,财务比率也会受到影响。有些比率会受到正面影响(如贷款质量),而有些比率会受到负面影响(如资产回报率)。

第四,地理环境。小微金融贷款无论在人口居住集中的地区还是在人口居住分散的地区实施,成本和劳动生产率的比率都会有明显的差别,前者的指标更好一些。

第五,一个机构是单一从事小微金融贷款业务还是同时从事其他各类经营性和非经营性业务,如健康、妇女培训、社会服务以及生产技术指导、产品销售等。在后一种情况时,计算比率需要在财务数据上进行分割,只把用于小微金融贷款的财务数据拿来进行比率计算。当财务数据无法进行准确分割时,计算比率就无法获得准确结果。

第六,小微金融贷款实施地区(国家)的宏观经济环境也能对财务比率产生影响。例如,在进行国际比较时,通货膨胀率、汇率都使得比率的比较变得错综复杂。

由于以上因素,很难制定一个对所有机构都适用的统一的标准。在不同机构之间进行比较时,必须考虑上述影响因素,只有当这些因素一致时,比较才有意义,而实际情况非常复杂,很难找到实例。不过,在各类财务比率中,有些指标受上述因素影响大一些,而有些指标受上述因素影响小一些。后者在各个机构之间的通用性会大一些,如反映贷款质量的指标常用于不同机构的比较。

二、趋势分析

财务比率分析最适用于一个机构进行历史趋势分析,在一段时间连续性地应用比率更能说明问题。对比历年同一类财务比率,看其是如何变化的,是逐年改善,或是相反,这样就能更准确地判断管理业绩。财务比率分析之所以更适用于进行一个机构的趋势分析,与前述影响财务比率的诸多客观因素的存在基本是一致的,在比较不同年份同一比率时基本上可以排除外部因素的干扰,而只反映管理业绩一个因素。因为一个机构的规模、所处发展阶段、信贷模式、地理环境、宏观社会环境等在一定时期内相对稳定,它们不会导致反映工作业绩的各类指标出现过大的差异。但即使如此,我们也不要忘记,同一个机构的这些影响因素也可能会发生变化。例如,减少还款频率,迅速增加贷款额度,把自己的服务区向人口居住更集中的地方转移等都会带来比率计算的差异。因此,在利用财务比率进行历史趋势分析时也需要考虑各类影响因素的细微变化。趋势分析还可以缓和季节性和异常因素的影响。

财务比率不仅可以用于历史趋势分析,也可用于未来计划的制订。

三、综合分析

在使用财务比率时应注意的是:没有一个指标能说明一切。对于任何一个特殊财务比率,其比率大小没有标准答案,这些重要比率背后隐藏着发展趋势。对于比率必须综合分析。

四、根据机构需要可以开发新指标

不同层次的使用者需要不同的指标和分析,机构可以根据管理的需要开发更多的指标,而不仅限于本书介绍的。

【本章小结】

　　小微企业因为自身发展特点、财务制度不规范、对财务工作重视程度不够等原因造成财务信息存在一定隐患,一定程度上造成了小微企业融资难问题。对此本章介绍了几种常见的小微企业财务分析方法,从财务报表、财务比率分析等角度对小微企业如何进行财务分析做了阐述。

第七章
小微金融非财务分析

资料导入

　　浙江泰隆商业银行成立于 2006 年,前身是 1993 年成立的台州市泰隆城市信用社。1993 年 6 月 28 日,两间租赁小屋、七名员工、一百万注册资本,台州市泰隆城市信用社正式成立。经过十三年的艰苦创业,泰隆已经发展成为一个公司治理完善、组织结构合理、内部管理机制健全、经营状况良好的区域性金融机构,得到了监管协会的肯定。经中国银行业监督管理委员会批准,2006 年 8 月 15 日,台州市泰隆城市信用社成功改建成浙江泰隆商业银行。

　　看"三品",查"三表",是泰隆商业银行独创的获取客户信息的两大"利器"。所谓"三品",就是人品、产品、押品。在"三品"中,泰隆将人品放在第一位。看人品,主要是考察客户的还款意愿。首先是看借款人自身的情况,是不是诚实守信,有没有不良嗜好,等等。其次看他的家庭情况,借款人的家庭和睦,家庭关系稳定,借款人责任心就比较强,贷款违约的可能性比较小。反之,贷款的风险就较大。最后关注借款人的社交情况,看他交往的朋友及其口碑,以此来判断借款人的道德风险。看产品,主要是考察企业产销存的情况,以此来判断企业产品市场竞争力。看押品,除对客户的房子、土地、汽车、设备等有形资产进行估值外,客户的社会信誉、人脉关系、保证能力等也是泰隆商业银行评估信贷产品安全性的重要因素。

　　所谓查"三表",就是泰隆商业银行除了看客户的财务报表外,更重要的是看另外三个表:水表、电表、海关报表。为什么要看水表呢?因为大部分生产型企业要用一定量的工业用水,用水少了,往往反映客户生产减少了;看电表,是因为生产型企业都要用电,电表可以判断出企业生产经营情况和变动情况。看水表、电表,不仅看用量、增量,还要看欠不欠费,看缴纳记录。对于外贸型企业,必看海关报表。

因为海关的企业进出口数据能比较准确地反映客户经营情况。这三个表可以提供企业比较真实的信息,有效验证和补充企业财务报表,真正锁定和明确客户的数字化信息。

效率决定成败。为提高信贷业务办理效率,泰隆商业银行响亮地提出"要让贷款像存款一样方便"。围绕这个目标,他们不断优化业务流程,创建高效的贷款审批机制,实行业务受理"三三制":承诺老客户贷款三小时以内解决,新客户贷款三天内定夺。为此,泰隆商业银行采取"区别授权,逐层分权"的授权模式,在风险可控的前提下充分下放贷款审批权。分行行长、支行行长及业务部门负责人均具有审批权限。泰隆将全行信贷审批权限分为十多个档次,分支机构的审批额度在50万元至2000万元不等。通过业务流程的改进,该行实现了72%的业务审批在一线完成,90%以上的贷款在半天内办妥,贷款真的变得像存款一样方便了。高效的信贷审批发放流程,极大地满足了小企业客户"短、平、快"的融资需求。

第一节　非财务因素分析

一、小微企业非财务分析的意义

信贷调查分析是信贷决策的基本组成部分,包括对企业相关信用、经营管理状况、发展战略等方面的调查及对企业财务报表相关数据与其指标的验证分析两部分。

所谓非财务因素是指非财务的信息,这类信息不像财务信息那样定量化、格式化和制度化,信息的主要内容、指标的计算方法及信息披露的格式、时间、频率等都没有一定制度约束。

（一）非财务分析可以全面、动态地判断借款人的还款能力

财务分析和现金流量分析指标主要反映借款人历史和现在的经营状况,即侧重于对借款人历史还款能力的判断。但借款人的经营、财务状况受其行业风险、经营风险和管理水平等各种因素的影响和作用,始终处于不断变化之中。当前的经营、财务状况是在过去财务状况的基础上,由非财务因素影响作用的结果。当前的非财务因素可能就是未来贷款风险的预警信号。对影响借款人还款能力的各种非财务因素进行综合分析,评价对现金流量等财务指标的影响方向和影响程度,有助于增强预测分析的可靠性,对借款人的还款能力做出更加全面、客观的预测和动态的评估。

（二）非财务分析可以全面评估贷款偿还的可能性

有些贷款发生逾期往往是借款人缺乏还款意愿，有钱不还；或者是由于银行贷款管理方面出现了问题，如缺乏对贷款的严格监督和有力催收等。还款能力是决定贷款偿还的根本性因素，但并不是唯一的因素。因此，我们不仅要关注借款人的还款能力，而且要对借款人还款意愿、银行信贷管理等其他影响贷款偿还可能性的诸多非财务因素进行分析，只有这样，才能全面评估贷款偿还的可能性。

（三）非财务分析可以促进银行的信贷管理工作

非财务因素作为贷款风险产生的预警信号，能否被及时发现并运用好，对银行的信贷管理是十分重要的。对非财务因素的分析，不仅客观上要求商业银行在日常信贷管理中，建立完善的信贷管理信息系统，重视对非财务因素的收集、监测、分析和利用，保证银行能获取、掌握影响贷款风险的充分信息，实现对信贷的动态管理，而且有助于银行未雨绸缪。同时，也可以帮助银行及时发现日常管理中存在的问题，从而健全内部控制，堵塞漏洞，防患于未然，进而对健康的信贷文化和信贷管理制度的形成产生深远影响。

（四）非财务分析对当前国内的小微企业具有更重要的意义

一方面，我国部分地区还存在会计环境不规范，借款人的会计报表资料不完整和会计信息不真实的现象，甚至有些经营者采取造假手段，使财务报表无法真实地反映企业的经营状况。因此，非财务因素在贷款风险分析中就显得十分重要。

另一方面，由于小微企业规模小，组织机构简单，相关制度建设不完善，相关的各类信息不透明、不完整，加上当前的社会信用状况不佳，小微企业往往存在财务制度不规范，财务报表资料不完整，会计信息不真实甚至造假等情形，因此对小微企业非财务因素的调查分析就非常重要，它在相当程度上左右了信贷风险的高低。

二、小微企业非财务分析的基本内容

一般来说，非财务分析主要包括借款人的行业分析、经营风险分析、管理风险分析、借贷人还款意愿分析和银行信贷管理分析等。对贷款偿还可能性的判断需要综合上述各项非财务分析，而其中行业风险分析、经营风险分析、管理风险分析是直接对借款人自身还款能力进行分析。

非财务因素一般是通过走访企业的上下游客户，探访企业主要相关部门，询问企业经营者、股东等渠道搜集到的，相对成本较高，渠道有限，难度较大。

因而，调查人员必须花费相当的时间和精力，通过现场调研和其他渠道进行严格而详细的贷前调查，获取、核实、研究与贷款有关的经济信息，以确保贷款具有必要的基础和条件。

三、小微企业非财务因素信息获取渠道

非财务因素信息的来源是多种多样的：

1. 企业主及家庭、企业的现场调查与实地调查分析。

2. 银行的"信贷管理信息系统"。

3. 第三方，包括借款人的竞争者、供应商、客户、监督者等，通过第三方可以获取有关借款人的非财务因素。如银行的柜台人员可能会发现借款人依赖于其应收账款来偿付应付工资；从其他银行可以获悉借款人的资产已被设置了抵押权；从司法部门可以获得针对借款人发出的诉讼通知或判决书等；另外，借款人的律师或会计师也会提供一些很有价值的非财务因素，或者至少提供一种不同的评价视角。

4. 外部信用评估机构的报告、注册会计师的管理建议书等也可以为银行提供非财务因素。

5. 期刊，一般包括商业期刊、全国性商业报纸、杂志和互联网。这也是银行获取有关宏观政策、借款人的行业因素、借款人经营信息等非财务信息的重要渠道之一。这些媒介有助于分析人员评估全国范围内的经济状况和趋势。如一些上市公司年报和行业研究报告，可以帮助分析人员获得非常有价值的行业信息，并了解借款人在行业中所处的地位等。

第二节　非财务分析的要素

一、行业风险分析

每一行业都有其特定发展状况及风险。行业的成本结构、生命周期、行业与经济周期的关系、行业的盈利水平、行业的相互依赖关系、行业产品的可替代性、行业的法律环境，以及行业的宏观经济和政策环境等都会对同一行业的企业产生基础性影响。行业分析就是要通过对借款人所处行业趋势和风险的分析，结合借款人在行业中所处的地位，判断借款人的基本行业风险，为综合分析借款人的还款能力提供依据。

（一）行业的成本结构

一般来说，企业的贷款结构受其行业成本结构的影响较大，高经营杠杆（固定成本占总成本比重较高）行业的中长期贷款需求量较大，而低经营杠杆（变动成本占总成本比重相对较高）行业对短期贷款的需求较多。由于高经营杠杆行业的贷款风险（尤其是中长期贷款）和其行业风险的关联程度很高，在客户信用分析时，应

对其行业风险进行重点分析。

(二)行业的生命周期

任何行业都会经历新兴、成熟和衰退等三个主要阶段。不同生命周期的行业面临的机会和风险有很大差异。生命周期阶段的判断,主要依据行业的销售增长率,以及进入或退出该行业的企业比率。

新兴行业作为一些新产生的行业,或是由于技术革新、顾客需求变化等给老产品或服务带来新的商业机会,其成长速度每年在 20%—100%。新兴行业的企业为开拓市场、扩大规模需要大量的资金投入,往往需要银行贷款支持;但同时,新兴行业技术和产品发展更新更快,创业成本高,管理层缺乏相应的行业发展经验,新的竞争对手不断加入该行业,企业淘汰率高,致使新兴行业贷款还款来源的稳定性受到影响,风险相对较高。

成熟行业的销售额每年以 0%—20% 的速度增长,市场竞争十分激烈,竞争的焦点集中于价格和售后服务。成熟行业企业的贷款,主要用于解决营运资金的临时性不足及厂房、设备的更新改造等。这些企业已具备较丰富的行业风险管理经验,生产经营较为稳定,还款来源比较容易控制,就整体来说,贷款的风险程度一般会小于新兴产业。

衰退行业的销售额呈下降趋势,维持生存是企业面临的主要问题,企业开始进行市场收缩和资源的转移,行业风险大。

(三)行业与经济周期的关系

一般来说,行业的发展具有一定的经济周期性。有些行业经营状况的变化与经济周期是一致的,有些行业则具有明显的反周期特征,也有部分行业不易受经济周期的影响,属于非周期性行业。

周期性行业的经营状况受经济周期影响波动幅度较大,如在经济衰退时,许多企业都会因销售迟缓、成本增加及利率上升等,引起利润下降和现金流量短缺问题。

在分析借款人的行业经济周期规律和经济周期规律时,行业周期和经济周期的时间差异是一个需要注意的问题。如果行业周期超前于经济周期,行业的生产、销售等经营活动可能先经济的繁荣而繁荣,先经济的萧条而萧条;滞后经济周期的行业,其经营活动则总是慢于经济周期一步。

(四)行业的盈利水平

盈利是企业持续经营的基础。在分析行业的盈利能力时,还要注意考察其现金流量情况,尤其是在一些竞争激烈,大量采取赊销的行业,往往应收账款拖欠严重,企业虽有盈利,但现金流量不佳。

（五）行业的依赖关系

在经济结构中，各行业之间存在程度不同的依赖性，比如房地产业与建筑材料行业、种植业与食品、钢铁业与汽车制造业、石化业与纺织业等，均有着典型的依存关系。

一般来说，借款人所在行业对其他少数行业的依赖程度越大，受所依赖行业影响也就越大；行业的供应商和顾客群越多元化，该行业对其他行业的依赖性就越小，其贷款风险受其他行业的依赖性就越小，其贷款风险受其他行业变化的影响就比较小。

（六）行业产品的可替代性

行业的产品是否存在可被替代的风险，与替代产品的多寡和顾客使用替代产品的转换成本（如替代品的价格与之相当甚至低于该行业产品）高低有关。如果一个行业的产品性能独特和自然垄断，也就不存在行业产品被替代的风险；而如果一个行业的产品有许多替代品，而且转换成本较低，则该行业产品被替代的可能性就很大，相应的行业风险也就比较大。

（七）行业的法律环境、宏观经济和政策环境

法律的改变可能促进某些行业的发展，也可能对某些行业的生存和发展产生负面影响。在评估借款人的行业风险时，确定该行业是否具有良好的法律环境，及是否有对该行业经营、发展产生实质性影响的法律变化是十分重要的。

（八）行业风险预警信号

在具体的实践操作中，应从多方面综合分析，特别要关注下面一些行业的风险预警信号：

1.行业整体衰退，销售量呈现负增长。

2.行业作为新兴行业，虽已取得有关产品的专利权或技术认定，但尚未进入批量生产阶段，产品尚未完全进入市场。

3.出现重大的技术改革，影响到行业产品和生产技术的改变。

4.政府对行业政策进行了调整。

5.经济环境发生变化，如经济开始萧条或出现金融危机，行业发展受到影响。

6.国家产业政策、货币政策、税收政策等经济政策发生变化，如汇率或利率调整，并对行业发展产生影响。

7.存在密切依存关系的行业供应商或顾客的需求发生变化。

8.与行业相关的法律规定发生变化。

9.多边或双边贸易政策有所变化，如政策对部分商业的进出口采取限制或保护措施。

二、经营风险分析

经营风险主要从经营特征和经营循环两个方面进行分析。

（一）经营特征分析

1.经营规模。一般来说，企业经营规模与经营风险成反比，经营规模越大，行业市场份额也就越大，企业经营也就越稳定；反之，规模越小，则很容易被竞争对手挤出市场，面临较大的经营压力。资产总额、销售收入、市场份额、盈利水平等指标都是衡量一个企业经营规模大小的标准。当然分析时，必须将企业与同行业其他企业比较才有意义，也要注意企业所处的生命发展周期。

2.核心竞争力。核心竞争力能为企业发展带来长期的竞争优势，依托核心产品的优势，可以取得相关产品或服务的领先地位，并创造出众多意料不到的新市场，它是企业竞争优势的根源。核心竞争力是建立在企业核心资源基础之上，是企业的智力、技术、产品、管理、文化的综合优势在市场上的反映。核心竞争力有三个基本特征：一是用户价值，即核心竞争力能够为用户提供根本性的好处或效用；二是独特性，即企业的任何一项专长要成为核心能力，必须独树一帜；三是延伸性，即核心竞争力要在未来的市场竞争中赢得优势并获取丰厚的利润。

3.产品特征，一个企业的产品特征主要表现在其产品的竞争力方面。那些性能先进、质量稳定、价格合理的产品，往往在市场上具有较强的竞争力，能为企业赢得市场和利润。当企业的产品定价失去竞争力或者质量出现不稳定状况时，其经营上的问题也就可能产生了。

企业要保持竞争力，必须不断地进行产品创新。尤其是对于那些设计和开发周期较长的企业，合理、有效和及时地进行产品创新更为重要。另外，借款人的产品多样化也是其产品的重要特征。在激烈的行业竞争中，产品的多样化可以分散企业的市场风险。

4.市场状况。借款人在行业中的地位是衡量其经营风险的重要因素。那些有市场影响力或被公认为行业龙头的企业要比市场中的弱小者有着更强的抗风险能力。评价借款人市场状况的指标主要有：市场占有率、市场竞争的激烈程度、企业保持目标客户和发展目标客户的能力、企业对市场价格与需求的控制能力、企业的客户分散程度等。

另外，企业在市场中的形象和声誉也是评判其市场表现的重要因素。企业形象和声誉虽是吸引客户的两个抽象因素，但也有重要的参考价值。

（二）经营循环分析

经营循环指的是借款人从收到客户订单到向客户出售产品和提供服务的全过程，如工业企业经营循环主要包括采购、生产和销售三个环节，只有三个环节顺利进行,才能完成企业的持续经营和资产转换周期,并保证贷款的及时补偿。

1.采购环节。分析的重点是原材料价格、购货渠道和购买量等方面的风险。如果借款人能影响其供应商的价格,就能够很好控制其生产成本,反之就有可能风险较高。如果借款人的原材料供应渠道单一,就有可能由于突发事项导致企业的生产经营中断或成本过高,从而带来较大的风险。

2.生产环节。重点在于分析生产的连续性、生产技术更新的敏感性以及产品质量的管理。严格的生产管理、完善的安全生产保障措施、配套的环保措施以及融洽的劳资关系等,是企业生产连续性的重要保证。先进的生产技术是企业提高生产效率和产品性能、满足客户需求、提高竞争力的关键。企业生产技术的先进性可以从企业生产技术更新的速度、在同行业中的水平以及技术更新是否符合行业发展方向等方面来评估。此外,产品质量管理也是企业生存发展的基础。

3.销售环节。销售环节是企业实现销售收入,获取经营利润,完成其资产转换循环的关键环节,是及时、足额偿还贷款的保障。销售环节应重点分析其产品的销售范围、促销能力、销售的灵活性、销售款的回笼等。从销售环节看,应分析借款人是否存在销售环节过多,顾客群是否过分集中,产品售后服务能否跟上情况。促销能力应分析借款人能否有效地控制其销售网络,在质量和服务上与同类产品是否存在较大的差距。销售的灵活性应分析借款人能否根据市场的变化及同类产家竞争策略的改变做出迅速合理的反应。

（三）经营风险预警信号

借款人经营风险的预警信号有:

1.借款人经营活动发生显著变化,处于停产、半停产或经营停止状态。

2.主要经营数据在行业中呈现不利的变动趋势。

3.业务性质、经营范围发生重大改变。

4.兼营不熟悉的业务或在不熟悉的地区开展业务。

5.主营业务向跨度较大的新行业进行转移,在一个新的、不熟悉的领域进行业务多样化。

6.外部经济环境出现重大技术变革,导致借款人产品和生产技术的改变。

7.进出口供应商所处国家的政局不稳定,或金融形势发生严重动荡。

8.不能适应市场变化和顾客需求的变化。

9.持有大额订单,如果不能较好地履行合约,可能引起巨额损失。

10.产品较为单一。

11.对存货、生产和销售的控制能力下降。

12.对一些客户或供应商过分依赖。

13.在供应链中的地位关系发生变化,如供应商不再赊货或减低授信额度。

14.购货商减少了采购。

15.丧失了主要的产品系列、特许经营权、分销权或供应来源。

16.企业的经营地点发生不利的变化或分支机构分布不合理。

17.收购其他企业或者开设新销售网点,对销售和经营有明显影响,如收购只是出于财务动机,而不是与核心业务有密切关系。

18.出售、变卖主要的生产经营性固定资产。

19.厂房和设备未得到很好的维护,没有及时更新或淘汰过时的或效率低下的厂房或设备。

20.建设项目的可行性存在偏差,或计划执行出现较大的调整,如基建项目的工期延长,或处于停缓状态,或概预算调整。

21.借款人的产品质量或服务水平下降。

三、管理风险分析

评估借款人的管理水平是一个极其复杂的问题,重点从借款人的组织形式、公司治理、管理层素质、经营思想、关联企业经营管理、财务管理能力、法律纠纷和自然、社会因素等几个方面进行分析。

(一)企业组织形式及其变化

借款人的组织形式是否有变化,及其变化是否有利于企业的经营管理,需要贷款风险分析时予以关注。企业因减资、合并、解散、兼并、重组等导致的组织形式变化,均可能对借款人的管理架构产生影响,从而对借款人的现金流量、盈利能力等产生有利或不利的影响。如有些企业通过"改制"盘活了资产,焕发生机;也有的企业借兼并、破产、重组等改制之际,"逃废"银行债务。在分析时,要注意分析借款人股权和组织形式变化对还款能力的影响。

(二)公司治理分析

良好的公司治理是现代企业健康发展的基础,也是借款人持续稳定还款能力的重要保证。具体来说,良好的公司治理结构应具备完备的股东大会决策程序,建立独立董事制度,应健全监事会的监督功能,应建立健全董事会和监事会的评价机制,完善高级管理人员的选聘机制和激励机制等。同时还应注意"内部人控制"现象,避免拥有控制权的企业经营者凭借手中对财产的控制权寻求自身利益的最大化,从而忽视甚至损害出资人的利益。

(三)管理层素质和稳定性

管理层的素质是制约许多企业发展的关键性因素。对借款人管理层的素质分析应着重于管理人员的学历、年龄结构、专业经验、管理风格、行业管理经验及熟悉程度。同时,管理层的稳定性也是一个十分重要的问题。企业主要管理人员的离任、死亡、更换等均会对其持续、正常经营管理产生影响。

（四）经营思想

正确的经营思想和健康的企业文化，是企业可持续发展的内在源泉。如果企业的董事会或管理层过分地以利润为中心，并且为了短期目标而不顾企业的长期发展：如利润分配政策短期化，过度地分配股利，就会影响企业稳定、持续的还款能力；过于冒险的经营会使银行贷款面临较高的风险。企业文化是企业经营管理思想的一种体现。

（五）关联企业经营管理

随着企业的集团化发展，企业之间的关联关系越来越复杂。由于借款人与其母子公司、控股公司等关联企业之间存在股权、资金、产品、交易等多方面的密切联系，其经营、财务状况不可避免地要受到关联企业的影响。要充分关注借款人与其关联企业之间的关联程度，具体分析关联企业的经营状况和财务状况，并评估其对借款人还款能力的影响。

（六）财务管理能力

财务管理薄弱是许多小微企业共有的管理缺陷，也是许多企业失败的主要原因。有效的财务管理要求借款人必须建立适度的控制制度来监控其应收账款和存货等，控制日常开支和费用，并且防止欺诈和盗窃。薄弱的财务管理对企业的获利能力和偿债能力都会产生很大的威胁。另外，财务信息质量和企业的融资能力也是评价借款人财务管理能力的重要指标。

（七）法律纠纷和重大事项

借款人经营中经常会遇到一些法律纠纷问题，并对其还款能力产生实质的影响，有时甚至会成为决定贷款偿还的主要因素。如借款人与供应商、消费者、关联企业及职工之间产生纠纷或案件；借款人因违反法律、法规或合约而受到税务、银行、工商、环保等部门单位的严重处理、处罚等。另外，一些重大事项，如公司经营方针、经营范围的重大变化，公司订立了重要的合同，发生了重大债务的违约情况等也会对借款人的还款能力产生重大影响。

（八）自然、社会因素分析

战争，自然灾害（如火灾、水灾、飓风等）以及一些社会因素，均可能会对借款人带来意外的风险，从而对借款人的还款能力产生不同程度的影响，这种影响有时是巨大的。在借款人缺乏应对措施时，一场重大的灾难，甚至可以决定借款人的生死存亡。

（九）管理风险预警信号

借款人管理风险的预警信号有：

1.借款人组织形式发生变化，如进行租赁、分立、承包、联营、并购、重组等，并可能对贷款的偿还产生不利影响。

2.管理层对环境和行业中的变化反应较为迟缓。

3.高级管理层之间出现严重的争论和分歧。

4.组织结构过度复杂,可能是隐瞒事实或阻碍调查的手段。

5.最高管理者独裁,听不进不同意见或者周围围绕的都是好说话的人。

6.管理层品行低下、缺乏修养或员工士气低落。

7.高级管理层或董事会成员变动频繁。

8.管理层的核心人物突然死亡、生病、辞职或下落不明,没有相应的继任者。

9.中层管理层较为薄弱,缺乏系统性和连续性的职位安排,企业人员更新过快或员工不足。

10.管理层对企业的发展缺乏战略性的计划,或者计划没有实施或无法实施。

11.管理层缺乏足够的行业经验和管理能力或只有财务专长而没有技术、操作、战略、营销和财务技能的综合能力。

12.管理层的经营思想变化,表现为极端的冒进或保守,希望或坚持进行商业冒险或承受不确定的风险。

13.提前宣布对未来情况的积极预期,这往往预示着自欺和不承认已出现的问题。

14.冒险参与企业收购、新企业投资、新区域开发或新生产线启动等投机活动。

15.董事会和高级管理人员以利润为中心,并且不顾长期利益而使财务发生混乱,收益质量受到影响。

16.提供虚假财务报表、证明文件或其他材料。

17.经营指标出现极度超常的过度增长。

18.管理取代了内部控制,例如负责销售的公司副总裁有权让会计部门准备大额支票。

19.借款人的主要股东、关联企业或担保单位发生了重大的经营管理变化,如改制或遇到重大诉讼。

20.借款人遇到纠纷或法律问题,如受到税务、工商等行政机关的处理,或者主要管理人员涉及法律问题。

21.借款人从事走私活动或有骗取出口退税行为或其他逃税、漏税行为。

22.借款人涉嫌非法转移财产。

23.监管机构发布有关上市公司的不利预警信息。

四、客户还款意愿和银行信贷管理分析

（一）客户还款意愿分析

客户的还款意愿在很大程度上取决于企业管理层的信用意识和法律意识。诚实守信、遵纪守法是经商之道，但有的企业在经营中偷税、漏税，有的采用提供虚假报表、隐瞒事实等不当手段套取银行贷款，有的不与银行进行积极配合，有意拖欠银行贷款，这些行为都反映了借款人管理层的法律意识较为淡薄，道德品质存在缺陷。

在评价客户的还款意愿时，不仅要依据客户的还款记录，还应关注其在其他银行、供应商等债权人那里的还款记录，只有这样才能全面客观地揭示客户的还款意愿。

（二）银行信贷管理分析

银行信贷管理的有效性，也会影响贷款的及时足额收回。这些因素包括：

1. 违法违规贷款。

2. 不符合银行信贷政策与管理制度的贷款。

3. 贷款文件不够完备。

4. 缺乏对担保的有效控制。

5. 缺乏有效的贷款监管。

6. 对不良贷款缺乏有效管理。

7. 存在贷款集中。

（三）还款意愿预警信号

借款人还款意愿预警信号：

1. 借款人拖延支付贷款的本金、利息和费用。

2. 借款人不能偿还对其他债权人的债务。

3. 管理层对银行的态度发生改变，变得冷淡、不合作或不够友善。

4. 银行无法与借款人进行正常的联络。

5. 借款人提供虚假的财务报表或其他信息、资料。

6. 借款人不能提供银行所要求的信息资料，如供销合同、项目进展报告。

7. 银行不能取得财务报表或报表延迟。

8. 突然更换其注册会计师、法律顾问或主办结算银行，或对其他银行或当前的注册会计师有不满的言行。

9. 外部评级机构对借款人的评级进行调整。

10. 接到许多其他银行的资信咨询调查。

11. 借款人违反与其他银行或债权人的协议，不能偿还其他对外债务。

12. 借款人以非正常途径或不合理的条件向其他银行取得融资。

13. 借款人提出再融资或重组贷款。

14. 借款人向其他银行的信贷申请被拒绝。

15. 借款人的存款余额和结算量不断下降。

16. 借款人严重依赖对银行的短期贷款。

17. 借款人在申请季节性贷款时,申请的时间发生显著变化。

18. 借款人贷款申请规模或频率发生急剧变化,如借款大量增加,与借款人的业务规模不成比例。

第三节　非财务分析的应用

一、尤努斯的小组联保技术

格莱珉银行独创了小组信用联保方式,要求每个贷款申请人都必须加入一个联保小组,每 5 人组成一个小组,小组成员背景相似,联保小组中设立集体负责的监督人,如果联保小组的任何一个人无法还贷,该小组的其他成员以后的贷款就会受到约束,使各个贷款者之间产生信用制约。格莱珉银行规定,5 位穷人组成一个贷款小组,若干个贷款小组组成一个贷款中心。小组贷款采用"2＋2＋1"的贷款次序,即有限贷款给 5 人小组中最贫困的 2 人,然后贷款另外 2 个,最后贷给小组长。

联保小组实际上是一个典型的团体激励机制,用内生激励机制代替抵押担保制度,这种制度安排可以降低贷款者的监督成本,使监督变得可行,同时也更有效,也有效降低了银行的监督成本,将银行外部的监督转化为成员自身的内部监督,很大程度上解决了"信贷市场失灵"的问题。严密的组织和制度保障,使各贷款者之间形成相互支持、相互监督的氛围,保证了较高的还款率。

二、从德国引进的 IPC 技术

(一)德国 IPC 微贷技术

IPC 公司信贷技术的核心是评估客户偿还贷款的能力,主要包括三个部分:一是考察借款人偿还贷款的能力,二是衡量借款人偿还贷款的意愿,三是银行内部操作风险的控制。每个部分,IPC 都进行了针对性的设计。在评估客户偿还贷款的能力方面,其流程主要是信贷员通过实地调查,了解客户生产、营销、资金运转等状况,自行编制财务报表,分析客户的还款能力,为发放贷款的整体决策提供信息。

小微企业的财务数据不作为评估业主偿还能力的重要指标。关于客户的还款意愿，IPC公司会首先评估客户个人的信用状况，具体衡量其个人声誉、信用历史、贷款申请的整体情况和所处的社会环境。然后，要求提供严格的抵押品，以降低客户的道德风险。对还款积极的客户给予激励，包括可能得到更大金额和更优惠条件的贷款以及获得长久性的融资途径等。在控制银行操作风险方面，IPC公司强调内部制度的建设，重视建立小微企业和商业银行之间的关系，努力实现小微贷款的商业化，并且成为银行整体战略的一部分。同时，着重建立和实施简洁有效的小微贷款处理程序，降低交易成本。另外，为合作银行培养各个层次必要的能力，在一个清晰的组织结构下分配责任，引入有效的激励机制，并保证良好的公司治理。对客户经理的激励和约束机制是IPC公司技术制度建设的核心内容，也是整个IPC公司信贷技术最有特色、最为成功的地方。本着"以人为本"的管理理念，IPC公司帮助合作银行建立了稳定的、劳动密集型的客户经理制度，也培养了一定数量的、具有较高素质的信贷员。通过责任追究制度，信贷员对一笔贷款的全过程负责，其收入也直接跟信贷业绩挂钩。这就促使信贷员既要非常关注贷款的规模又要高度重视资产的质量，必须通过"频繁地访问"客户来获取大量的"软信息"，严格地监控客户以降低违约贷款率。

"软信息"，包括基本信息和经营信息两个方面，"硬信息"即财务信息，用损益表、资产负债表、现金流量表等进行反映。总体归纳为：

1. 基本信息。

（1）客户年龄。通常情况下客户的年龄与客户的社会经验、工作经验是成正比的，而客户的经验会对客户的经营能力产生帮助（尤其是对一些复杂程度较高的行业）。通常客户的年龄与客户的精力、健康程度是成反比的。

（2）客户的教育水平。理论上，客户的教育水平高，对自己的社会定位会较高，更为重视自己的信誉，也理解在整个社会征信体制中个人信誉的重要性，因此客户的还款意愿要更好一些。

（3）其他人对客户的评价。"其他人"主要包括客户的雇员、亲属、同行、合作伙伴或周围商户（在调查其他人对客户的评价时要注意为客户保密，并注意判断信息的真实性和客观性）。在要求客户提供担保人时，通过客户寻找担保人的难易程度可以间接了解到他人对客户的看法；客户对待他人的态度以及客户的自信程度也能反映客户是否具有好的信誉。

（4）婚姻状况。通常已婚客户出于对家庭的责任感、家庭声誉及对子女的影响，会更为用心地经营自己的企业，还款意愿也更为主动一些。对于已婚的客户，通过观察其对家人的态度可以看出其是否具有较强的责任感（一位客户对其妻子又打又骂，另一名客户据其妻子反映挣的钱从不用在家里，专家认为这都是没有责任感的表现)。

(5)客户的性格特征。客户与信贷员的关系应该是一种"朋友式的合作关系",脾气暴躁或态度傲慢、生硬的客户将很难建立这一关系,并且其个性因素还会给信贷员的调查、分析及贷后维护过程造成阻碍,甚至会对贷款发生违约时信贷员的处理增加很大的难度。

(6)客户是否有不良嗜好和犯罪记录。要注意观察、了解客户是否有如酗酒、赌博等一些不良嗜好。其行为是否严重损害到客户的健康状况(如某支行的一位客户因长年酗酒,从而导致神经系统的不稳定,信贷员无法与其进行正常的沟通),是否已经对客户的家庭及生意的稳定性产生不利影响,对客户将来还款能力是否产生一定的风险。查询客户的信用记录是了解客户信用情况的一个重要手段,对于有不良信用记录的客户要了解其违约的真实原因,除非有特别的原因,否则要将其视为客户还款意愿较差的一个重要证据;对于有犯罪记录的客户要重点了解其犯罪的类型;对于炒股的客户,要注意该客户的投机行为是否已成为客户经营的"主要目的",是否已经影响到客户经营,客户有没有可能挪用贷款。

(7)客户是否是本地人。小微企业贷款制度里要求客户必须是本地人或是在本地长期居住的外地人。在实际工作中,信贷员通常以客户是否在当地有住房、其他家庭成员是否也在当地来判定其是否属"长期居住"。

(8)客户是否还有其他收入或支出,客户在当地的社会关系,必要的家庭费用及近期可能的支出。了解以上信息可以作为客户的收入用于何处的证据,也可以作为评价客户抗风险能力的一个参考依据。

(9)客户的社会地位。在当地有一定知名度(如商会的负责人)、社会地位的客户会更珍惜自己的声誉,通常他们的还款意愿要更好一些(一位这样的客户每个月都提前几天还款,以此向信贷员证明他具有良好的信用)。

2.经营信息。

(1)客户的经营经验。客户的经验主要来自他经营企业过程中的积累,此外,家庭影响、打工经历、专业文化背景也是客户经营经验的主要来源,信贷员也要注意考虑客户的经历与现在经营业务的密切程度。(2)了解客户为什么经营当前的生意,未来的经营计划是什么。其实这也是一个很好的谈话切入点,通常客户对这些信息的描述可以判断客户是否是实际经营者,可以了解到他的经营历史,了解他对于现在经营业务的经验和动机。客户要经营当前的生意一般有以下几种原因:①技术优势客户可能因为具备某一方面的专业技能或专业知识而选择该项投资,这里要注意分析该行业技术更新换代的速度,客户目前的技术是否已被淘汰,还是不是客户经营的一个优势;②家庭的影响或家族企业;③社会关系优势;④商机发现;⑤其他的因素。如果客户是主动选择的话,要注意分析客户是否是出于一种投机性的心理,他对现在从事的行业是否有足够的了解,其准备程度及计划如何。
(3)客户经营记录的获取。微贷技术强调,信息的收集主要来源于与客户的交谈,但如果客户有经营记录相关信息的话,也不失为一种较好的用来检验信息的渠道。客户的账本、原始凭证、单据、银行对账单、报表等都属于客户的经营记录,如果客户的经营记录较多,可以从侧面反映出客户对自己生意的规划性较强,也会使信贷员的分析过程较为轻松。(4)贷款用途。贷款用途是信贷员重点需要了解的信息。要清楚客户为什么贷款,贷款的用途是什么? 他要贷多少? 实际需要多少来实现其商业计划? 他自己的前期投入有多少? 注意观察、分析客户的回答内容及细节,以此来判断客户申请贷款的态度,以及他对其经营业务的认真程度和现实程度。大多数的客户申请贷款是为流动资产周转,或是购买固定资产或是新的投资计划,又或者是几种用途共有。实际工作中,信贷员发现有的人为了非商业用途来申请贷款:有的是为了还债(部分客户在了解该行的微贷项目之前,已经从其他渠道借款投入经营,这种贷款为了还债的目的是可以接受的);有的是为了消费(如购置住房);甚至有的是抱着放高利贷、经营典当行等投机的目的。

3. IPC 技术引入中国。

IPC 在中国的其他合作银行主要有包商银行、浙江泰隆商业银行和台州商业银行、宁夏银行、贵阳商行、桂林银行及部分农商行,还有阿里巴巴及中安信业。其中包商银行已与 IPC 进行了微企业贷款、小企业贷款两个层面的技术引进合作并取得了较大的成绩。德国专家给包商银行带来了全新的信贷文化,小微贷款业务迅速壮大,同时不良贷款率仅为 0.45%,被中国银监会评定为首批风险最小的七家城商行之一。

齐商银行本次从德国 IPC 公司引进的小微企业贷款技术,是德国 IPC 公司首次与山东省内金融机构合作。其技术核心是基于现金流的交叉检验贷前调查技术。实地调研分析银行现有组织架构,协助银行建立适合于小企业管理机构及贷款操作流程,为银行量身设计小企业信贷产品、营销战略,为银行选拔并招聘小企业客户经理并进行培训,同时可以对现有信贷人员及管理人员进行基于现金流的贷款技术和管理技能的培训。

山东省东营银行、潍坊银行、济宁银行引进的德国储蓄银行的技术均为 10 万元以下的微贷技术。齐商银行本次引进的技术将分阶段进行,在全面差异化分析合作结束后,进行第一阶段 100 万元以下的小微信贷技术引进,第二阶段为 100 万至 1000 万元的小企业信贷技术引进。通过全面掌握引进 IPC 公司国际先进小微企业贷款技术,将对齐商银行实现加大对区域经济企业的支持、提高市场占有率,对实现齐商银行小微企业业务战略转型、全面实现信贷精细化管理、加快小微企业产品创新、实现管理人员和客户经理素质的全面提升都具有划时代的深远意义。

三、阿里金融数据库

阿里金融来势汹汹,阿里信贷业务向江浙地区普通会员开放,实现单日利息收入 100 万元,引发银行业震颤。

在这个年交易额过万亿元的中国最大的电子商务平台上,无担保、无抵押、纯信用的小贷模式不断刷新资金流转的速度。而阿里金融实现批量放贷的核心,正是阿里大数据。

(一)阿里小贷的两种模式

阿里金融诞生于 2010 年,"如果银行不改变,阿里将改变银行",马云的振臂一呼,击碎了当年的耻笑和白眼,如今不断引起金融体系地震。

阿里金融主要做小企业贷款,以日计息,随借随还,无担保、无抵押。流动的资金不断为小微电商经营业主"解渴"。

2010 年和 2011 年,阿里金融分别于浙江和重庆成立了小额贷款公司,为阿里巴巴 B2B 业务、淘宝、天猫三个平台的商家提供订单贷款和信用贷款。

订单贷款是指基于卖家店铺已发货、买家未确认的实物交易订单金额,系统给出授信额度,到期自动还款,实际上是订单质押贷款。订单贷款日利率为 0.05%,累积年利率约 18%。淘宝、天猫订单贷款最高额度 100 万元,周期 30 天。

信用贷款是无担保、无抵押贷款,在综合评价申请人的资信状况、授信风险和信用需求等因素后核定授信额度,额度从 5—100 万元不等。信用贷款日利率为 0.06%,累积年利率约 21%。信用贷款最高额度 100 万元,贷款周期 6 个月。

阿里信用贷款又分为"循环贷"和"固定贷"两种。"循环贷"指获贷额度作为备用金,随借随还,免息同时不取用。固定贷指获贷额度在获贷后一次性发放。

从整体上讲,阿里金融的小贷业务以淘宝、天猫平台的贷款居多。

截至 2012 年 6 月底,阿里小额贷款业务当年上半年投放贷款 130 亿元,自 2010 年自营小贷业务以来累计投放 280 亿元,为超过 13 万家小微企业、个人创业者提供融资服务。

与国有银行的小贷业务相比,130 亿元的投放额并不大,但这是由 170 万笔贷款组成,在一段时间内曾创造日均完成贷款接近 10000 笔的业绩。

"对于大多数银行和小贷公司来说,小微企业的资料审查、业务管理和风控成本与大企业差不多,但是收益太少,所以造成了小微企业贷款难的问题。"拍拍贷 CEO 张俊对 21 世纪网表示。

阿里小贷公司最大的发展限制在于资金。互联网资深评论人士鲁振旺对 21 世纪网表示,放贷资金来源为两种,一是股东的注册资金,二是银行贷款,不超过注册资本金 50%的部分可用于放贷。浙江和重庆两家阿里小贷公司的注册资本是

16 亿元,意味着放贷资金最多为 24 亿元。

(二)阿里金融绝招:数据+平台

进军金融业仅五年时间,阿里金融已经拥有了银行征信系统无法企及的数据库和资金流动性。

以淘宝订单贷款为例,上海开淘宝女鞋店的卖家王乐(化名)对 21 世纪网表示,由于支付宝上资金需要一到两周才能划到账户,她经常通过订单贷款周转,每笔额度基本保持在 8000 到 10000 元,申请后几秒钟就能完成贷款,非常方便。

"阿里利用了大数据和信息流,实现金融信贷审批,与银行相比,极大提高了贷款效率。"易观国际分析师张萌表示。

数据库是阿里金融的最核心资产。

通过阿里巴巴、淘宝、天猫、支付宝等一系列平台,阿里金融对卖家进行定量分析,前期搜集包括平台认证和注册信息、历史交易记录、客户交互行为、海关进出口信息等,再加上卖家自己提供的销售数据、银行流水、水电缴纳单,甚至结婚证等。同时,阿里金融还引入了心理测试系统,判断企业主的性格特征,主要通过模型测评小企业主对假设情景的掩饰程度和撒谎程度。所有信息汇总后,将数值输入网络行为评分模型,进行信用评级。

阿里巴巴 B2B 业务贷款由于额度较大,阿里金融委托第三方机构于线下进行实地勘察。

贷款发放之后,可以通过支付宝等渠道监控其现金流,如果出现与贷款目的不符的资金运用,将立即测算。阿里小贷发放的贷款,平均每笔 7600 元,由于大数据加平台检测,贷款周期不超过半年,额度在 100 万内,阿里小贷的不良率控制在 1% 以内。

阿里的风控模型诞生于 2002 年推出的诚信通。

当时阿里巴巴正处于创业早期,诚信通推出后企业要在阿里巴巴建立信用档案,买家可以在交易时浏览,此后阿里巴巴在"诚信通档案"基础上推出的一套评分系统,即"诚信通指数",由 A&V 认证、证书及荣誉、会员评价、经验值等构成。

2007—2010 年,阿里巴巴联合建行、工行,向会员企业提供网络联保贷款,无须抵押,由 3 家或 3 家以上企业组成一个联合体,共同向银行申请贷款,同时企业之间实现风险共担。阿里巴巴将提交申请的会员信用记录提交给银行,最终由银行决定是否发放贷款。

在此期间,阿里巴巴建立了信用评价体系和信用数据库,以及应对贷款风险的控制机制,借助平台对客户进行风控,并公布不良信用记录。

由于双方信贷理念的巨大差异,2010 年合作戛然而止。同年 6 月,阿里巴巴调整方向,与复星、万向、银泰等股东共同推动,成立浙江阿里巴巴小额贷款公司,并拿到国内首张电子商务领域的小额贷款公司营业执照。

阿里金融批量放贷的核心,就是交易数据能支撑金融模型,以及金融模型确定把违约率降低到一定概率。这不但需要长期沉淀,还需要相对稳定的市场环境和持续防范系统性风险。

【本章小结】

本章分析判断小微企业还款能力与还款意愿的重要方法,结合小微金融自身特点,非财务分析有相较于财务分析更独到的用处和生命力。本章首先介绍小微金融非财务分析的意义和基本内容。其次,由于小微企业信息来源的困难性和可靠性,本章介绍了信息获取的一些实用渠道。再次,从行业分析、经营分析、管理分析、还款意愿与银行信贷管理分析四个方面展开,具体讨论小微金融非财务分析的要素。最后列举了几个比较典型的非财务分析案例,介绍小微金融非财务分析的实际应用情况。

第八章
互联网金融在小微金融领域的实践

资料导入

2014年2月,一个新的名词——"白条"进入人们的视野,这是由京东金融推出的互联网金融信用支付产品,主要面向个人用户,便于用户采用分期还款形式购买京东产品。产品实质是京东平台的应收账款管理,用户最高可获得1.5万元授信额度,且成本较低。"白条"运作方便快捷,可在短时间内实时完成申请和授信过程,而服务费约为银行类似产品的一半。

从京东"白条"的风控管理模式来看,其包括以下三个主要特点:

首先,京东开展消费信贷有其核心优势,多年涉足电子商务领域的京东在电商、支付、物流三大产业的自身系统内部形成良好闭环。京东通过长期积累的大数据形成自己的核心资产,主要包括用户基础属性信息、用户相关购买行为及偏好、资金流信息和部分银行信息及物流端产生的地理位置等相关线下非结构数据。然而这些数据并不是孤立的,它们互相联系,并且可以互相校验。京东可以通过分析相关数据有针对性地对客户行为做出判断,包括用户的支付能力、收入水平、还款意愿、还款能力等。

其次,在产品、金融创新及风险控制层面,京东的专业化团队都给予专业化支持。京东互联网金融涉及众筹、理财产品网销、供应链金融等诸多细分领域,消费信贷将是下一个创新突破点。

最后,京东在专业化风险控制方面具有明显优势。京东拥有较为完善的信用评估体系,可以判断用户的信用能力,从而对用户进行定向授信;京东实时监测用户的实际购买行为,从而控制用户资金使用方向;网银钱包给用户提供了一个自动还款的渠道,一旦用户发生逾期行为,京东会通过短信、电话等形式进行提醒和催缴。上述所有的数据都将在京东内部体系运作,使风险控制模式的有效性和可控性得到较大程度的提升。

第一节　互联网金融概述

一、互联网金融的定义与背景

互联网金融(ITFIN)是指以依托于支付、云计算、社交网络及搜索引擎、App等互联网工具,实现资金融通、支付和信息中介等业务的一种新兴金融。互联网金融不是互联网和金融业的简单结合,而是在实现安全、移动等网络技术的水平上,被用户熟悉接受后(尤其是对电子商务的接受),自然而然为满足新的需求而产生的新模式及新业务,是传统金融行业与互联网精神相结合的新兴领域。

从狭义的金融角度来看,互联网金融则应该定义在与货币的信用化流通相关层面,也就是资金融通依托互联网来实现的业务模式都可以被称为互联网金融。广义上来说,任何涉及广义金融的互联网应用,都应该是互联网金融,包括但不限于第三方支付、P2P网贷、众筹、在线理财、在线金融产品销售、金融中介、金融电子商务等。

互联网金融的诞生与小微金融有着密不可分的联系。互联网金融的本质还是金融,而互联网金融的目标群体就是过去传统银行忽略的劣势群体,过去传统的银行不想做,也做不好,而互联网金融发展正好填补了这块空白。这恰恰与小微金融的初衷不谋而合。随着互联网金融的飞速发展,传统金融行业也纷纷加入互联网金融大军,这对于小微金融的发展也起到了极大的推动作用。

图 8-1 对小微企业的扶持

二、国内互联网金融的流派之争

现实中，大家对互联网金融的理解存在较大差异，典型的有三种。

（一）去中介论

第一种是谢平教授提出的"互联网金融模式"，即"去中介论"，认为该模式是区别于直接融资和间接融资的第三种融资方式，这可能代表了大多数人对这个模式的理解。

他把互联网金融定义为"在这种金融模式下，支付便捷，市场信息不对称程度非常低；资金供需双方直接交易，银行、券商和交易所等金融中介都不起作用；可以达到与现在直接和间接融资一样的资源配置效率，并在经济增长的同时，大幅减少交易成本"。

谢平在对未来互联网金融的畅想中，基于互联网分享、公开、透明等原因，认为资金可以脱离金融中介机构实现融通，在参与者之间的通行无阻，不仅使得信息搜寻匹配成本极低，而且由信息不对称所引发的违约风险也大大降低。由此，要不断弱化金融中介，通过两端建立债券债务关系的分层来降低风险，使金融机构从支付中介沦为纯粹的融资服务中介。此时，金融不再发挥资源配置的核心主导地位，也就不再分享平均水平以上的资本回报。

（二）基因论

第二种是马云提出的"互联网金融和金融互联网"，即"基因论"，认为金融机构使用互联网技术自我革新和优化的模式根本不是互联网金融，而是金融互联网；真正意义上的互联网金融是不懂金融的外行（互联网）"杀"进来的，是金融行业的"搅局者"。

马云的观点代表了互联网企业对整个金融的认知，核心有四点：

其一，传统金融机构做得不够，由于金融监管过度，只服务了其中一部分的客户；

其二，他要依靠思想开放、技术开放和政策开放去改变这个现状，去服务剩余的客户，他会做得比传统金融机构更好；

其三，金融机构利用互联网，做的是金融互联网；互联网机构做金融，才是互联网金融；

其四，他做的金融是讲道德的，不是自娱自乐，要成为未来30年经济发展的重任承担者之一。

第二节　互联网金融的模式

现如今互联网金融百花齐放,出现了许多创新模式。当前认可度比较大的分类是将互联网金融分为六大模式,即第三方支付、P2P 网贷、大数据金融、众筹、信息化金融机构以及互联网金融门户。

一、第三方支付

第三方支付是以帮助实现资金转移为特征的互联网支付工具,如支付宝、财付通等。

严格意义上看,第三方支付只是一个支付方式和支付渠道,扮演的是资金转移角色,本身并不参与金融运作。因此,第三方支付很难被称为金融,而应该是金融服务的概念。在银行体系里,支付所形成的支付结算收入也被列为中间业务收入。可以看出,这个是服务性收入,不是风险性收入。

图 8-2　国内主要第三方支付平台

传统金融作为相对高端的业态,一直是有基础性门槛的。这个门槛有两个方面,一是资金门槛,二是金融专业门槛。例如传统的借贷交易,对投资人要求相对较高,存在合格投资人一说。小额借贷并不普及,而且小额投资比小额借贷更少见。信托、证券、保险等其他金融业态有更高的门槛,尤其是私募股权等方式,一直被称为富人的游戏,大量人员无介入金融的机会。第三方支付的发展期,对我国的普惠金融的发展做出了很大的贡献。创新性第三方支付机构的发展,为降低金融门槛提供了电子支付技术与平台组织支撑。

二、P2P 网贷

（一）P2P 的定义和概述

P2P 是英文 Peer-to-Peer 的缩写，意即个人对个人，又称点对点网络借款，是一种将小额资金聚集起来借贷给资金需求人群的一种民间小额借贷模式。P2P 曾一度成为互联网金融的代名词。

2013 年共有 12 家成交量超 10 亿元的平台，其他网贷平台大部分全年成交量不超 5 亿元，随着竞争日趋白热化，会有一批实力不强的 P2P 公司被淘汰。虽然 P2P 还处在跑马圈地阶段，但整体来看，已经形成了以人人贷、人人聚财、拍拍贷、红岭创投、陆金所、宜信等为首的主流阵营。

截至 2014 年 4 月，在 P2P 贷款余额中，前五家（平安陆金所、人人贷、融资城、红岭创投、爱投资）的合计占比达到 48.43％。按照中信证券和国信证券的统计数据，从 2009 年到 2013 年的五年间，P2P 借贷交易量年化复合增长率达到惊人的 538％。假定在基数变大增速变缓的情况下，未来三年的增长率分别下降至 100％，50％和 30％，P2P 交易量到 2016 年仍可达到 4126 亿元，是 2013 年的 4 倍，发展潜力巨大。

（二）目前 P2P 在国内的三种模式

P2P 1.0 模式：类似拍拍贷这样提供 P2P 全流程服务，但不对出借人的收款提供保障的模式。

P2P 2.0 模式：同样参与 P2P 全流程，但在"2"这端的交易平台上引入垫付机制，由平台的风险准备金或担保公司提供本金保障。国内 P2P 网贷平台大部分使用这一模式。

P2P 3.0 模式：对借款业务及担保均来源于非关联的担保及小贷公司的，整个流程为 P2N 的（"N"为多家机构，不是直接的个人对个人），称为 P2P 3.0 模式。

国内P2P网贷平台模式分类				
P2P网贷模式	交易流程	有无垫付	垫付方式	典型代表
1.0	P2P无		—	拍拍贷
2.0	P2P	有	担保	红岭创投
			风险准备金	人人贷、365易贷
3.0	P2N	有	担保	有利网、开鑫贷

图 8-3　P2P 平台的三种模式

三、大数据金融

大数据金融是指集合海量非结构化数据，通过对其进行实时分析，可以为互联网金融机构提供客户全方位信息；通过分析和挖掘客户的交易及消费信息，掌握客户的消费习惯，并准确预测客户行为，使金融机构和金融服务平台在营销和风控方面有的放矢。

目前，在大数据金融领域的创新主要集中于拥有大数据的机构。比如阿里、京东拥有电商数据，腾讯拥有社交数据，等等。

在平台金融模式方面，阿里小微金融集团提供的阿里小贷、担保、保险等金融服务，不仅给淘宝、天猫的商户提供了大量的融通资金，而且改善了传统金融信用审核系统。集团依托于大量、非机构化的大数据，可以在两分钟内给平台商户提供贷款，甚至有的 P2P 把能在阿里金融集团取得贷款作为授信的条件。

供应链金融模式方面，京东已经上线理财产品小金库和网银在线，确立了以"白条"为代表的消费金融，以京东为代表的供应链金融，以网银在线和小金库为代表的支付金融平台的全面布局。

2C 方面，中心银行联合腾讯和阿里两大平台，向互联网用户发放虚拟信用卡，利用大量、非机构化、动态数据进行海量授信，改变了传统信用卡的发展模式。尽管该产品因信用卡面签和真实性要求被央行暂停，但大数据金融给金融业带来了极大的冲击。

发展大数据金融需要两个前提条件，一是海量的、非机构化的、鲜活的数据；二是挖掘分析数据的技术和能力。随着云计算、大数据、移动互联网的发展，未来将有更多的征信公司涌现出来，成为金融业的中流砥柱和基础设施。

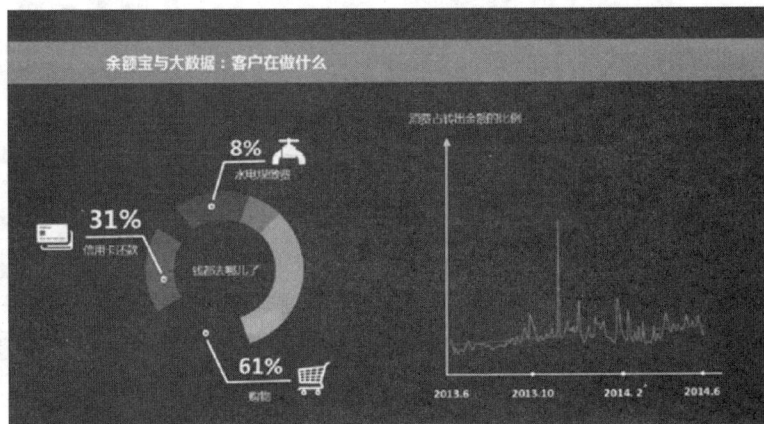

图 8-4　余额宝与大数据

四、众筹

众筹(Crowd Funding)又称为大众筹资或群众筹资,是指用团购＋预购的形式,向网友募集项目资金。它是利用互联网和 SNS(社交网络服务)传播的特性,让创业企业、艺术家或个人对公众展示他们的创意及项目,争取大家的关注和支持,进而获得所需要的资金援助。众筹模式分为股权式众筹、债券式众筹、公益式众筹和奖励式众筹。众筹模式众多,可以服务于新产品研发和新公司成立,也可以应用于科研项目、民生工程、艺术设计等多个方面。众筹存在非法集资风险、代持股风险、公开发行证券风险、知识产权风险、信用风险等多种风险,尤其是股权式众筹,法律边界较为模糊,但这并没有阻碍众筹在中国的发展。

图 8-5　众筹

五、信息化金融机构

信息化金融机构指传统金融机构依托于互联网技术,对业务流程、产品设计和渠道建设进行重构和再造,实现金融服务的电子化和信息化。目前发展主要集中于三大领域,一是传统金融服务的电子化,目前中国各个银行均涉猎了网上银行、手机银行、微信银行,2013 年,中国银行的柜台事务不超过 40％。二是互联网金融模式的创新,如社区银行、直销银行等模式。三是银行电子商务,以建行善融商务为代表。

六、互联网金融门户

门户的发展一直遵循着从类似雅虎的综合新闻门户演化,到垂直门户,从综合搜索平台,再到垂直搜索平台的路径发展,互联网金融门户作为垂直门户的一类,具有广阔的发展空间和独特的发展路径。它是指利用互联网进行金融产品的销售及为金融产品销售提供第三方服务的平台。它的核心就是"搜索＋比价"的模式，采用金融产品垂直比价的方式，将各家金融机构的产品放在平台上，用户通过对比挑选合适的金融产品。

七、比特币

除六大模式之外，比特币也是互联网金融的一个现象特征。比特币要成为真正货币仍面临诸多问题：一是货币的基本属性是价值尺度、流通手段和支付手段。比特币的问题在于，比特币的爆炒暴跌失去了价值尺度属性，比特币的囤积失去了流通手段职能，比特币的不安全性失去了支付手段职能。二是比特币不具备稀缺性，虽然只有 2100 万枚，但是还有莱特币等其他货币。三是比特币的固定会造成通货紧缩，使用比特币意味着放弃宏观经济调控货币政策。

图 8-6　比特币

第三节　我国互联网金融对小微金融的影响和作用

一、如何成为"P2P 侦察员"眼中合格的小微企业

互联网金融的蓬勃发展带来了多方获益，既为国家一直在扶持的小微企业缓解融资难的问题，同时也让一般投资人获得高息理财机会。因此，互联网金融业被称为普惠金融。

作为互联网金融新业态的重要组成部分，P2P 网络借贷在这场前所未有的互联网金融发展大潮中,扮演了一个不可或缺的重要角色。无数事实证明,P2P网络借贷新模式给整个资本市场注入了一股新活力,为越来越多的小微企业解决了融资难题。

经历了2014年P2P网贷井喷式的发展后,2015年还将迎来更广泛也更大范围的扩容时期,但是,伴随行业的高速发展,也不能忽略了在这场资本与创新的角逐中爆发出的问题。

"跑路"是过去一年里投资人最忌讳听到的词,不少一般投资人遭遇了"雷击",大量资本金有去无回。说到底,抛开以诈骗为目的的伪P2P平台恶意跑路外,那些原本正常经营的P2P平台出现"跑路"时,无外乎坏账率高,平台无力覆盖坏账资本不得已跑路,而出现较高坏账率的根本原因在于风险控制不到位,导致借款违约集中出现。因此,P2P网络借贷的风险控制问题越来越引起业内外的重视。

图 8-7 P2P 的跑路潮

那么,什么样的风险控制标准才算是合格的呢? 其实,目前并没有统一的行业标准,我们可以从一个从业者的视角来理解、认识当前可靠性较高的实用风险控制方式。

以P2P的重点服务对象企业借贷为例,为投资人做好风险的核心就是筛选优质的小微企业,在这过程中,P2P的风控人员需要深入调查相关企业,每一位风控人员都好比是一位侦察员,深入企业内部查探企业经营实情,获得可靠真实的风控资料。因此,风控人员也被称为"P2P侦察员"。那么,"P2P侦察员"眼中合格的小微企业应该是什么样的呢?

以融贝网对小微企业借贷服务中的风控审核标准来说,"侦察员"眼中合格的小微企业要有以下四个特征。第一,"说实话"的小微企业;第二,"能还钱"的小微企业;第三,"胆子小"的小微企业;第四,"长相美"的小微企业。

二、"侦察员"眼中合格小微企业的四个特征

(一)"说实话"的小微企业

在当前国内的征信环境下,面对 P2P 平台的风控人员调查时,企业能否"说实话",对风控人员说出自己的真实财务、经营情况非常重要,企业敢于实事求是地将实际经营情况反馈给风控人员,首先表明了企业的坦诚,真实的财务及经营情况是 P2P 平台判断风险大小的依据,企业隐瞒真实情况会给当次贷款带来很大的风险。因此,P2P 风控人员首先会排除掉"不说实话"的企业。

那么,如何印证企业是否说了实话呢? 仅仅靠企业主动提供的资料和口头表述是不够的。

在这个层面上,"P2P 侦察员"会从多个角度调查企业的"实底"。首先,会关注企业实际控制人的人品。比如,侧面调查企业老板是否品行良好,对待员工如何,是否存在或者出现拖欠员工工资的问题;还会看老板在行业内的口碑如何,业内口碑反映的是在别人嘴里此人的真实形象;再就是企业老板的个人信用记录,是否发生过拖欠贷款或者提供假劣产品的情况;最后一点,在于和企业老板面对面交流时其反应和谈吐。这样多角度调查企业老板是提高风控调查可靠性的重要一步。

P2P 风控人员关注的另一个重点是企业相关资料的细致审查,查阅企业的材料,除了一般财务资料外,还要查阅大量其他单据。如企业的原材料与产品的出入库单据是否连贯真实;大额合同;水电费的缴费单据;银行真实流水记录;等等。这些材料可以反映企业的真实经营情况,P2P 风控人员通过细致审核材料,深度排查企业资料造假的风险,同时印证企业是否有所隐瞒。

做完前期材料收集、分析后,对于过关的借款企业,风控人员通常还要深入生产现场实地调查,了解企业的生产经营场所、设备、产品,甚至是生产管理制度、生产工艺,测算企业的实际产量,了解其生产能力与所表述的是否一致。

综合以上各项摸查手段和措施,目的只有一个,就是判断企业真实的财务及经营情况,排除掉"爱说谎"的不良企业,为 P2P 投资人的投资选择把好第一关。

(二)"能还钱"的小微企业

光说实话是不够的,要在 P2P 平台借钱,企业还要证明自己有按期还钱的能力。

企业的还款能力可以反映在几个方面:一是企业所属行业是否景气,行业环境会直接影响企业的盈利情况;二是企业运营是否正常,是否具备持续盈利的能力,盈利良好是企业未来还款的必要条件;三是企业归集资金的能力,借款到期时企业无法及时归集足额资金,容易引起逾期还款,引发兑付危机,对 P2P 平台带来较大

的损害。这里要多说一句,一家好的 P2P 平台仅仅标榜我为投资人负责是不够的,平台还要真正对借款人、借款企业负责,帮助借款人、借款企业高效地使用借款,方便地归集资金,提高还款能力,借款企业拿到钱、用好钱、还上钱,才是对投资人利益的根本保证。为此,平台可以根据企业实际的资金使用情况及归集资金的速度,判断其是否需要进行分期募集、分期还款。

能否按期还款可以从另一个层面判断,即企业再融资能力,良好的再融资能力反映了企业的自身实力,借款企业如遇暂时无法抽调流动资金归还借款时,可以通过再融资方式,将 P2P 平台的借款按期归还,待流动资金可抽调时再将借款还清。

筛选"能还钱"的小微企业是风险控制流程里的重要环节,是保证 P2P 平台的投资人能够按时拿回本金的重要保障。

(三)"胆子小"的小微企业

"P2P 侦察员"通过以上第一点和第二点确定了企业真实情况和还款能力,但却无法排除企业有钱故意拖欠不还的情况发生,一旦真的发生了,会给 P2P 平台带来麻烦,严谨的风控态度要求"P2P 侦察员"做到细致入微。

因此,做好风险防范就是找到"胆子小"的企业,什么样的企业"胆子小"呢?答案是违约成本高的企业。

企业的违约成本高低会影响其还款意愿,较高的违约成本会对其按时还款形成有效约束,使其"不敢"违约。

怎么算是违约成本高?可以考虑两个方面。一方面,好的企业一定会非常在意其企业形象、品牌形象,两者会对其行为构成约束,违约会给企业和品牌带来负面影响,使其付出较大的代价,由此企业不敢随意违约。比如,小有名气的企业和公众公司(像新三板挂牌企业)。

另一方面,通过物质方面的约束使其"胆子小","P2P 侦察员"会看企业抵押的反担保品是否足值,足值的反担保品让企业在违约时付出的代价远大于其所借款项的额度,对企业形成强有力的约束。

因此,"P2P 侦察员"喜欢"胆子小"的小微企业。

(四)"长相美"的小微企业

长相美丑是个很微妙的事情,人人都有爱美之心,"P2P 侦察员"也不例外,喜欢"长相美"的企业。

由于信息的不对称问题,互联网金融有一个特殊要求,平台要公开、透明,在信息披露的时候,平台要真实并且尽可能多地披露借款企业的信息,以方便 P2P 投资人根据平台披露的企业信息做出自己的独立判断,进而决定是否进行投资。这是对平台的要求,也是对借款企业的要求。

披露的信息"漂亮",没有不良记录,没有瑕疵,会给人更多安全感,也容易使人对借款企业产生信任。当然,这个"美"不是简单外表的包装美,而是实实在在的秀外慧中之美。

从企业信息是否"长相美"来说,什么样的企业"长相不美"呢?

一是过往历史复杂、混乱的企业。借款企业在近年来经历过多次股权变更,股权结构复杂、混乱;借款企业经常在各个行业频道中切换,涉及广而不精;借款企业法人代表、实际控制人经常更换;等等。这几类企业即使经营现状良好,披露出来,也会使投资人对其持续的发展产生疑虑。投资人不买账,"P2P 侦察员"自然不喜欢。

二是过往信用不好的企业。过往信用不好的企业如何获得投资人的信任呢?

即使企业实际上有能力还款,但是过往信用不好,这样的企业的借款项目信息披露到 P2P 平台上非常不利于撮合募集,极端情况下可能会因为投资人的担忧而无法完成募集,造成流标,最终给 P2P 平台带来麻烦和困扰,既不利于平台发展,对行业的健康发展也是无利益的。

三是负债高昂的企业。由于互联网投资人群的广泛性,使得他们具有一个与传统渠道投资人不同的特点,较大一部分投资人群没有相关信息专业知识,对借款企业会凭直觉和基于对平台的信任做出判断,面对同样的信息,一般投资人和风控调查人员的理解可能会不同,有偏差。有时在调查人员的专业角度看来企业负债是合理的,但信息披露到网上后,投资人会对借款企业产生疑虑,不利于 P2P 平台撮合募集。因此,综合考虑下,负债较高的企业多半会被平台排除在外,"P2P 侦察员"会说不。

优质的小微企业必须经得起风控调查,能通过层层审核的企业在"P2P 侦察员"眼中才是合格的企业。

P2P 行业要服务于实体经济,能提供的有限优质资源应该支持的是有融资需求的优质企业,两者优势互补、互利共赢。做好 P2P 的风险控制,筛选出优质企业,为投资人提供安全优质的项目,这是一项重要手段,更是一种社会责任。

目前,比较有效的风险控制手段无外乎线下对借款企业进行多方位全面审核与考察,较为传统但是可靠性高,符合当前的国内 P2P 行业对风控的要求,随着互联网金融行业的不断发展,征信体系建设的更加完善,加上大数据的应用与不断发展,"P2P 侦察员"手中的武器将越来越多,未来的 P2P 行业风控技术和手段将逐步实现高技术、高效率、高可靠的目标。

第四节　互联网金融的风险和监管政策倾向

基于社交网络、搜索引擎和电子商务平台,互联网金融虽然形成了与众不同的金融生态环境,但本质上仍然可被视为金融再中介化的过程,互联网创新的是业务技术和经营模式,但其功能仍然主要是资金融通、价格发现、支付清算、风险管理等。因此,对于互联网金融监管,一方面可以借助传统金融理论框架从金融功能性视角进行分析,另一方面需要注意互联网金融有异于传统金融模式下的信息风险和操作风险等。接下来将从两个不同的角度对互联网金融风险进行界定和有效识别,对完善相关监管制度提出建议,保证金融体系的安全有效运行。

一、互联网金融的风险

(一)互联网金融功能性视角

从信用风险看,相关互联网金融机构从事信用中介活动极易带来信用风险的外部性。

从流动性风险看,部分互联网机构进行了流动性或期限转换,易产生流动性风险。如货币市场基金集中、大量提取协议存款,会直接对银行造成流动性冲击。此外,金融机构在遭遇流动性危机时,一般会出售资产来回收现金以提高流动性,然而短时间内大规模出售资产会降低资产价格,极端情况下甚至会引发抛售,进而拉低资产价格,形成恶性循环。

从信息不对称风险看,一方面,互联网金融理财产品销售过程中存在夸大收益、违规保证收益、风险提示不足等问题,容易产生纠纷。另一方面,互联网金融的虚拟性会加重信息不对称,主要体现在身份确定、资金流向、信用评价等方面,甚至会影响大数据分析,导致严重的信息噪声。

从法律风险与政策风险看,互联网金融的创新步伐不断加快,然而现有政策、法律和监管体系并不完善,互联网金融在政策调整和法律完善的过程中将面临日益严重的法律与政策风险,尤其是那些以互联网作为“外衣”的传统金融异化业务。如 P2P 贷款、众筹的多个业务模式很容易涉及非法集资,存在政策风险。

(二)互联网金融的经营模式视角

从信息安全风险来看,互联网金融对互联网技术依赖性强,在业务过程中容易出现计算机硬件系统、应用系统、安全技术或网络运行问题,导致数据保密性、系统和数据完整性、客户身份认证安全性、数据防篡改性及其他有关计算机系统、数据库、网络安全等风险。易发生以下几种风险:第一,信息泄露、身份识别以及信息处理不当等风险；第二，第三方资金存管及安全风险；第三，重大技术系统漏洞所造成的金融基础设施风险；第四，人为和程序技术可能引发的操作风险。

从"长尾"风险来看，互联网金融使交易可能性边界扩大，使大量不被传统金融覆盖的人群都被纳入服务范围（"长尾"特征）。热衷互联网金融的人群一般具有以下特征：第一，金融知识相对匮乏、风险识别能力相对欠缺和承担能力相对薄弱，遭受误导、欺诈等不公正待遇的可能性极大；第二，其投资额度小而分散，个体没有足够的精力监督互联网金融机构，而且成本较高；第三，极易出现个体非理性和集体非理性。从涉及人数上衡量，互联网金融风险对社会的负外部性更大。

二、互联网金融监管的必要性

2008 年金融危机发生后，金融界和学术界普遍认为，自由放任的监管理念只有在理想场景下（市场有效）才能发挥作用（UK FSA，2009）。在此情况下，理性的市场参与者企图追求利润最大化，个体的自利行为促使市场实现均衡，均衡的市场价格包含了所有信息。但互联网金融中存在的大量非有效因素（如信息不对称和交易成本等），制约了自由放任监管理念的应用。

1. 在互联网金融中，个体行为并不都是理性的。以 P2P 网络贷款为例，就其本质而言，投资者购买的是针对贷款者个人的信用贷款。即使 P2P 平台能做到分散投资，并且在一定程度上揭示借款者信用风险，个人信用贷款风险仍然较高，然而投资者却并不一定能意识到这一点。

2. 个体理性不一定意味着集体理性。比如，余额宝实际上是"第三方支付＋货币市场基金"，货币市场基金份额则是投资者所购买的标的物。投资者可随时赎回自己的资金，但货币市场基金的头寸期限较长，且在二级市场上卖出往往需要有一定的折扣。由此就存在流动性转换和期限错配问题。一旦货币市场出现大幅波动，投资者可能会为了控制风险而赎回资金，从个体行为看，是完全理性的，但从集体行为看，则是非理性的，因为这会使货币市场基金遭遇挤兑。

3. 市场纪律虽有一定作用，但对有害的风险承担行为的控制力度是有限的，针对投资风险，我国存在大量隐性抑或显性担保，再加上老百姓对"刚性兑付"的偏爱，风险定价机制往往并不是有效的。互联网金融机构在用户数量和资金规模达到一定程度后，一旦出现问题，市场出清的方法也解决不了。涉及支付清算等基础业务的机构破产后，会对金1融系统的基础设施造成破坏，构成系统性风险。

4. 互联网金融创新可能存在重大的不确定性。以我国 P2P 网络贷款为例，P2P 网络贷款平台混杂，参差不齐。部分 P2P 平台采用激进的营销方式，对消费者的特征置之不理，一味地将高风险产品销售给不具有风险识别和承担能力的人群；有些 P2P 平台未能有效地隔离客户资金与平台资金，出现了若干平台负责人卷款"跑路"事件。再如,有些机构为了自身利益最大化,在互联网金融消费中频频发生欺诈和非理性行为,开发和推销高风险的产品,利用消费者的无知,将产品出售给他们,而消费者可能对自己购买的产品根本不了解。

因此,对互联网金融,我们要不断调整政策、完善法律,对其进行严格的监管,促进互联网金融健康持续发展。

三、互联网金融监管的趋势

目前,越来越多的学者倾向于加强对互联网金融的监管,传统金融主要侧重于"规则式"监管,而互联网则注重"原则式"监管,在开放性、包容性和适应性上提出较高要求,从而更有效地促进互联网金融创新。同时要坚持鼓励和规范并重、培育和防险并举的重要原则,创造公平良好的竞争环境,从内部控制、外部监督和市场自律等方面着手,积极构建金融安全体系网。总之,互联网金融要协调好创新和风险的关系,进一步探索和完善监管措施,努力做到"鼓励创新、防范风险、趋利避害、健康发展",并体现如下基本原则。

1. 引导互联网金融创新服务于实体经济,进行适度合理的创新。金融创新的目的是立足于市场,提升金融服务的能力和效率,从而更好地服务于实体经济。

2. 与国家宏观调控政策的实施相吻合。互联网金融监管首先必须适应宏观金融调控的大环境,不能与国家宏观调控的基本方针政策背道而驰。在出台监管政策时,要结合相关货币政策,充分考虑互联网金融业务对货币创造的影响。

3. 关注和防范系统性风险,有效维护金融稳定。一是互联网金融的出现降低了金融业务的准入门槛,激发了部分金融机构进行高风险投资;二是互联网金融信息安全风险不容忽视;三是互联网金融风险具有传染性,可能蔓延至传统金融机构;四是互联网金融企业的风控制度有待进一步完善。

4. 切实维护消费者的合法权益。包括中国在内的很多国家的互联网金融监管都立足于加强消费者保护。加强对互联网金融消费者的指导和教育,不仅能使他们对互联网金融产品有更加充分的了解和认识,增强风险意识,而且能使他们对互联网金融更加充满信心。基于互联网金融的特征,要重点完善客户信息的保密措施,积极维护消费者信息安全,严惩侵犯消费者权益的各种行为。

5. 积极促进监管的一致性,维护公平的市场秩序。一旦发生监管不一致,市场秩序将会受到破坏,进而导致监管无效。互联网金融间接进行支付清算、资金融通等与传统金融相类似的服务时,应该按照统一的监管标准来实施,避免出现监管套利和不公平竞争。

6. 强化行业自律。从国际经验看,行业自律对于规范互联网金融发挥着重要作用。为此,我国也在行业自律方面做着各种努力,比如积极促成"中国互联网金融协会"的成立,从而更有利于统一的行业服务标准和规则的出台,以及互联网金融企业规范健康的发展。

7.加强监管协调。互联网金融业态具有跨业经营的特点,而短期内则依然是分业监管,因此监管部门间的共同协调至关重要,建立常态化的监管协调制度迫在眉睫。"一行三会"各金融监管部门需加强与其他部门的监管协调,共享信息,包括工信部、公安部、地方政府和司法部门,利用大数据技术加强对互联网金融企业经营情况和网络安全情况的监测。

【本章小结】

本章以互联网金融产品的特点为主线,先介绍了互联网金融的定义及流派之争,其次分类介绍了互联网金融的几大类型,重点分析了P2P行业对小微金融的影响,尤其是P2P公司在对小微企业进行放贷时,对企业进行信用审核的标准。尽管互联网金融有许多优点,在帮助小微企业融资方面起到了很大的推动作用,但是互联网金融仍然有许多风险存在。我国在互联网金融方面的监管还不完善,但已经引起了重视,并且在未来会逐步完善监管制度,这使得互联网金融能健康发展并能更好地为小微金融服务。

第九章
小微金融营销及营销策略

　　某家大型工程设备制造商,生产的机械设备主要用于施工建设,该公司产品的买方都是一些建筑承包商,由于资金实力有限,其往往是通过分期付款方式进行赊购,还款资金的来源就是项目工程承包的收入,因此资金的回笼需要一个时间过程。过去,制造商通过与某家银行合作,向那些承包商提供设备按揭贷款,来解决承包商的资金问题,同时对机械设备办理以银行为受益人的抵押登记手续。由于按揭贷款必须是在发生地实施,这就造成该制造商为满足其在全国各地的市场销售,必须在各地寻找很多家银行及其下属分支机构来共同构建一个按揭贷款体系,其投入的精力及管理成本相当高。此外,按揭贷款必须要有一个授信申请人,也就是要对每个建筑承包商进行信用评估工作。企业虽然觉得按揭方式很麻烦,但也找不到更好的办法加以解决。根据掌握的情况,民生银行为其设计了一个保理产品方案,即制造商向承包商提供了机器设备后,其赊销(分期付款)约定便形成了制造商对承包商的应收账款,如此便有了做保理业务的基础条件。通过此方案,制造商只需与一家银行合作即可,突破了地域上的限制,可以跨地域操作,在业务运作上也减去了对每个承包商的信用评估工作,节省了成本费用。

第一节　小微金融营销阶段及特点

　　根据小微金融的特点、人员素质培养过程、营销方式、客户分布,可将小微金融营销分成四个阶段:

第一阶段,游击战营销阶段。此阶段客户经理多、机构多,以地毯式、扫街式或关系营销为主,主要以占领市场为目的。不利的是人力成本高、客户信息少,风险难以控制。又分为创建、适应、发展三个时期。

第二阶段,集约式营销阶段。这个阶段以批量化、规模化营销为主,业务团队以区域、行业划分,有固定的风险控制技术、风险定价模型、营销产品收益模型等,以降低客户经理人数、分支行机构数量、提高效益为目的。

第三阶段,顾问式(粉丝)营销阶段。这个阶段业务部要配备产品经理。顾问式销售注重客户的需求,关注客户优先考虑的问题,考虑如何通过产品及创新,传递产品和与产品有关的所有事情,来满足顾客的需要。顾问式营销以其独特的功能和作用受到人们的重视,商业银行日益广泛地运用这种销售方式来提高对目标客户的吸引力和在行业中的竞争力。作为一种新型的销售方式,顾问式营销与传统的交易性销售相比较,从形式到内容等方面都有所不同。相对于营业机构和客户经理自觉或不自觉地运用顾问式营销的现实状况而言,银行业对这种销售方式的系统性研究还有待加强。

第四阶段,商业模式成熟阶段。这个阶段达到了营销渠道多元化、营销模式制度化、管理模式制度化、风险控制系统化、风险控制渠道化、产品销售交叉化。美国的富国银行的商业模式值得借鉴。

第二节　小微金融营销渠道建设

客户市场细分工作是银行营销发展到一定时期的必然选择,是应对即将到来的市场竞争的必然产物。一是银行底子要盘准。对自身的客户现状、客户组成类型、多大金额起点等要盘准,做到心中有数,在此基础上各行可以制定出实施细则,在制订具体实施方案的基础上,金额起点可以上下浮动,但每个客户经理细分的营销户数、增长比例、考核挂钩金额只能增加,不得减少。二是客户结构比较复杂、金额跨度较大的信用社,可以把客户进一步细分为一类、二类、三类、四类四个不同档次,即针对不同档次采取不同的营销模式,分类制订不同的营销方案。高端客户、系统客户、公司机构等一类客户可以两三人组成营销团队集体攻坚营销,增强营销的成功率,对二、三类黄金客户由客户经理区分不同对象,采取"一对一"垂直营销管理。同时,各营业机构要强化金融服务,提高服务品质,增强四类客户、普通客户的稳定和增长。三是既属于优质存款客户,又是信用社优良贷款客户的,在客户细分过程中原则上由同一客户经理或营销团队负责营销,避免单打一。四是指定专门人员做好台账等级,信息管理部要尽快开发出电子数据记录考核的子系统,设计按旬、月、季度、年度考核台账，在未开发出来之前必须手工先行登记，联系其他相关部门按职责划分认真抓好落实。五是要制定出台详细的《客户市场营销考核管理实施细则》，设计出《营销手册》，人手一册，确保本行客户市场营销工作做实做好，做出成效。

了解小微企业的需求，主要有以下方法：

一、走村镇、跑市场

认真组织开展金融知识进村入企（园）的宣传普及。一是开展专项宣传活动。所有员工都要积极向城乡居民、小微企业、个体经营户宣传当前经济和金融政策，宣传本行大力支持实体经济发展、服务"三农"和小微企业的政策措施，宣传金融基础知识和农村金融的各类业务知识等。二是组织制作宣传手册。要积极向地方政府及有关部门宣传本行的特点和优势，宣传服务"三农"和小微企业的经营方向和本土化经营的定位。三是开展对接活动。充分借助政府基层组织力量，发挥各类市场主体的纽带作用，搭建银村、银社（农民专业合作社）、银市（专业市场）、银企等对接平台，通过开展洽谈会、宣讲会、沙龙等形式，畅通服务渠道，实现多方共赢。

探索实行公示制度。一是公示客户经理信息，加强与各单位的联系、合作。将服务乡镇、社区、商会（合作社）、市场、村居的客户经理姓名、照片、监督电话等以公示牌形式，公示到所服务的单位。二是公示信贷方式信息。在营业网点公示包括信贷产品申请对象、申请条件、办理流程、办结时限、利率定价标准、优惠政策及特定对象的减费让利规定等。三是将意见箱设到各营业网点或乡镇、村委会、社区服务中心、商会（市场）办公室，接受群众评议、意见和建议，并及时做好反馈和整改工作。

通过活动熟悉客户和服务客户，进一步增强市场意识、客户意识和服务意识，不断改进服务手段和服务设施，及时提高金融服务的质量和效率。实施过程中，要加强对本行特色产品和服务的宣传和营销，提高本行的商誉，增强消费者的认同感。

具体实施步骤有：

步骤一，制订实施方案。在成立活动办公室、充实相关人员的基础上，通过调查、讨论、研究、借鉴，结合本行实际，制订详细的活动推广实施方案，为下一步工作打下坚实的理论基础和参考依据。

步骤二，宣传动员阶段。实施方案制订完成并经反复论证修改完善后，具体部署全行长期推广工作，要求各单位高度重视、加强组织领导，根据统一要求，策划相应文稿，制作相应工具，全面推广实施"五个一工程"。

步骤三，全面推广实施。各分支行根据实施方案，在前期充分准备的基础上，加强宣传,落实培训。在本阶段分阶段、分主题全面推动实施,务必使活动有安排,服务有提升,工作见成效,声誉得提高。各机构按如下主题开展各项活动,切实提高活动成效:

一阶段主题——进村入企大走访:进社区活动;进园区(市场)、企业大走访活动。

二阶段主题——服务品质提升季:银企(园)对接启动月;服务规范提升月;服务公示、评议启动月。

三阶段主题——金融万里行:送金融知识下乡活动;网银、信用卡宣传月。

二、发挥协会营销桥梁作用,积极推进当地经济发展

近年来,商会利用自身联系企业、沟通两地的优势,主动参与市政府组织的各类经贸洽谈会、交易会、展览会等各类重大经济合作交流活动,突出服务功能,力促银企合作抱团过冬。面对当前严峻的经济形势和金融形势,商会进一步强化了服务会员的宗旨意识,通过促进银企合作等有效形式,帮助会员企业解决融资难等问题,在关键时刻发挥了商会服务企业、稳定社会的重要作用,极大增强了商会的凝聚力和向心力。

影响小微企业发展的关键是资金问题。解决这个问题的突破口是提高其组织化程度,通过大力发展商会、协会组织,有效整合分散的力量,汇聚信用和担保资源,降低小微企业的融资成本,政府有关部门能从完善市场机制的高度,进一步重视行业协会、商会的建设,更多地把产学研合作平台、融资担保平台建立在商会组织中,实现公共服务的均等化。此外,要规范破产制度保护小微企业的债权行为,建立破产预警制度,避免严重资不抵债的企业存在,损害债权人的利益。有关部门还应改变对破产企业的忧虑,充分认识到只要不动产和动产存在就会催生更多的新生命体。政府有关职能部门联合金融部门,在全市遴选自主创新性强、发展潜力大、前景好的企业,建立小微企业重点培育库。对此,金融机构应优先考虑小微企业资金需求,优先安排贷款额度,优先提供金融新产品;建立创业指导服务中心,集创业培训、项目开发、创业指导、政策扶持、融资信贷、创业服务为一体,为小微企业提供全方位的服务。

三、产业链、供应链客户的延伸

产业链金融金额小、数量多、频率快,按照银行现有的融资流程,根本无法满足企业对时效性的要求,同时人力成本也无法承担。金融机构可以创新性地提出柜台化办理的思路,企业可以直接到银行柜面办理产业链融资业务,实时获得融资,就如同办理结算业务一样,这极大地提高了业务办理效率,满足企业时效性的

要求。

产业链融资是指银行通过审查整条产业链，基于对产业链管理程度和核心企业的信用实力的掌握，对其核心企业和上下游多个企业提供灵活运用的金融产品和服务的一种融资模式。由于产业链中除核心企业之外，基本都是小微企业，因此从某种意义上说，产业链金融就是面向小微企业的金融服务。

其主要的运作思路是：首先，由银行理顺产业链成员的信息流、资金流和物流；其次，根据稳定、可监管的原则分析目标企业的应收、应付账款信息及现金流，并将其与银行的资金流信息进行整合；再次，通过重点考察贸易背景和物流、资金流控制模式的办法，运用新的贷款分析及风险控制技术进行企业状况分析；最后，由银行向企业提供融资、结算服务等一体化的综合业务服务。

产业链金融服务不是看单个企业的资质规模和财务报表，而是更加关注交易对手和合作伙伴，关注产业链是否稳固。产业链金融服务与传统贷款有三个方面的不同。一是产业链金融不单纯看重企业的财务报表。它主要审查核心大企业供应商的供货历史、过往合同履行能力、信用记录等直接影响货款回笼的因素。二是通过链条的整合，允许相对薄弱、传统财务评价不是特别优异的企业，借助上下游实力，获取银行支持。如一家外贸纺织品的企业，若纳入国外大零售商的采购体系中，有 2—3 年的合作关系，有长期订单，银行评级肯定提高。三是银企合作关系的改良。以前银行静态看待企业财务状况，纯粹是资金的提供者。现在银行应用了客户管理、业务分析等系统，掌握很多行业的数据，通过银行的系统和技术可做出判断，对企业的经营提出建议，即顾问式服务。银行与企业成为统一体，是合作伙伴，可以帮助企业找到一个合作伙伴式的银行。

如深圳某工贸公司，是一家从事泰国大米、伊利牛奶及休闲食品贸易的企业，其注册资金为 10 万元，经营 4 年，逐步发展，到 2004 年成为某大型商场的供应商。随着大型商场的扩张，其对该公司的订单也不断加大，但公司没有相应的抵押担保，按照传统的银行准入条件，该公司无法获取融资，一直难以扩大规模。

针对该公司的经营特点和资金需求，工行深圳市分行为其办理了产业链融资方案，当大型商场给公司下订单，工行就给公司发放打包贷款，公司组织货源，给大型商场供货后，企业提供增值税发票和入库单给工行，工行发放保理贷款，归还打包贷款，应收贷款到期，大型商场按约定支付货款到客户在工行开立的专项收款账户上，归还保理融资。公司在获得工行的资金支持后，很快将其在他行的所有业务，包括国际结算、结售汇等转到工行，业务突飞猛进，同时企业不用再担心资金不够，而是专心提高自身的经营管理、队伍建设和服务，在大型商场供应商中的排名不断上升，产品逐步进入其他大型超市。其营业收入也由 1000 万元增加到超 1亿元。

四、发展专业市场企业业务，会给银行带来巨大的后续利益

现在银行零售业竞争激烈，只有业务创新，才能取胜。在介入专业市场企业的业务创新中，银行开发了新的客户群体，完成了市场份额的再分割；尤其是培育了金融业的优质客户，为银行带来更大的市场和利润回报；除银行放款的利息收入外，优质客户还带来了大量中间业务，如国内外结算、发行银行卡、保管箱服务等。

专业市场营销能让银行发展更多小微企业，同时壮大自己。如中大布市有 29 个专业市场、5000 家商户，每年在银行结算量达到二三十亿。这个数字是任何银行都不能忽视的，像中大布市这样的专业市场在广州有很多。广州的专业市场定位清晰，许多市场已有多年发展历史，在国际、国内享有较高知名度，其中不少商户也发展成行业中的知名企业；市场交易活跃，商户的零售批发业务要求资金使用率高，资金需求量大；有些市场的管理部门对市场管理到位，营造了良好的信用环境。银行对这样的专业市场企业开展业务，资产变现容易，收集信息容易，可以制订统一标准客观评价客户。

目前，银行对专业市场企业作为一个客户群体介入的情况并不多见。有人认为，商户多为个体户，进入不了银行企业贷款的范畴，不少商户只是出于避税等考虑不愿注册公司。

由于专业市场涉及行业不同，银行开展市场企业业务重在灵活创新。专业市场经营产品不同，商户的交易额不同、风险不同，银行的操作模式也不同。

银行所选择的市场应该是交易活跃、形成品牌的市场；经营的产品要有较稳定的市场价格，销售前景好。银行开展专业市场企业业务，一定需要中介的介入，不可能直接面对全部的商户。

协会、市场营销是发展小微金融的有效渠道之一。针对管理有方、行业利润较高，会员、会长相对稳定的协会、市场，银行要建立批发营销平台，设计专门营销方案。

金良稻丰米业是广东樟木头南方粮油批发专业市场内一家从事大米批发的商户，在这个全国四大粮油市场之一的专业市场内，有超过 500 家从事大米仓储运输和批发生意的商户。以前，由于他们在市场内经营的房屋都是租赁性质，难以采用传统的固定资产抵押方式进行融资。

农业银行广东分行推出的专业市场信贷产品，是为专业市场量身定做的专项融资方案，有效解决了专业市场内小微企业普遍存在的融资难题。如针对广东南方粮油批发市场管理方实力比较雄厚的特点，采用了"专业市场＋商户"模式，对专业市场管理者核定担保额度，由专业市场管理者对市场内商户进行担保，有效满足了市场内商户的流动资金需求。目前，广东分行已向该市场内的优质商户累计发

放贷款超 7000 万元。

近年来,广东分行通过细分市场,在坚持对全省专业市场"好中选优,优中选强"的基础上,研究制订了差异化市场、商户准入条件。2011 年,该行制定了《关于加快专业市场信贷业务发展的指导意见》,指导下属各行按照"一个市场一个方案"的原则,为专业市场逐个量身定做信贷业务融资方案,并根据各专业市场及商户实际情况的差异,推出"抵质押物＋商户""市场＋商户""专业担保公司＋商户""商户联保""应收账款＋商户""存货＋商户""仓单＋商户""商铺经营权＋商户"等多种组合担保模式,在严格控制信贷风险的前提下,采用灵活的担保方式,拓宽专业市场内小微企业的融资渠道,此举受到了市场方及商户的高度认可。

截至 2013 年 9 月末,广东分行为中大布匹专业市场、阳江五金刀剪专业市场等全国性大型专业批发市场制订了 32 个专项融资服务方案。前三个季度该行的专业市场新增信贷业务超过 18 亿元,同时带动信用卡、POS 终端、网上银行、转账电话等相关中间业务快速发展。

浙江泰隆银行上海分行将心思全部用在了找准市场上。各类缺乏金融支持的零售市场进入了该行的视线。闵行九星市场现有商户 6500 多家,没有一家银行设点提供专门服务。专业市场虽然自发成立了小额信贷公司提供信贷支持,但小额信贷公司不能吸储,基本无法满足专业市场的巨大融资需求。市场急需专注于小企业金融服务的银行,这无疑让新生的泰隆上海分行看到了希望。

为成功复制模式,该行将眼光对准了零售市场里那些不起眼的小企业和个体工商户。一方面,通过客户经理团队逐步做大客户基数;另一方面,还通过引荐,让更多小客户了解泰隆的品牌与服务。通过市场关键客户组织商户座谈会,进一步开拓市场,积累客户资源。到 2012 年底,泰隆上海分行已与 30 多个专业市场建立了长久稳定的业务往来关系。

为真正了解客户的经营情况,泰隆上海分行因地制宜采取"面对面"沟通、"背靠背"了解等方式,从小企业主的人品、产品、所拥有的物品以及查看小企业的水表、电表、纳税报表等"三品""三表"入手,将数字化信息与社会化软信息有机结合,成功突破小企业信息不对称难题。

五、从企业供应链管理及融资中挖出小微企业

银行要关注企业供应链,找准核心企业并提供融资,从而带动小微金融的发展。而供应链是由供应商、制造商、仓库、配送中心和渠道等构成的物流网络。同一企业可能构成这个网络的不同组成节点。比如,在某个供应链中,同一企业可能既位于制造商、仓库节点,又在配送中心节点等占有位置。在分工越细、专业要求越高的供应链中,不同节点基本上由不同的企业组成。在供应链各成员单位间流

动的原材料、在制品存库和产成品等就构成了供应链上的货物流。

供应链管理的目标是在满足客户需求的前提下,对整个供应链(从供货商、制造商、分销商到消费者)的各个环节进行综合管理,如从采购、物料管理、生产、配送、营销到消费者的整个供应链的货物流、信息流和资金流,把物流与库存成本降到最小。

供应链管理就是指对整个供应链系统进行计划、协调、操作、控制和优化的各种活动和过程,其目标是要将顾客所需的正确的产品能够在正确的时间,按照正确的数量、正确的质量和正确的状态送到正确的地点,并使总成本达到最佳。

供应链管理主要涉及四个领域:供应、生产计划、物流、需求。职能领域主要包括产品工程、产品技术保证、采购、生产控制、库存控制、仓储管理、分销管理。辅助领域主要包括客户服务、制造、设计工程、会计核算、人力资源、市场营销。

供应链融资是把核心企业供应链及其相关的上下游配套企业作为一个整体,根据供应链中企业的交易关系和行业特点,基于货权及现金流控制的整体金融解决方案的一种融资模式。供应链融资采取的是"1+X"模式,即围绕"1"家核心企业,全方位地为供应链条上的供应商、制造商、分销商、零售商等"X"个企业提供融资服务。2011年,工行潍坊分行依托核心企业供应链,不断拓展服务范围,深化服务内涵,大力推广供应链融资模式,累计拓展小微企业客户40户,办理供应链融资26.3亿元,居山东省工行系统第一位,较好地服务了全市小微企业和民营经济发展。

以供应链融资为战略项业务,制定以"供应链融资"为核心,以"业务发展、产品创新、客户拓展、规范操作"为主线,通过细分市场,强化联动营销,突出供应链融资和贸易新产品使用的整体工作方针,围绕"三个层次",实施"六大渠道"予以强力推进。其中,"三个层次"指:一是"国内链",即选定的全国范围内的核心企业;二是"省内链",即省行选定的全省范围内的37户大型优质客户;三是"室内链",即优选本地重点客户,借鉴供应链融资的操作方式,拓展客户群。"六大措施"指:①以点带面,以干代训;②按核心客户成立营销工作组;③了解核心客户需求,找准营销切入点,帮助核心客户稳固上游供应商、扶持下游经销商、培育终端用户市场,同时带动中小型客户的拓户工作;④为每个上、下游客户量体裁衣,一户一策,定制个性金融服务方案;⑤进一步将优质大中型客户(优质项目)培养推荐为核心客户,不断扩大核心客户供应链融资业务推广成果;⑥用开展核心客户供应链融资业务的思维方法发展一般大中客户(优质项目)供应链融资业务。

六、抓住社区支行,助力战略转型,细化市场突围零售业务

加快推进零售业务是战略转型的重要措施。早在设立社区银行前,北京银行

就已经全面备战银行业的激烈竞争,做好了重拳出击的准备。在社区银行推广之际,北京银行就在零售产品、服务上不断实行优化和创新,充分利用支行营销模块定期开展主题各异的市场营销活动,促进零售品牌推广及产品营销。

北京银行不仅在理财业务上取得了长足的进步,同时也加快了建立新型零售模式的步伐,进一步提升了零售业务核心竞争力。2008 年,北京银行理财业务更是在各项评比中获得了社会各界的广泛认可,成为极具市场竞争力的零售拳头业务。同时,个贷业务也取得了飞速发展,2008 年余额增量在全市同业排名第一。

2008 年,北京银行成功开展了"节节高——京行客户晋级活动",进入 2009 年,北京银行又趁势推出了"京卡晋级,京行赠礼"活动。根据在北京银行资产总量的不同,客户可以享受该行灵活的客户分级增值服务及为各级客户量身定做的产品,切身体验北京银行"便利、亲和、专业"的服务理念。

七、通过中介机构,摸清小微企业的信息

会计师事务所(Accounting Firms)是指依法独立承担注册会计师业务的中介服务机构。在中国现阶段的经济体制下,会计师事务所是连接政府和企业的桥梁,所有者和经营者之间的纽带,独立于政府和企业之外,不以营利为首要目标,具有法定社会职能的第三人。他们了解企业资产的所有权与经营权分离,投资人与经营者之间会形成受托的经济责任关系,资产的占有、使用和支配权转移等情况,了解企业经营的产业及上下游企业情况。

税务师事务所是专职从事税务代理工作的机构,它可以是由注册税务师合伙设立的组织,或者是由一定数量的注册税务师发起成立的负有限责任的税务师事务所。他们通过企业纳税的情况,了解其经营状况。

他们掌握小微企业经营和财务信息甚至财务人员变动情况,有效地与他们打交道,可以拓展更多小微金融业务。

八、加强与政府经济部门沟通,拓展小微企业营销渠道

无论哪一级政府,都设置了很多经济管理部门,如工商局、税务局等,为了小微企业发展,还设置了小微企业局。他们制定经济发展的地方性法规、规章和政策措施并对小微企业分类统计、监测;指导小微企业、非公有制企业制度改革和管理创新;推动小微企业的产业结构、产品结构调整;指导和协调小微企业的兼并、收购与重组,促进小微企业产权及相关要素市场的建设和发展;负责集体资产监管,对小微企业的经营、困境了如指掌。银行业务部门加强与他们的长期沟通,能更好地控制风险。

第三节　小微金融营销策略

一、关系营销策略

20世纪90年代以来,关系营销作为一种新型的市场营销模式,得到了各界的普遍认同。关系营销就是将企业置身于社会经济大环境中,把建立和发展企业与相关个人及组织的关系作为企业市场营销的关键变量,通过识别、建立、维护和巩固企业与客户及其他利益相关人的关系,把握住现代市场竞争的特点,因此关系营销被西方舆论界视为"对传统营销理论的一次革命"。

（一）关系营销概念与内涵

1.关系营销的概念。

关系营销是指银行的营销活动应建立和巩固与客户的关系,通过集中关注和连续服务,与客户建立一个互动的长期性联系,以实现银行一段时间利润的最大化。

关系营销认为,价值不是生产部门或服务企业的后台制造出来的,而是在与顾客保持关系的基础上创造出来的,它强调了企业与顾客的互动,强调了营销目标的可持续性。

将关系营销运用于商业银行的营销实践中,对于增强和改善银行与客户之间的关系,培养优质忠诚的客户具有重要的意义。

2.关系营销的内涵。

相关研究认为,在一般情况下,吸引一位新客户需要投入的精力远远大于留住一位老客户,而得到的回报却要小许多。关系营销将营销活动的重点从吸引新客户转变为留住老客户,由商品和服务的一次性销售转移到保持长期的客户关系。

关系营销理论的核心思想就是,要正确处理好与顾客的关系,把服务、质量和营销有机地结合起来,通过与顾客建立起长期稳定的关系以实现长期拥有客户的目标。

关系营销的目的,就是通过与顾客结成长期的、相互依存的关系,发展顾客与企业及其产品之间的连续交往,以提高品牌忠诚度和巩固市场,促进产品的持续销售。一句话,即建立顾客对公司和产品的忠诚。因此关系营销注意力不在于争取新顾客,而在于留住老顾客并将其发展成为自身的忠诚顾客。

关系营销的重点在于保持客户,它所关注的是客户的终生价值。因此,关系营销要求保持持续的客户联系,积极促进顾客的参与,以建立沟通和信任的桥梁。关系营销高度强调顾客服务,认为客户满意度和长期关系是建立在良好客户服务基础之上的。在关系营销中,质量问题的核心是需要所有员工加以关注的"人"的问题,是在所有方面都要考虑的问题,而不仅仅是一个孤立存在于产品研发与生产过程中的问题。

（二）关系营销和传统市场营销的比较

关系营销与传统市场营销有着很大的区别,传统营销是建立在"以生产者为中心"的基础之上的,而关系营销是建立在"以客户为中心"的基础之上的。传统营销的核心是交易,而关系营销的核心是关系,企业通过建立双方良好的互惠合作关系从中获利。传统营销把视野局限于目标市场,而关系营销所涉及的范围包括客户、供应商、分销商、竞争对手、银行、政府及内部员工等。传统营销关心如何生产、如何获得客户,而关系营销强调充分利用现有资源来保持自己的客户。

表 9-1　传统市场营销与关系营销的比较

传统市场营销	关系营销
关注一次性交易	关注保持客户
较少强调客户服务	高度重视客户服务
有限的客户承诺	高度的客户承诺
适度的客户联系	高度的客户联系
质量是生产部门所关心的	质量是所有部门所关心的

（三）关系营销的层次

根据企业用以培养顾客忠诚度的联结方式的类型和数量,贝瑞和帕拉苏拉曼归纳了三种创造顾客价值的关系营销层次,即一级、二级和三级关系营销,级别越高,潜在回报就越高。

1.一级关系营销,也被称作频繁市场营销或频率市场营销。它维持顾客关系的主要手段是利用价格刺激增加目标市场顾客的财务利益。即对那些频繁购买及按稳定数量进行购买的顾客给予财务奖励。如香港汇丰银行、美国花旗银行等通过它们的信用证设备与航空公司开发了"里程项目"计划,按积累的飞行里程达到一定标准后,共同奖励那些经常乘坐飞机的顾客。

2.二级关系营销,既增加目标顾客的财务利益,也增加社会利益。这种情况下,营销在建立关系方面优于价格刺激,企业人员可以通过了解单个顾客的需要和愿望,使服务个性化和人格化,来增加公司与顾客的社会联系。二级关系营销把人与人之间的营销和企业与人之间的营销结合起来,企业把顾客看作是客户。关于顾客和客户,多奈利、贝瑞和汤姆森这样描述两者的区别:对于一个机构来讲,顾客也许是不知名的,而客户则不可能不知名;顾客是针对一群人或一个大的细分市场的一部分而言的,客户则是针对个体而言的;顾客是由任何可能的人来提供服务的,而客户是被那些指派给他们的专职人员服务和处理的。

3. 三级关系营销,是增加结构纽带,同时附加财务利益和社会利益,形成结构性关系。这种服务通常以技术为基础,并被设计成一个传送系统,而不是仅仅依靠个人建立关系的行为,为客户提高效率和产出。良好的结构性关系将提高客户转向竞争者的机会成本,同时也将增加客户脱离竞争者转向本企业的利益。

(四)关系营销的过程

关系营销的重点在于围绕客户建立和发展并不断提升企业与客户之间的关系层次。企业与客户之间在发展长期的关系过程中有几个明显的阶段,可用"忠实度阶梯"来说明:

梯子的底部是"可能的客户",即目标市场,客户只与我们进行一次或者不定期的业务往来。

下一步的对象是"主顾",主顾将会与我们保持多次业务往来,但可能持中立或否定态度,比如有的主顾对企业的看法谈不上肯定,他们没有与其他企业进行交易是因为其自身的惰性,而非忠诚。只有当把主顾转化成"支持者"时关系的力量才明朗起来。他们愿意与企业有联系,企业也可以说服他们为自己做"宣传",即转变为"宣传者"。在阶梯的最后一步,客户转化为合作伙伴,与企业一同寻找办法以便使双方从关系中获益。

(五)关系营销的主要手段

1. 多维市场细分。

这一手段主要是对顾客进行识别。它根据关系营销的理念,在传统的市场细分过程中加入反映顾客生活方式、态度、兴趣等的个性化数据,通过多维度的信息重叠来确定目标顾客群。

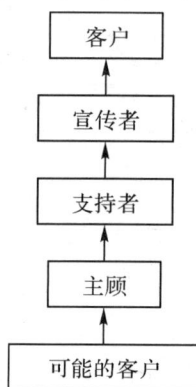

图 9-1　忠实度阶梯

它与传统的市场细分最根本的区别在于,它包含了客户作为具体人的多维度信息,它所确定的目标顾客更加准确和真实,因而使营销人员与顾客进行接触时更有针对性,创建与顾客良好关系的成功率大大提高。

2. 采用客户关系管理(CRM)系统。

客户关系管理系统是一套基于大型数据仓库的客户资料分析系统,是一种旨在改善企业与客户之间关系的新型管理机制。它利用计算机软件、硬件、网络系统,为企业建立一个信息收集、管理、分析、利用的系统,实施于企业的市场营销、销售、服务与技术支持等与客户相关的领域。

银行 CRM 系统一般应由综合业务处理系统、客户联系中心和客户关系分析中心等部分组成。综合业务处理系统包括柜面业务系统、信用卡系统、POS 机系统和 ATM 机系统等;客户联系中心由呼叫中心和网上银行组成;客户关系分析中心则以 CRM 数据仓库为核心,为银行的管理层和分析人员提供客户分析和决策支持。从数据流向看,综合业务处理系统与客户联系中心的数据流向是双向的。在客户联系中心内部,网上银行与呼叫中心的数据流也是双向的。综合业务处理系统、客户联系中心的数据首先全部抽取到 CRM 数据仓库当中,然后通过数据挖掘技术进行各种分析,分析出来的结果将反馈到客户联系中心。

3.顾客组织化。

顾客组织化就是通过有效的顾客组织战略,把顾客纳入企业的组织系统中,使企业与顾客更为紧密地结合,从而达到与顾客关系长期化、稳固化的目标。目前西方银行界最流行的一种顾客组织化形态是顾客俱乐部,其会员主要是银行现有的或潜在的关键顾客,俱乐部为会员提供各种特别的服务,如优先提供新产品的情报、提供价格或利率优惠、定期举办旅游活动或联谊会等。

4.营销力量的层次化部署。

银行把关系作为营销的核心,并不意味着银行不计代价地进行关系管理。价值最大化始终是商业银行的终极目标,因此,西方商业银行非常注重关系营销的成本——效益控制。银行通过对顾客关系目前的盈利能力和潜在盈利能力进行分析,据以对营销力量进行层次化的部署,达到资源最优配置的目的。

5.实施客户经理制。

客户经理制是一项营销机制的创新,客户经理制下,银行与客户的联系沟通渠道是客户经理,客户经理是联系银行与客户的纽带。银行的产品和服务通过客户经理提供给客户,市场、客户的需求通过客户经理传达到银行,银行与客户实行一对一的服务。客户经理制的建立是实施关系营销的重要保障,并成为实施关系营销的主要手段之一。

二、方案营销策略(模式营销)

"方案营销"也称模式营销,它是随着信息技术的发展而出现的一种新型的营销模式。方案是针对特定顾客的个性化产品,在差别化营销的时代,企业视野中的市场已被分而治之,按各个相对同质的目标市场来制订相应的营销策略。而在方案营销的思维模式下,企业视野中的市场已被划分到最细,即把顾客当作个体来区别对待,实行完全的"客户化"策略及真正的"一对一营销"。

(一)银行方案营销的定义与内涵

"方案营销"是银行为优质客户提供个性化服务的一种方式,银行针对客户的需求和现状,结合银行自身优势向其提供一整套"量身定做"的全方位综合性的金融解决方案。该套方案是包括存贷款、结算、贸易融资、支付便利、投资理财、资产管理等在内的一系列金融产品的组合,是银行在深刻研究客户需求及客户参与沟通的基础上,向客户提供的超值服务。通过方案营销,银行赢得了客户的信赖与忠诚,为银行与客户的长期合作关系创造了可能。

方案营销有着丰富的内涵,它是"定制"的营销、"组合"的营销,还是"顾问式"的营销。

1."定制"营销。

定制营销是指企业在大规模生产的基础上,将每一位顾客视为一个单独的细分市场,根据个人的特定需求来进行市场营销组合,以最大限度地满足每位顾客的特定需求的一种营销方式。

定制营销是相对于大众化营销或无差异营销而言的。后者是指经营者大量生产、大量配销一种产品给所有的消费者,忽略市场需求中几乎全部的个性化因素。

在大众营销年代,企业在生产和销售产品时,所考虑的客户需求往往是客户一般的、共同的和静态的需求,商业银行仅需要设计制作大批量、标准化的金融产品,提供统一的规范化服务,即可满足大多数客户的需要。此时,客户的个性化需求由于经济技术条件、银行业发展水平及客户自身成熟程度的限制而受到严重压抑,以致呈隐性状态。而知识经济时代的客户需求是多种多样、瞬息万变的。定制化服务模式要求银行营销人员既要掌握客户共性的、基本的、静态的和显性的需求,又要分析研究客户修改的、特殊的、动态的和隐性的需求,它强调一对一的针对性、差异性和灵活性服务。

客户需求的变化呼唤着商业银行市场营销思路与营销方式的转变。显然,按照具有同质需要的客户群体细分市场并据此选定目标市场、制订营销组合的传统方式,已经无法适应不同消费者相异的需要。只有在现有细分市场的基础上进行再细分,直至细分至服务对象个体,并为其专门定制金融产品和服务,才能真正满足每个客户的个性化需求。而方案营销通过向客户提供一整套"量身定做"的全方位综合性金融解决方案,极大地满足了客户的个性化需求,真正实现了市场细分的极限化,即打破按需求类别对客户市场进行群体分割、积聚的传统细分方式,将市场细分到终极限度,把每个具有独特个性的客户视为一个细分市场,并将其作为银行的目标市场,体现了定制营销的内涵和本质。方案营销作为满足个性化需求的最佳营销方式,符合金融产品设计的人性化、个性化发展趋势,是新时期商业银行营销战略的必然选择。

2."组合"营销。

从方案营销的定义中我们知道,所谓的"方案"可以是包括存贷款、结算、贸易融资、支付便利、投资理财、资产管理等在内的一系列金融产品的组合。

客户需要的往往不会是单一的某个银行产品,尤其是随着社会进步和经济的发展,客户需求的多样化趋势更为明显,比如个人客户可能有存取款、消费信贷、汇款、投资理财等需求,而公司客户则更为复杂,例如生产性企业在采购原料、销售产品、公司财务管理等不同方面有着不同的金融需求,而满足各个方面的需求比如采购原料需求时需要的又是多种银行产品。

过去的银行由于处于卖方市场,往往是被动地等待客户上门,即客户在发现自己需要什么产品时,再到银行去购买什么产品,这种方式割裂了客户需求的整体性,使得满足客户某种需求的多种银行产品在时间(购买时间)和空间(购买地点)上分离。方案营销中"方案"的实质就是满足客户需求的金融产品的组合,这种组合营销的方式不仅能满足客户的多方位需求,节省客户到银行多次交易的时间,提高运作效率,而且有助于挖掘客户的潜在需求,并使客户把分散在其他银行的业务集中在一家银行办理,提高客户的忠诚度,实现与客户的长期合作关系。

举例来说,为满足国内一家进出口企业外汇方面的需求,某银行为其提供了"汇入汇款+开立外汇账户+外汇结构性产品/外汇理财产品+外汇质押人民币贷款"的产品组合方案。开立经常项目外汇账户及提供汇入汇款服务,满足了客户经常从国外汇入款项的需求,同时降低了客户的结汇成本;而外汇结构性产品/外汇理财产品则满足了客户外汇收入中可能的沉淀存款的营利性需求,最后,外汇质押人民币贷款产品使得客户在获得融资的同时,避免了结汇成本,同时也节省了将来进口付汇的换汇成本。

3. "顾问式"营销。

所谓商业银行的顾问式营销,是指商业银行在客户营销过程中,通过为客户提供咨询服务,解决客户提出的问题,为客户提供个性化解决方案,在解决方案中将银行的产品销售出去,在满足客户需求的同时,实现银行价值最大化目标。

顾问式营销与传统营销的区别表现在"六个不同":

一是营销者的角色定位不同。传统营销的营销人员是企业的代表,因而处处维护商业银行的利益;而顾问式营销的营销人员不仅是商业银行的代表,更是顾客的代表,不仅要维护商业银行的利益,而且要维护客户的利益。

二是营销的手段不同。传统的营销主要是通过在柜面等客户服务和陌生拜访来获得顾客,时常过度宣传,重在压服;顾问式营销主要通过缘故法来获得顾客,而且营销时实事求是地介绍金融产品,通过良好的形象和良好建议来取信客户,重在说服。

三是对营销者的素质要求不同。传统营销对人的素质要求较低,一般通过简单培训即可上岗;顾问式营销对人的素质要求较高,必须经过系统培训才能上岗。

四是营销的侧重点不同。传统营销重在卖商品,顾问式营销重在卖形象。

五是营销的目的不同。传统营销追求"自身利益最大化",顾问式营销追求"顾客满意最大化"。

六是营销流程的长度不同。传统营销的营销流程较短,将产品推出去就意味着营销流程的结束;而顾问式营销流程较长,将产品推出去只意味着一个营销流程的开始,强调售后服务。

从方案营销的实施方式中我们可以看出,方案营销的实质就是一种顾问式营销,因此也称为顾问式方案营销。此模式下,银行将客户纳入方案设计过程之中,与顾客相互交流,挖掘客户潜在需求,拟定出对于顾客来说最具有价值的产品与服务的组合。这种相互依赖与相互影响,不仅有助于银行获得客户的信赖和忠诚,建立银行与客户之间的长久利益关系,同时还能使银行方案的修正与客户遇到的问题同步,使银行与客户的长期合作成为可能。

为此,银行的客户经理面临着一系列的转变:第一,不再只是单纯地推销金融产品,而是要销售解决金融问题的策略和方案;第二,要向更高层的决策者和更广泛层面的客户推销;第三,解决方案的营销者必须成为客户心目中可信赖的顾问和咨询者,而不仅仅是金融产品的提供者。

(二)方案营销的优势

1.满足客户的个性化需求,丰富顾客价值。

方案营销是以丰富客户价值为核心开展的,通过调研和分析,发现消费者的多种相关需求。企业要从顾客的角度,从顾客的眼光、思想、利益出发来分析顾客需求,定制方案组合,从而最大限度地满足顾客的需求。

2.挖掘客户的潜在需求,进行创新设计。

方案营销中的营销人员不再是传统意义上的产品推销员,而是作为客户心目中可依赖的顾问和咨询者,在为客户定制产品满足客户现实需求的同时,还要深度挖掘客户的潜在需求,结合创新设计,实现客户的价值增值。

3.进行交叉销售,扩大银行的业务量和利润。

交叉销售的理论依据是一家银行某种产品(比如信用卡)的客户也是他的其他产品(比如汽车贷款)的理想对象。而客户需求的多样性及相关性,为方案营销模式下的交叉销售提供了可能。营销人员为客户设计产品组合方案的过程,实际上就是交叉销售的过程,例如说希望解决融资需求的客户也会需要结算类中间业务产品,从而将其加入产品组合之中。而客户在银行购买的产品增多,银行的业务量自然扩大,利润也相应增加。此外,方案带来的一些额外收益,比如客户业务过程中的沉淀存款,也会增加银行的利润额。

4.建立银行与客户之间的长久关系,培养客户的"忠诚度"。

方案营销的关键就在于建立用户对银行的长期信任和合作意愿。方案营销能使银行与客户之间建立起一种长久的相互依赖关系,使企业和银行成为新的利益共同体。好的方案营销能够锁定消费者,通过最大限度地丰富消费者价值,培养起消费者发自内心的"忠诚度"。在方案营销过程中,将客户纳入整体营销过程中,与客户沟通,可以策划出对顾客来说最具有价值的产品与服务组合。这种相互依赖与相互影响不仅有助于长久关系的形成,同时还使得方案的完善与客户遇到的问题同步。营销的功能由原来说服客户相信他们需要银行所设计的产品和服务,转移到确定如何提供合理的产品与服务方案来满足用户的特定需求。

5.形成银行的品牌效应,扩大营销影响范围。

方案营销模式下银行的定位优势是个性化银行产品定位和顾问式银行形象定位,这有助于形成银行差异化的品牌优势,扩大营销的影响范围。例如,民生银行以集团网为依托,为中国航天科工集团财务公司量身定制了一套实现资金集中管理与结算服务的全面财务管理方案,此次成功营销强化了银行的品牌形象,不久之后中国核工业部财务公司、中船重工财务公司主动与该行联系,点名要求民生银行为其提供"像航天科工一样的解决方案"。

(三)银行方案营销的实施流程

方案营销的实施过程就是通过营销方案的编制、实施和跟踪调整来满足顾客的需要,为金融业务发展和赢利服务的一个管理过程。

方案营销的实施应根据以下流程开展:

1.选择目标客户。要初步分析客户的资质,选择那些资本规模大、实力强、发展前景良好的企业作为方案营销的目标客户。

根据"二八"原则,银行80%的利润来源于20%的客户,这些客户必然是银行的优质客户,也是同业竞争的对象。如何做好这些客户资源的巩固、发展,以及进一步开发拓展新的优质客户资源是银行营销维护工作的重点。在维护和巩固存量优质客户工作方面,要根据国家有关经济金融政策,按照重点和一般原则对客户进行分类排队,进行分层级管理,以便进行分类制订营销维护方案。要根据国家有关产业(行业)政策对市场进行综合评价,确定目标市场,然后再筛选出那些发展潜力大、产品有前景、有市场竞争实力的企业作为方案营销的目标客户。

2.编制营销方案。集中全团队的智慧,共同针对客户特点编制营销方案,在编制过程中,可根据客户的重要性和企业特点适当简化某些要素。营销方案应对团队内部的分工和其他部门的联系与协作做出明确规定,而制订营销进程安排时,应确定最近一期考核时点所计划达到的目标。若客户贷款资质存在较大不足,应充分讨论如何采取各项措施来提升该客户贷款资质,为客户提供最有效的产品服务组合。

3.营销方案的评审。营销方案在初步编制完成后,应组织评审小组加以评审,以提高营销方案的有效性,此外,在实际工作中,修正过的营销方案也要进行评审。

4.按照分工职责及营销进程的安排,全团队共同推动营销方案的实施。在实施过程中,应调动团队成员的积极性,充分发挥协作精神,积极捕捉企业动向,挖掘业务机会。

5.对实施效果进行分析总结。要根据实际工作进展和营销中所遇到的问题、发现的机会来评价各项营销措施的有效性,评价团队成员的工作成果,并对经验和问题进行总结,形成书面材料。

6.根据总结出来的问题和经验,调整和优化营销方案。可进行更合理的团队内部分工,采取更为有效的营销措施,制订更为切实可行的进程安排。

7.绩效考核,应根据第5阶段的总结和评估结果,来完成对团队成员全年工作的综合考评。

8.根据第5阶段的总结成果,可以采用多种形式,在多个层面开展营销方案的交流和推广。在团队内部,可以经常性地进行方案营销经验交流,而在支行、分行层面,则可以对方案营销的经验进行总结,再选择最有代表性和实践价值的经验加以推广。

9.结合方案营销开展人员培训。员工可以根据自身的营销方案的分工角色来申请培训机会,团队或者分、支行也可以根据员工在方案营销中反映出来的能力有待提高的方面来安排集中培训。

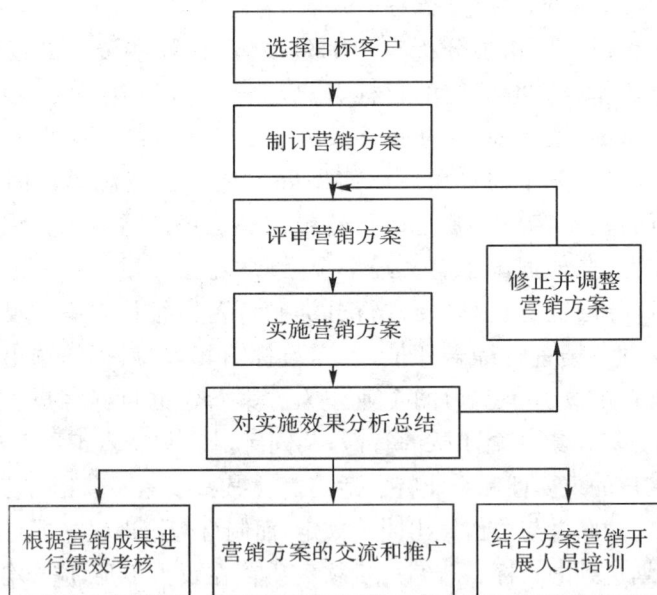

图 9-2　方案营销实施流程图

（四）方案营销的基本要素

1.企业分析。

企业分析集中在三个方面，即企业的经营、财务和融资状况，该类企业的发展前景、同类企业的盈利水平、企业的需求和同业竞争状况的分析。这些都是确定商业银行业务机会和营销目标的基础，而对企业经营和财务状况的分析可以帮助我们确定企业的风险点。

2.营销目标。

营销目标即综合银行业务机会和银行产品服务竞争力来确定营销所要达到的目标。营销目标应分为短期内银行计划达到的业务目标，以及长期内通过银企关系的培养和巩固所能达到的目标。

3.营销策略。

营销策略即采取何种营销措施来达到营销目标，银企合作的基础取决于客户具有合作意愿和能够达到银行的贷款资质要求。如果营销的主要问题在于解决客户合作意愿不足，营销策略的分析就应该集中在如何展示银行优势，通过关系营销、产品营销等方式来争取客户；如果营销的主要问题是解决客户贷款资质有所欠缺，则应充分分析如何采取措施提升客户资质，落实风险控制措施。关于需要与银行内部其他相关部门沟通、协调的问题，也应该规定相应的沟通、方法、步骤。

4.营销进程安排。

应根据营销目标分阶段制订营销工作进程。值得注意的是，如果期限较长，不确定性将会增大，应在具体的进程安排上留下一定的弹性和空间。

5.风险控制方案。

风险控制方案，即通过采取一定措施来锁定和控制风险，实际上起到一定程度上的提升贷款资质的作用，因此在分析贷款资质有欠缺的客户时，应将其作为重点分析内容。

6.成本收益分析。

成本收益分析即综合衡量该客户能为商业银行带来的收益。其中的成本包括营销人员费用、后台支撑费用、分摊到的各项办公费用等，收益则应该根据营销目标和相关利率、费率水平分别计算。当某些重要客户对产品提出要求时，成本收益分析有助于商业银行确定价格底线。

三、交叉营销策略

（一）交叉营销的概念

交叉营销是一种发现顾客多种需求，并满足其多种需求，从横向角度开发产品市场的营销方式。

交叉营销的核心是向一位顾客销售多种相关的服务或产品。这一位顾客必须是你能够追踪并了解到的单位顾客,而这里的相关因素可以有多种参数,例如因为与销售场地相关,因为与品牌相关,因为与服务提供商相关,等等。

交叉营销有两种形式,一种是在企业内部,对本企业的原有客户进行交叉销售;另一种是跨行业的交叉销售,通过相关行业间的数据共享,将潜在客户变成企业的实际用户。这实际是企业提高市场占有率的一种有效方式。

与交叉营销密切相关的一个概念是"交叉销售"。交叉销售通常是发现一位现有顾客的多种需求,并通过满足其需求而实现多种与销售相关的服务或产品的营销方式。促成交叉销售的各种策略和方法即交叉营销,简单说来,就是向拥有本公司 A 产品的客户推销本公司 B 产品。

(二)交叉营销的作用

进入 21 世纪后,美国银行业在交叉销售软件方面的投资日益增多,由此带来了企业的服务效益和营销效益的显著提高。世界各国的实践证明,交叉营销在传统的银行业和保险业等领域的作用最为明显,因为消费者在购买这些产品或服务时必须提交真实的个人资料。这些数据一方面可以用来进一步分析顾客的需求(CRM 中的数据挖掘就是典型的应用之一),作为市场调研的基础,从而为顾客提供更多更好的服务;另一方面也可以在保护用户个人隐私的前提下,将这些用户资源与其他具有互补型产品的企业分享并互相开展营销。

交叉营销对银行业的影响主要体现在以下两方面:

1.交叉营销可帮助银行及时、有效拓展银行业务。

交叉营销首先要通过建立完善客户关系管理系统(CRM)来整合相关企业的信息,从而可及时、准确地获取客户情报,有效拓展银行业务。

按传统观点,银行与其他金融机构有着不同的商业模型。银行和其他金融机构利用自己的资源和信息平台,通过各自的销售渠道开展业务。其实,银行在向客户提供贷款账务管理的同时,也可以进一步向客户提供有关财产等金融服务的建议。如果商业银行能够善加利用共同的、整合后的 CRM 信息系统,将不同业务融于同一销售渠道之中,则可以更为合理地利用资源,获得规模经济的商业模式。

对于我国银行来说,它们庞大的分支系统与服务网点提供了实施零售金融产品交叉营销的最佳操作平台。同时,对于客户来说,很多日常必需品式的金融产品如果通过银行分支系统实施一次到位的操作似乎更加方便快捷。

2.交叉营销也有利于银行客户的深层次挖掘及潜在客户的开发。

例如美国第四大银行——富国银行效仿沃尔玛,注重把几件产品捆绑在一起销售,既节约成本,又向客户让利。该行把自身客户看作巨大的增长机会,80% 的银行业务和盈利增长来自向现有客户销售更多的产品,而销售成本仅相当于吸引新客户的 1/10。

富国银行的一位副总裁也曾说："客户拥有一家银行的产品数量越多，对这家银行的依赖就越大，该客户流失的可能性也就越小。"在交叉销售的过程中，客户不会简单地把企业提供产品和服务看成是纯粹的交易，而往往觉得有友谊、情分、关系、尊重及其他因素包含其中，从而愿意为此多付出代价。因此，通过数据挖掘等技术对客户信息进行细分，再进行有针对性的产品和服务的交叉销售，最终可实现提高银行已有客户的忠诚度并且以更低的成本接触潜在客户。

总之，业务的深层次拓展和顾客忠诚度的提升是交叉销售的主要好处。

（三）商业银行交叉销售特征

1.交叉销售以客户需求为中心。

把握客户需求是开展交叉销售的前提条件。只有通过建立良好的客户关系，银行才能更好地了解客户，发现客户的多样性需求，进而充分发挥交叉销售的机会。

相关研究表明，客户关系是商业银行成功进行交叉销售的最主要因素。富国银行、德累斯顿银行等交叉销售做得较好的银行不仅具备以客户为中心的经营理念，而且在组织结构、流程设计、产品组合定制等方面都以客户需求为导向，通过优质服务提高客户满意度和忠诚度，不断巩固客户关系，进而有效开展交叉销售。

2.小微企业和中高端个人客户成为交叉销售的重要目标。

在众多的客户分类中，小微企业和中高端客户在存贷款、现金管理、支付结算、私人银行和财富管理等方面都有广泛的需求，对银行具有较高的"黏性"；同时，小微企业所需要的贷款、现金管理等业务都是周期较长的产品，有助于银行与之建立长期稳定的关系，从而成为银行交叉销售的重点目标。因此，银行通过产品组合的形式向这些客户销售包括资金结算、贷款和理财产品等在内的金融服务，这成了银行主要的利润增长点。

3.不同销售渠道、区域的交叉销售效果不同。

交叉销售与销售渠道密切相关，不同的销售渠道产生的效果不一样。其中，通过营业网点进行交叉销售的效果最好，其次是呼叫中心，通过邮寄进行交叉销售的效果最差。

由于传统银行（营业网点、呼叫中心等）的交叉销售率要高于网上银行（电子银行、email 等）的，目前大多数银行主要依靠物理网点（如营业网点）和客户经理来实施交叉销售，但随着信息一体化和网上银行的快速发展，传统银行与网上银行结合进行交叉销售的情况将会越来越多。

4.小微银行的交叉销售业绩优于大型银行的。

各家银行根据自身规模、发展目标和外部环境来选择市场定位，采取不同的营销策略开展交叉销售。有的银行立足于高净值客户,通过销售长期投资产品来实现销售和利润增长,例如美联银行和法国兴业银行主要针对高净值客户开展共同基金和理财产品的交叉销售;有的小微银行则在市场定位上避免与大型银行直接竞争,在市场定位上选择零售个人业务和小微企业业务,寻求差异化发展,例如印度 HDFC 银行主要立足抵押贷款业务来拓展交叉销售机会。

由于小微银行与客户的联系更加紧密,能更好理解和把握客户需求,提供更加优质的服务,往往可以实现较高的交叉销售率。例如,西班牙桑坦德银行凭借其成功的交叉销售策略,向每个客户销售的产品超过 7 件,远远超过当地大型银行的交叉销售率。目前我国交叉销售做得最好的是平安集团。2009 年,平安集团通过交叉销售实现产险保费收入 56.35 亿元、企业年金业务收入 12.94 亿元、新增银行存款 33 亿元和新增银行信用卡 124 万张,远远超过工商银行、中国人寿等大型金融机构交叉销售业绩。

(四)交叉营销实施过程

银行在开展交叉营销的过程中需要了解诸多有关现有顾客的问题,这些问题如:现有顾客已经购买了哪些金融产品,他们将要购买哪些产品,他们在其他商业银行已经购买了哪些产品和服务,他们处于哪个市场细分之中,顾客的盈利能力如何,潜在购买产品的现有顾客特征应当如何去描述,他们对于营销刺激的反应如何,顾客对现有产品和服务的满意度如何,交叉营销实施的效率如何测量,如何在营销策略和流程上安排交叉营销,如何培训和激励销售人员使之有效开展交叉营销活动,等等。实施交叉营销的过程,如下图 9-3 所示:

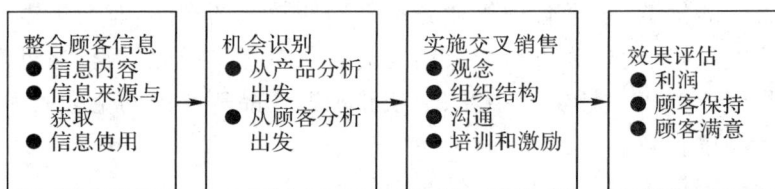

图 9-3 交叉营销实施过程

1. 整合顾客信息。

银行开展交叉营销第一步要做的就是要搜集和整合各种在交叉营销过程中可能使用到的信息,从而为后面的识别交叉营销机会及实施和评估交叉营销提供信息基础,因此这一步是开展交叉营销活动的基础。

在这一步中,要搜集的信息主要是有关现有顾客的信息,目的是使商业银行能够形成一个对现有顾客的整体观点。整合顾客信息的含义就是要求商业银行通过利用各种渠道和方法尽可能多地搜集有关顾客的信息,从而形成对顾客的全方位了解,也就是要求商业银行能够从多个角度去描述顾客。

(1)信息内容。

①顾客基本信息。包括客户性别、在家庭生命周期所处的阶段、社会文化、收入水平及地理位置等。这一类信息是各种消费者市场的潜在的细分基础,这些信息相对稳定和可靠,一般是顾客使用其产品或服务所必须提供的信息,也容易搜集。

②顾客使用银行产品的现状。包括使用者状态、使用率、忠诚度及产品采用阶段等。这一类信息对于识别交叉营销尤其有效,因为这些变量是对现有顾客的描述,其中包括了有关现有顾客使用产品的许多重要信息。商业银行如果要预测交叉营销机会,就可能需要了解某个现有顾客已经使用了哪些产品和服务,使用频率如何,进一步地,可能还需要了解其存款、贷款余额等。

③顾客其他信息。包括特定产品心理特征,产品利益,品牌态度及行为意向,顾客的盈利能力,顾客财产的拥有状况(如住房、洗车、耐用消费品的所有权状况),顾客在商业银行的风险得分和信用得分等。

除此以外,一些与顾客整体相关而非与单个顾客相关的信息对于预测交叉营销的有效性也是不可缺少的。比如银行自身的渠道现状、各种对顾客开展的营销宣传活动及资源的限制等。

(2)信息来源和获取方法。

信息来源可以从三个方面来考虑,一是来自商业银行内部存储的信息,二是来自对顾客市场调研的信息,三是来自有关竞争者的信息等。

①金融机构内部信息来源。通过对金融机构内部现有数据库进行考察,可以获得许多有关现有顾客的有用的信息。内部数据库包括客户数据库、事务数据库、交易记录数据库及宣传活动历史数据库等。

客户数据库,主要存储有关该商业银行顾客的姓名、性别、年龄、婚姻状况、家庭住址、电话、财务状况等人口统计变量信息,而且还可以通过将其中的某些变量结合考察,获得新的可用变量,以便在识别交叉营销机会时研究这些变量之间的相互关系。例如可以通过年龄、婚姻状况、家庭所抚养孩子的数目来判断一个顾客所处的家庭生命周期阶段等。

事务数据库主要存储着顾客所购买的该商业银行的产品或服务的名称、购买时间、购买该金融产品的地点等信息。

交易记录数据库,主要存储着大量现有顾客与商业银行发生业务的信息,例如存款次数和存款余额、还贷时间和贷款余额、使用信用卡的频次和在哪个商家使用信用卡交易。

通过对事务数据库和交易记录数据库的考察,营销人员可以获得大量有关顾客行为的数据；通过分析可以了解一个顾客的购买和交易行为模式。这部分有关顾客行为的数据通常是最丰富的和最有预测性的信息。

除了在上面三个数据库中获得的有关人口统计数据和行为数据，商业银行自身的营销努力也成为影响现有顾客购买产品或服务的重要因素，这一部分数据可以从商业银行的宣传活动历史数据库中获得，例如获得商业银行对现有顾客进行广告宣传的内容、时间、次数及顾客对营销活动的响应率等。

②来自对顾客市场调研的信息。来自商业银行内部的信息一般较为确定和稳定，例如各种人口统计和交易行为信息，但在这些数据库中无法反映出有关顾客心理、态度方面的信息。尽管在宣传活动历史数据库中有一些信息涉及有关顾客的心理、态度，但是这部分信息有可能对预测现有顾客对某一特定产品的购买缺乏针对性，因而需要采用问卷调查或访谈等调研方式，来获得诸如顾客对商业银行提供的产品或服务的满意程度，顾客使用产品或服务的渠道偏好，顾客对于商业银行的态度，顾客的个人价值观、生活方式等信息。虽然这部分信息对于预测交叉营销机会来说是十分重要的，但是考虑到商业银行的顾客数目众多，以及受到调研成本和时间的限制，要对所有的现有顾客进行全面的调研几乎是不可能的。大多数情况下，这种调研是建立在合理的抽样调查的基础上。

③来自有关竞争者的信息。这些信息相对难以获得，因为这些信息不仅无法直接反映在商业银行内部的数据库中，而且很难通过对顾客的市场调研获得。但有时候如果缺乏这部分的信息将会极大影响该商业银行交叉营销的效率，例如竞争对手已经通过某种方式获得了某商业银行的现有顾客的名单而特意向他们开展营销宣传活动，就将极大影响该商业银行开展交叉营销的机会。有关竞争对手信息主要包括本银行的现有顾客在竞争对手处已经购买和使用的产品或服务的名称和时间、竞争对手的营销宣传活动情况等、现有顾客对于竞争对手提供的产品和服务的满意程度等。

虽然通过对顾客进行市场调研可能会获得一些有关现有顾客在竞争对手处使用产品或服务的情况，但是出于隐私的考虑，顾客极有可能拒绝向调研机构提供这部分信息或只提供不尽详细的信息。尽管如此，商业银行仍应当尽可能地搜集有关竞争对手的信息。

（3）顾客信息的使用。

顾客信息的获得使我们可全面地了解顾客，也为商业银行开展交叉营销奠定了坚实的数据基础，但是如何在交叉营销中利用这些信息却是关键所在。使用顾客信息中的哪些信息取决于在交叉营销过程中所面临的问题。一些典型的问题及所需要的信息举例如下：

表 9-2　如何使用顾客信息

面临的问题	所需变量	获取途径
商业银行应当提供给顾客哪个或哪些产品来满足其需求	生命周期阶段、职业、风险偏好、财富状况、地理位置等	客户数据库、对顾客进行市场调研
顾客能否支付该产品购买	收入、社会阶层、负债情况等	客户数据库、对顾客进行市场调研
顾客是否已经购买了该产品	顾客在竞争者处购买产品的状况、顾客在本商业银行的产品使用状态、顾客忠诚度等	对顾客进行市场调研、现场访谈
对该顾客实施交叉营销是否能够给商业银行带来利润	单个顾客成本和费用分析、产品或服务使用的行为模式等	交易记录数据库、会计报表等
针对该顾客应当选用什么沟通方式和销售渠道	性别、地理位置、生活方式、产品或服务使用的行为模式等	客户数据库、对顾客进行市场调研、交易记录数据库

2.第二步,识别交叉营销机会。

有了对顾客信息的搜集和整理,第二步的任务就是要识别出交叉营销的机会。这一步在整个交叉营销实施过程中是一个核心步骤,因为在这一步中,商业银行将要确定出交叉营销的关键性问题,即哪些顾客需要哪些产品。

主要有两种思路或方式,一是从产品分析出发,二是从客户分析出发。实际中应将两种方式结合。

从顾客分析出发识别交叉营销的方法是,将现有顾客所表现出来的在购买产品方面的显著特点作为预测交叉营销的基础。这种方法实际上可以分为两类:

一是研究不同顾客群体之间的产品使用差异。如果不同顾客群体之间的产品使用存在差异,就可以根据现有顾客所属的不同群体推荐产品。

二是对顾客整体购买行为分析。先探索现有顾客整体的购买行为是否存在一定的获得模式,然后再根据具有这些获得模式的顾客的特征,找出符合这些特征的顾客并计算其购买的可能性。

从产品分析出发具体有三个步骤:

(1)根据产品定位找出相对应的顾客特征。

不同的金融产品有不同的定位,其目标顾客群体具有一定的特征,因而商业银行首先需要做的是全面分析本机构所提供的金融产品的特点,找出该产品能够在顾客特征方面与其他产品具有显著不同的地方,作为判断某个顾客是否能够通过该产品满足其需求的基础。比如找出不同的金融产品的潜在顾客在性别、年龄、风险偏好、投资收益等方面的差异。

(2)确定向顾客提供的金融产品或产品组合。

根据确定出的顾客特征或一组顾客特征组合来找出满足该特征的现有顾客。在这一步中,商业银行可以根据多个不同的特征组合来确定出提供给顾客的产品或产品组合。例如,根据顾客所处的生命周期阶段和收入水平,向单身和高收入的顾客提供投资计划服务和信托基金服务;根据顾客对产品收益和风险偏好,向偏好高风险和高收益的顾客推荐单位信托产品;此外,商业银行还可以根据现有顾客已经购买的产品种类向顾客销售该金融产品的升级产品。这一步的分析得到的是准备向某个顾客推荐的产品或一组产品。

(3)确定产品推荐的先后顺序。

由于在确定要提供给顾客的产品的时候是根据多个顾客特征来确定的,第二步得到的结果中可能会出现向同一个顾客多次推荐同一个产品的情况,这样就使得销售人员无法确定到底应当先向顾客推荐哪一个产品。因此,需要对第二步得到的结果(各种应当向顾客推荐的产品)按照一定的判断标准来进行分析,再确定出向某一顾客推荐产品的先后顺序。

3. 第三步,实施交叉营销。

鉴别出交叉营销机会之后,就涉及如何将这些识别出来的交叉营销机会成功地转变成现实的销售。这一步直接关系到交叉营销能否成功,因为尽管利用各种技术和方法鉴别出来交叉营销机会,但由识别机会到实际销售达成的转变又依赖于各个部门之间的人员的协调和努力。

(1)观念。

实施交叉营销首先要求组织中各个部门的员工在观念上正确理解交叉营销。不能仅仅将交叉营销看作一种销售技巧或方法,或是一种短期的完成销售任务、获得即时利润增加的手段,而是要意识到其对于建立商业银行与顾客之间的密切关系,以及它对于商业银行长期利润的获得的重要性。高层领导对交叉营销的重视将会推动员工在观念上认识到交叉营销的重要性和正确全面理解交叉营销。

(2)组织结构。

由于交叉营销是一种以顾客为导向的销售方式,交叉营销的实施可以满足顾客不同方面的需求。如果一家商业银行的组织结构是按照产品导向建立的,那么肯定会出现多个部门服务于一个顾客的情况,多个部门之间的协调和利益分割问题也就出现了,如果不能有效解决这些问题,就会产生各个部门对于各自在交叉营销过程中所承担的职责不清、角色定位不明确等问题,这将会严重影响交叉营销的实施。因而,成功的交叉营销要求其组织具有一个顾客导向型的结构。商业银行要根据组织的整体利益来重新设计组织结构,或者是采用某种协调机制和制度性安排来调解各部门之间出现的利益分割和协调问题。

(3)沟通。

交叉营销提供给顾客的是基于其个人需求的定制产品或服务,因此商业银行的各部门和各层级的员工应当能够充分理解每个人在交叉营销中的角色并紧密合作。一线销售人员(客户经理)需要能够理解顾客并实施销售,管理人员应当设计合适的营销策略来指导一线销售人员的销售活动的开展,而一线销售人员由于是直接和顾客打交道的,他们从顾客那里获得的信息更加真实可靠,这又成为管理人员制订合适的营销策略的一个依据。IT专家需要给销售人员和管理人员提供数据支持,力图让有关顾客的完整的信息能够传递给销售人员并使得销售人员容易理解。总之,沟通的目的是让信息在组织中充分共享,这样才有利于交叉销售的实施。

(4)培训和激励。

实施交叉营销时,银行不可忽视的一个问题是如何使其销售人员(客户经理)获得开展交叉销售的能力,因为尽管一个银行可能拥有很好的CRM系统,但毕竟是人在使用这个系统来实施交叉营销计划及与顾客沟通,尤其是直接与顾客接触的一线员工。因而能够满足开展交叉营销活动的销售技能的培训和发展是关键问题,而不仅是信息技术。

4.交叉营销的效果评估。

评估的作用一方面是为了检验交叉营销是否真的为商业银行提供了其所声明的好处,另一方面是要对交叉营销实施过程中的效率进行评估,避免资源的不必要浪费,以及通过效果评估发现在交叉营销中存在的问题。

从商业银行的角度来讲,关键指标就是看交叉营销是否能够给商业银行带来净利润的增加。从顾客的角度来讲,评估交叉营销的关键指标应当是顾客保持率和顾客满意度。

【本章小结】

小微金融作为服务业,营销是其重要组成部分。本章首先介绍了小微金融营销的阶段及其特点。其次介绍了如何加强小微金融营销的渠道建设,不断拓宽渠道,挖掘小微企业信息。最后着重介绍了三种目前常用的小微金融营销策略(关系营销、方案营销、交叉营销)的含义、作用、特征、实施步骤等。

第十章
小微金融营销心理和技巧

资料导入

这是一家坐落在安徽省芜湖市弋江镇新开不久的服装超市,虽然面积有1300平方米,但是由于同质化竞争严重,店铺位置又不好,所以从冬装上市开业以来整一个月每日业绩仅仅只能到2000元左右。但就在同行都笑着认为这个店要胎死腹中的时候,店长通过一个被全国95%以上人口都忽略了的小伎俩在三天时间内拿下10万业绩的同时,彻底打响了这个"新生儿"的知名度,狠狠地抽了同行一个响亮的巴掌。

其实这个方式很简单,就是利用每张人民币左下角的编号做文章。凡是编号尾数为"0"的100元或50元人民币在服装店可以增值20%消费,编号尾数为"00"的增值50%消费,编号尾数为"000"或以上的增值100%消费。就是说只要你找到这样的人民币,在店里100元最多可以当200元消费(增值部分只提供消费不找零)。

就是这样一个简单的活动,仅仅通过几千张宣传单的宣传闹得全镇皆知,让全镇人民陷入了一场疯狂找钱的行动,有的人为了获得这样的人民币不惜去银行存取款机上存了取、取了又存……

最反常的是以往每次活动都是头两天火热,到后面就会慢慢淡下来。但是这场活动的业绩一天比一天高,更重要的是这场活动彻底打响了整个店连开业都没有达到的知名度和传播度。活动结束后一个月时间内人们都还意犹未尽,时不时有顾客专门进店询问活动是否还在进行……

(备注:人民币都是连版发售的,所以编号尾数为"0"的纸币出现概率是十分之一,"00"的为百分之一,"000"的为千分之一。三天活动总业绩过10万,综合折扣为7.6折。)

这就是一个简单的事件营销的案例。其实还有很多地方可以优化,比如抓数据、锁定会员、联盟商家引流等都没有用到,要是全部用好了估计威力会更大。

第一节　小微金融营销心理

一、客户心理分析

(一)客户心理类型

1. 逆反心理。

(1)逆反心理及表现。

为什么客户会有逆反心理,原因很简单,因为每一个人都有本能的防范心理,这反映在我们拜访客户的过程中,客户会本能地对抗你,你说好,他偏说不好。这不是客户故意和你作对,而是本能使然,也就是逆反心理使然。逆反心理实际上是一种潜意识抵抗的本能,大多数都没有恶意,在这种心理状态下说出来的话你可以一笑置之,千万不要反击客户,否则其逆反心理会更加严重。

逆反心理有四种表现方式:一是反对你的见解;二是对你的陈述,发表他自认为更加高明的见解;三是似乎可以预知一切;四是跟你较真。

(2)逆反心理的原因。

出现逆反心理表现的原因有很多,总结起来不外乎以下四个:

①逆反心理是人类的本能抵抗之一,并非故意伤害你,但是如果你把它看作对你的反对,那么就可能导致非常严重的结果,最终会让你跟客户势不两立,不但无法达成交易,而且会给客户造成"公司和你都非常坏"的印象。

②逆反心理往往跟人的自我表现欲望有关,如果反对你的意见,表明他比你的见解高一等,如果赞同你的意见,自己沦为你的跟屁虫,就毫无自我价值可言。

③逆反心理并非儿童、青年才会有,而是所有人都会有,不同年龄、不同性别、不同社会地位的人都会有。父母说小孩子逆反心理很重,但从小孩的角度看,他们也会认为自己的父母逆反心理很重。

④逆反心理并非在遇到抵抗的时候才出现,而是在任何场合都会出现,逆反心理甚至可以说无处不在、无时不在。

(3)如何应付逆反心理。

简单说,两个方法:引导法和激将法。

①引导法。客户的逆反心理只能引导,只有你自己的逆反心理才需要对付。要让你的逆反心理与客户的逆反心理不产生对抗,你对客户的反对意见首先应表

现认同,用"是的,你说得对,但是……"这样的语句跟客户说,运用沟通中同理心法则进行缓冲,然后确认客户的真实想法,了解客户反对的真实原因,对于客户不同类型的反对意见(误解、漠不关心、局限性、怀疑)进行不同的回答,确认客户对我们回答的态度,最后将客户对我们回答的态度,以及客户的反对意见转为我们销售的机会,实现双赢销售。

②激将法。首先否定客户的情况,客户本来做得很好的,被人否定当然不爽,于是开始反击,其实他的反击是顺着销售代表设下的套路一步步前进的,最后,销售代表在等客户说出所有封住自己退路的话的时候,实施致命一击:"如果你推荐我们产品的品牌,会不会他们就不要呢?"如果客户承认他推荐我们的产品,那些客户不要,那就等于承认自己上面说的都错了,那他自己就大丢"面子"了。客户总是把自己看得比销售代表高一等,如何丢得了这个"面子"。

2. 羊群心理。

心理学教科书上有这么一个故事:有一个游客看见草原上有一群羊,他很奇怪它们都往一个方向走,于是,他走上前去询问一头羊:"你们干吗都往这边走?"那头羊说:"大家都往这个方向走,所以我也往这个方向走。"游客挡住另外一头羊说:"你干吗往这个方向走啊?"这头羊也说:"所有的羊都往这个方向走,你也往这个方向走吧!"这就是著名的"羊群效应"。羊群效应最明显的地方是股市,每次股灾之前,股票总是大幅度上涨,连买菜的阿婆都去买股票,股票的价格超过了实际的价值,一旦有什么利空消息出台,股民心里开始恐慌,又一窝蜂抛出手中的股票,股票的价格跳水,于是股灾就发生了。

我们掌握羊群效应,关键要点在于向客户指明一种发展的趋势,例如在销售的过程中,我们开始说的是卖得不好,然后会卖得越来越多,从最初的 10 盒一个月,到最后很多新的超市加入我们产品的销售终端,到创纪录的 100 盒一个月,我们给客户描述两个趋势:第一是销售上升的趋势;第二是与他规模相当的终端都在不断加入,给他的印象是早晚有一天周围的终端都在销售我们的产品,这时我们就可以开始引导他:"早晚你总是要卖我们产品的,晚卖不如早卖。"客户的思路开始被你牵引住了!

3. 表现心理。

我们小时候就知道《狼来了》的故事,故事中的小孩子是不是故意调戏那些村民呢? 显然不是,驱使他不断说"狼来了"的动力是人的表现欲,这种本能实际上就是渴望自己能够得到重视,这就是表现心理。

表现心理的处理相对简单,他想表现,给他表现的机会和舞台就好了,只是要特别注意不要把客户的表现心理和逆反心理混淆了,两者从表象来看还是很相似的,但其实差异很大,逆反心理是本能的、潜意识的,有时候甚至说出来就后悔。

客户从拒绝到接受,这本身就是一个重大的心理变化,这个心理变化是你跟他之间的沟通导致的。如果把这个观念扩展,可以认为销售方法的实质是一个心理诱导的过程。营销方法其实是一门行为心理学,客户的心理变化是因为我们的言行举止对客户的心理施加了影响,从而促成客户对我们的表述认同,并最终导致了交易的发生。所以正确分析客户的心理状态,并正确地予以化解和处理,是帮助我们销售成交非常重要的策略和方法!

(二)客户心理分析及相应的营销策略

1.沉默型客户的应对技巧。

沉默型客户外表寡言少语,对于你的展示或销售举动,他自始至终都报以微笑,表示欢迎,以至于你有些过火,如"错过了你会后悔的""有了它比较保险,以免以后出现什么不利于你的事发生"。这些在一般情况下会惹客户反感的话,他听着依然不温不火,一脸和气。

沉默型客户的心理分析:

(1)拙于"交谈"。这对于客户来说是一件非常痛苦的事。这时常困扰着他,使他难以获得解脱。越是口拙,这种压抑就越深,使他的下一次开口更为困难,于是产生恶性循环,直到最后干脆不说了,用沉默来对待对方。

(2)不想张嘴,怕张嘴。这种心理是与生俱来的,这种人与上一种客户不同,上一种顾客是意识到不说话的重要性和必要性,并且为自己表达能力欠佳而惶惶不安。而这种天生就不愿张嘴的人呢,他觉得自己不说话是天经地义、顺理成章的事,绝不会因为自己没说话而自责或不快,他一直以为这样比较舒服自在,很心安理得。

(3)用"说话"以外的形体动作来表达心意。具有这种心理的客户既不缺乏语言表达的能力,也不是有不爱说话的癖好,他是碰上了他想说却不能说或者很难表达的事。他只好换一种方式,用"肢体语言"来表达他的意思,即通过嘴型、眼神、面部表情,以及坐立姿势、手脚动作向你传递他的意图。

不同于口头表达的是,这种"肢体语言"所表达的意思可能与他心里的真实感受相反。如他对你和蔼可亲,满脸是笑,但其实他此时的内心可能十分忧虑或者不耐烦。这类顾客一般受过高等教育,比较有教养,对人一向彬彬有礼,希望给人留下好印象,所以,尽管当时他有这样或那样烦躁不安的情绪,但却不愿通过说话这种较直接的方式表现出来。因为想发泄一下又不想伤人,这中间的分寸很难把握,故用一种较温和的"肢体语言"表示出来,希望不给他人留下坏印象,但他的一举一动都在被动状态下,内心也不好受。

这种不爱说话的客户并非绝对不开口,只要有适宜的开头和相当的情绪,他能讲得很开心。因此销售者应针对客户关心和感兴趣的事情询问他的意见,热心地给予同情和理解。

沉默型客户的应对技巧：

沉默型客户也称为"非社交"客户，他们沉默寡言，在社交中属于聆听者，不轻易发表自己的观点，也不轻易批驳对方的观点。

这种客户反而易成为那种忠实的客户。这类客户也有两种情况，一是内向型，不善言谈，怯于与别人交谈；另一种顽固型的，不愿说话，通常采取积极沉默的态度。

对沉默型客户，最好的方式是让他说话。可以采用两种方法，一是诱导，二是以沉默对沉默。只要他开口就好办，就可根据他的回答来准备对策。针对顽固型的，可以不停地劝诱对方，丝毫不管对方的态度，如："怎么样？价钱很便宜，您打算买？"

所谓"以沉默对沉默"，是指你先说，"怎么样？我认为买下来是不会吃亏的"。然后也一言不发，这样对方就不得不开口说话，一旦说话，你就前进了一步，接下去就是施展自己的本领使对方答应你的提议。

要完成与这类客户的交易，关键看你是否能捕捉到对方的真实意图。知己知彼，百战不殆，掌握对方心理是制胜的根本保证。

2.唠叨型客户的应对技巧。

相对于沉默型的客户，面对唠叨型、喋喋不休的客户，推销员至少有下面三种危机：

（1）把说话的主导权给予了对方，很可能永远也无法将对方再拉回你推销的主题上。

（2）他好不容易找到一个肯听他说话的对象，哪里肯轻易罢休，这么一来，你宝贵的时间就白白浪费掉了。

（3）对推销员来说，浪费时间便是浪费金钱。

唠叨型客户为什么总是说个没完？

第一，他有可能天生就爱说话，能言善辩。

第二，寂寞太久，周围的人深知他的习性，可能早已逃之夭夭了。只有你是冤大头，不知所以，硬碰上他了！

第三，用喋喋不休的长篇大论来武装自己，中断你的推销，使你无法得逞。

爱说话的客户，通常较容易以自我的观点为核心，去批评，或者评论，或者只是东家长、西家短的。既然对方是十足的自我主义者，你不妨在他的言语中偶尔出言附和他，协助他尽早得出结论。（询问）的方式在此是绝对要避免的，否则，你不经意的一句问话，可能又会让他口若悬河。

其次，你得设法将他的（演讲），四两拨千斤地导入你行销的商品之中，既然对方要讲话,让他讲些和产品有关的东西不是更好吗? 在他发表意见的同时,若能掌握机会及时进攻,就能有些许胜算。要特别小心的是,这种类型的客户转换话题的功夫一流,你可不要让对方又溜出了主题。

3.和气型客户的应对技巧。

和气型的客户最受推销员的喜爱。他们谦和有礼,不会尖酸地拒绝你上门,也不会恶劣地将你扫地出门。他们很专心且表现出浓厚的兴趣听你解说产品。因为,他们永远觉得你懂的比他还多。即使他们想拒绝,也会表现得对你很抱歉的样子,仿佛是自己对不住你。这是因为他们觉得你的工作很辛苦。这一切都使你有一种被尊重、受重视的感觉。

但和气的客户往往优柔寡断,在买与不买之间总要思考好久。他们耳根子软,别人的意见往往能立即促使他变卦、反悔。

对于这样的客户,一切还是要步步为营。在契约签订之前,一切的欢欣都还言之过早。和气型客户永远不会怀疑你的解说,甚至对你提出来的各种市场相关资料,推崇得不得了,全盘接受,而且还十分感谢你,因为你让他增进这么多知识。但是他们做决定时,常常犹豫不决。这并非表示他们真的拒绝了,大多时候,他们的确是很想买,但是,又说不上是什么原因让他们下不了决定。

这个时候你就得耐心询问他,究竟为什么拿不定主意,并且设法帮他们解决,别担心,只要你能找出客户迟疑的原因,通常便能轻易找到解决的方式。因为这类型的客户,通常烦恼的都不是什么严重的大问题。不过,只要随便一个人提出对产品相反的意见,和气型的客户就又开始陷入两难的犹豫中,眼看好不容易就要成交了,一下子又回到原点!

最后要提醒的是:只要他已决定购买,就立即请他在契约上签字! 否则,他恐怕又要后悔。

4.骄傲型客户的应对技巧。

骄傲型客户喜欢自夸自赞,仿佛把别人都放在脚底下似的践踏。他们觉得自己高人一等,一副自视甚高的样子,好像别人都比不上他。不过,既然身为推销员,不能忘记(每一个顾客都是可爱的)行销守则,还是暂时收起那种主观的好恶之心,诚心诚意地敲开这个骄傲者的心门吧!

骄傲型的客户看似高不可攀,很难使他服服帖帖地信服你,因为他总有一套独特的看法,并且还引以为豪,但其实这类型的客户还是有他个性上的特点的。举个例子来说,他爱被人捧,你就把他捧上天吧! 只要让他高兴,觉得你真的认同他的社会地位,他人格上的某种别人无法超越的崇高性,他便肯悄悄地屈身下来照顾你的需要。

骄傲型的客户最好还是多尊称他的头衔,并且试着找出他最高的那顶帽子,用他最在乎、最得意、最津津乐道的头衔去尊称他,附和他言论中透露出的理论。暂且把你自己忘记吧!千万别和他起冲突,要知道,和骄傲型客户辩论是最无可救药的。唯有让他觉得你真心推崇他,他的自尊心得到满足,才是你商品生机的开始,成交的可能性也就相对提高了。

这么低声下气,似乎只是在向人乞讨,期待别人的施舍。换个角度想想吧!你是在施舍一点(自尊)给那个自大狂、可怜虫。只要稍微满足一下他可怜的、自卑而又自大的心,他就能满心喜悦,马上签下订单了。只有交易成功,才是真正的目的所在。能征服这种骄傲型的客户,何尝不是销售生涯中的一大乐事呢?

5. 尖酸型客户的应对技巧。

这类客户好像没有意思要购买产品,但却缠住你,话题团团绕。说他可能有兴趣要买了,可是又是一副趾高气扬、爱买不买的样子。你很难琢磨这类客户的心里究竟在想些什么!肯定是一场辛苦的买方、卖方拉锯战。这也许对身为推销员的你是辛苦了些,但对对方而言,却是深深乐在其中,因为他充分享受这种极尽批评之能事、挖苦人的乐趣。不过,为了达成交易,把这看作是一个崭新的挑战吧。

尖酸型的客户有一个特点,总爱挑剔你,故意拂你的意思。你所有辛苦准备的产品目录、解说资料、市场调查,在他面前全然不具任何意义。这时,你大概会有很深很深的无力感,同时也十分怀念和气型客户了。这类型的客户从来不会赞同你的意见,甚至不断地出言反驳。总之,你说的话是不对的,是毫无道理的。

一般初识场面的推销新手可能会沉不住气了!(干什么呀!大不了不卖给你!)千万不要有这种情绪上的波动,一旦你发怒,就意味着这场交易正式失败。所以,只有一个字,忍!忍气吞声,压抑自己的情绪吧!千万不要违背他的意思。他爱怎么说就怎么说吧!反正,你包容他的一切,以静制动,他也伤不到你。不过,你也不全然处于被攻击的弱势。偶尔,也可以委屈地说一些损自己的幽默话,化解一下他嚣张的性格,用幽默取代正面的冲突,他会因此对你更感兴趣一些。只要你能包容他怪异的性格,让他满足征服的欲望,到最后他的损人游戏终止,也就是你成交的时刻了。

6. 吹毛求疵型客户的应对技巧。

这类客户事事追求完美,容不得一点瑕疵!他看不顺眼你,就不会喜欢产品!他即使想买产品,也会找出一千种产品不好的地方。遇上这类型的客户,对销售员来说,是极大的挑战。如果你没有很充足的常识,面对他千奇百怪的挑剔方式,你恐怕要招架不住!他很在乎对你的印象,容不下一点缺点。只要你带给他稍微一点不洁的印象,他可以立即推翻你的产品。

对于这样的客户,你得好好打理自己的门面,整洁的服饰,最好还要烫得笔挺,头发稍微梳理后,再踏入他的公司。一开始所有动作最好能守住基本的推销员法则,中规中矩的礼节,客套的寒暄,第一印象千万不要给对方任何一个挑剔的机会,否则,连再谈下去的可能都没有了。对于产品,从小细节开始,他也是尽其所能地发掘产品任何可能的丁点缺失。如果真的想反驳他的指责,必须十分有技巧:

"先生,您真是细心。能照顾到这么小的细节。不过还好,我们这个产品正巧和其他公司的产品,有小小幅度的不同,就是……"

"王董,您真是高明,而且学识丰富,连这点您也有研究,关于质地的问题,您放心,公司早已有相关部门做深入的研究,才研发出这一系列与众不同的产品……"

类似这样,先满足他挑剔的心,让他觉得自己说的话没错!有这种自尊心满足的感觉,他才不会太过分地为难你,这是因为除吹毛求疵的缺点之外,他还十分体恤人!算了,反正这种问题也不全是你们这些小小推销员的错!因而就可能原谅你产品上的瑕疵!

总之,这类型的客户不容易应付,也许难缠了一点。不过,你只要尽力在各方面,从自己的打扮举止到商品知识,都不要有被对方挑剔的地方,处处完美,无懈可击,还是能得到这类客户的赞美的!

7.暴躁型客户的应对技巧。

暴躁型客户从不按理出牌,即使他是第一次和你见面,只要他有什么不满意的地方,他照样会直接表达出他的愤怒。他绝对不是那种喜怒不形于色的人,不过也有一点好处,你可以很直接观察到他的喜恶,不用进行多余的推测。对于这类客户,凡事你可都要小心翼翼,最好不要犯任何错误。任何的资料准备,在拜访前要重新回顾一次,以确保每一样资料、样品都带得齐全,可千万不要等到拜访进行到一半才缺东补西的,这种客户最没耐心,更不想听你的任何解释,他会直接破口大骂!

"混蛋!你简直在浪费我的时间!"

"连个资料都没准备齐全,你还算什么销售员!"

即使错误真的不在你,还是得以诚恳的态度告诉他,你是真心感到抱歉,并且请求对方原谅。

争辩是最无济于事的。因为这只会惹得对方恼羞成怒,死不认错,到最后,索性不想和你做生意了,以顾全自己的面子。

有时候,他的脾气发得毫无来由。也许根本和你毫不相干,其实这个时候反而是你的大好机会。不妨好好探询他:

"究竟是什么事呢,惹得您这么生气?说出来也许您会好过一点!"

这时,他正愁找不到人说。当他告诉你之后,心中的怒火应该平息了一半。你也知道了他生气的原因,如果刚好也能帮他想想办法,相信他必定会感激不尽,而且这时他可能会有下列反应:

"真抱歉,我刚刚真是气急了,不小心把你骂了!"

"没关系吧!把你们公司的产品目录拿给我看看!"

就这样,你轻轻松松地就征服了他!

8.完全拒绝型客户的应对技巧。

客户摆明了我就是不买、我真的不需要,就直接关上大门,这样的关门,一定让你尴尬又沮丧。

"告诉你!我真的不想买这种产品!"

"我才不相信,这些广告都是骗人的。肤色是天生的,怎么可能单单靠保养品就能由黑转白!"

"别跟我谈保险,这是我最讨厌的了!"

你几乎无任何回话的机会,反正,他什么都不想听,也不会给你时间解说产品!即使有幸能用一些他的时间,看他一脸无所谓的表情,相信你原本热腾腾的心也要凉上半截!

完全拒绝型客户,通常都有某种心理上的障碍,你得想办法协助他克服。不过,千万不要纠缠他,缠得越紧,他只会逃得越快!

他们为什么这么顽固地拒绝任何推销员呢?有几种情况。

购物习惯不同,习惯到店里购买,因此不想浪费时间听你说明、推销。

真的不喜欢产品,或者不相信产品。

不喜欢推销员。

要改变他们的观感,就得运用各种行销秘诀中的技巧了。

的确,很难使一个人改变购买习惯。想通过一次会面扭转一个人的习惯,是万万不可能的。但这同时也是转机。你不必强迫他买,但至少要让他对你的方式感到印象深刻,只要你再多来几次,他原先那种防卫的心理便可稍微解除。

真的不喜欢产品的人,你只能努力对商品多做说明。并且探出真正令他厌恶的理由,以便对症下药。

至少单纯地讨厌销售员的人,几乎都有被推销员欺骗过或是吃过亏的经历。因此,赢得信赖是你最需努力的事。

9.杀价型客户的应对技巧。

杀价,是大部分客户多少都会有的一种消费行为。想买得便宜,毕竟是大多数人的愿望,这无可厚非。这里要谈的是以杀价为乐的客户类型。你得要识破他们的伎俩,才能真正谈成交易,并拥有这个客户。否则,贸然降价,不仅使你利润减少,甚至,还会让客户以为你的索价太不诚实!

你要明白,当客户真正有购买能力或购买欲望的时候,他才会向你杀价。这时,切不可沾沾自喜,你要特别谨慎的是,该如何守住自己的防线,顺利完成这场交易。

你常常可以发现,客户明明已经表现出想购买的兴趣了,却还在那边挑三拣四,找尽缺点批评产品。实际上,他们想利用这个方法告诉你,我是很想买啦! 不过如果你能将价钱再稍降一些的话就好了! 他们要求降价的方式大概是:

真不巧,我喜欢的是红色! 如果没有的话就算了! 如果你的货品正好缺红色,为了完成交易,只好主动降价! 其实,也许他只是看准你没有红色,才故意这么说的。

他们为了杀价,会想尽办法找到你所不能提供的商品利益,然后又故作姿态地说,其实这个也不错,只不过不是我真正喜欢的。要我买也可以啦! 除非你少算一点钱。

也有一种情形,客户一直抱怨自己没什么钱,买不起! 但是叫苦了半天,却又突然告诉销售员,这样吧! 你再少算我五百元,我就买了!

这时候,你可不要以为客户真的要买就已经不错了!"好吧! 就少算你五百元好了!"如此,客户会觉得"还好我有杀价,你这个人真坏,想多赚我那么多"! 以后,他就不想向你买东西了。

对于这样的客户,千万不要让步,即使要妥协,也不能让他完全得逞,譬如可以给他一些折扣,但不能全依对方的要求。

还有一个方法是,不断地强调商品本身的价值绝对物超所值。虽然价格无法再降,但保证他买回去后绝对不会后悔。不断地强调商品品质上的优点,也是对付这类客户的好方法之一!

10. 经济困难型客户的应对技巧。

"我真的很喜欢这个产品。但是,我实在是买不起……"

"怎么这么贵? 我可没有这种多余的预算……"

经济困难型客户最常见了。面对喜欢商品,又似乎买不起的客户,你一定感到很可惜吧!

"如果他们有钱买就好了!"

"他们都喜欢产品,可是却都买不起! 如果每个人都有钱买,我这个月的业绩就可以大大提高了!"

叹息之余,仔细想想,到底这些客户是不是真的毫无成交的可能性呢?

仔细观察,很多抱怨自己手头不方便的客人,其实并不是真正的经济拮据。经常地,他们只不过是拿这个当理由来拒绝你的推销。

也有一种情况是,他们对于钱的管理较为严谨。因此,除非让他意识到这个产品真的有利于他们,否则,是绝对很难说服他们购买的。

对于这样的客户,强调物超所值的观念是最重要的。你必须对产品制作的严谨,使用材质的高级,市场评价如何之高,以及它将为客户带来如何的便利及益处等种种优点做深入的剖析。

如果你能制作一张与市场其他同型产品的分析比较表,证明你的产品的确是比较好的,你一定会觉得非常值得! 利用此种方式来吸引他,一定能够引起他的注意。

还有另一种方法是拆解价格表。也就是一般我们所熟悉的分期付款方式。每一期轻松的小额付款,即能立即拥有商品。这绝对是值得客户利用的购买方式。

对于以经济困难为理由拒绝你的客户,你不妨暂时充当他的财务分析师,根据他的收支状况,拟定一套适合他偿款能力的分期付款表。以协助他既能拥有产品,在付款上又不至于负担太重而危及日常生计,相信这种理智型的推销方式,必定能让他心悦诚服地接受!

二、客户经理心理分析

(一)成功的银行客户经理必备十大心理素质

1.强烈的自信心。

(1)提升内在自信心和自我价值。即通过提高销售技巧和不断的成功来提升自信。客户经理最需要的是自信,自信需要通过后天的高强度训练而形成。相信自己一定是最优秀的客户经理,自己一定能够满足客户的要求。

(2)把注意力放在正面的事上。客户经理经常遇到挫折,这很正常。不要把注意力放在这些注定要发生、无可奈何的事情上,事实上不是环境或遭遇决定我们的人生,而是由我们自己的态度决定的。告诉自己柳暗花明又一村,正面的心理暗示自然可以带来正面的结果。

(3)坚信给自己投资每一分钱都是值得的。不断充电学习,不断地往自己身上增加有价值的东西,不断给自己投资。

2.勇敢。

恐惧是一种内在的感觉产生的情绪反应。人有两大恐惧:恐惧自己不够完美,恐惧自己不被别人接纳。

我们也可以用转换定义来克服恐惧。年轻的银行客户经理最恐惧的是被人拒绝。我们可以对自己做个分析:

(1)刚才为什么被客户拒绝了? 什么事发生了才意味着被客户拒绝了?

(2)客户用怎么样的语气对你说,你才感觉被拒绝?

(3)为什么这个项目没有获得通过,失败在哪里?

转换情绪:试着把负面的情绪调整为正面、积极的认识,感激所有使你更坚强的人。所以,要善于创造,勇于冒险。勇者无敌,永不言败,不服输,不能输,不怕输。一次失利不要紧,要不断重新尝试,冲出一番新局面。

3.强烈的进取心。

强烈的进取心就是对成功的强烈欲望,有了强烈进取心才会有足够的决心。我们一无所有,但我们必须创造一切。

培养强烈进取心的方法可以是学习和成功者在一起。人生是一个不断成长的过程,我们这一生最重要的决定便是决定和谁在一起成长!

成功客户经理的欲望,许多来自现实生活的刺激,是在外力的作用下产生的,而且往往不是正面的鼓励型的。刺激的发出者经常让承受者感到屈辱、痛苦。这种刺激经常在被刺激者心中激起一种强烈的愤懑、愤恨与反抗精神,从而使他们做出一些"超常规"的行动,焕发其"超常规"的能力。一些顶级客户经理在获得成功之后往往会说:"我也没想到自己竟然还有这两下子。"

要想成为优秀的商业银行客户经理,先要改造你的意识,改造你的人生态度,你必须从思想观念上就是一个伟大的客户经理。成功的客户经理都有必胜的决心,都有强烈的成功欲望。成功的欲望源于你对财富的渴望,对家庭的责任,对自我价值实现的追求。

自信与欲望是客户经理成功的关键,要励志成为优秀的商业银行客户经理。

既然来到这个世界,就要有自己的梦想,就要打拼出一片天下,成就一番事业。每天你要对自己大喊:"我要演绎自己的人生传奇。"客户经理应该很有进取心。在商业银行,业绩至关重要。既然做了客户经理,就一定要做最好的。人不能没有野心,没有野心,就激发不了自己,就不会有劲;没有劲,潜力就挖不出来。银行客户经理需要野心。必须时刻准备冲锋,使尽浑身解数去力争上游。

"我要成为一名优秀的商业银行客户经理,因为如此,我能够提供给客户需要的服务,从而实现我的价值。"

"我自信自己有实力成为优秀的商业银行客户经理,我会全力以赴做好工作。一切困难险阻都吓不倒我,荆棘丛生、乱石密布,也不能阻碍我前进的脚步,我一定要做到第一。"

建议每位客户经理床头都摆放一本白手起家成功人士的书籍。可以摆放俞敏洪、马云等的传记图书,激励自己。想想我们真是很幸运,我们没有必要像他们那样冒那么大的风险,个人创业。在单位,拼命做存款、做业绩,你同样可以实现个人价值,多好。

只要你确信自己能够办到,事情就会往好的方向发展。只要你努力坚持自己的信念,你就会取得成功。

客户经理注定不普通。不渴望积极进取的人,不会成为优秀的客户经理。客户经理不一定必须是能喝酒,性格极其外向的人,只要你有旺盛的进取心,头脑灵活,肯学知识,不怕辛苦,你就会成为一名优秀的客户经理。

新客户经理应当练习见陌生客户的本领,不怵头,很自然地说出自己的营销思路。老客户经理要保持持续的热情,百战之后,仍奋勇向前。切记,激情成就未来。

4.对产品的了解深入骨髓。

熟练掌握各项银行产品。客户不会比你更相信你的产品。成功的客户经理一定都是他所在领域的专家,做好销售就一定要具备专业的知识。专业的知识要用通俗易懂的语言来表达,才更能让客户接受。全面掌握本行的产品,掌握竞争对手的产品,能准确地说出本行产品更有优势的地方,说服本身是一种信心的转移。信心来自了解,我们要了解我们的行业,了解我们的银行,了解我们的产品。

5.大幅度减少犯错和缩短摸索时间。

学习的最大好处就是:通过学习别人的经验和知识,可以大幅度减少自己犯错的概率和缩短摸索时间,使我们更快走向成功。别人的成功和失败经验是我们最好的老师,成功本身是一种能力的表现,能力是需要培养的。成功的客户经理具有注重学习成长的好习惯。

营销是一个不断摸索的过程,客户经理在此过程中难免不断犯错误。反省,就是认识错误、改正错误的前提。成功的客户经理能与客户有很多共识。这与客户经理本身的见识和知识是分不开的。有多大见识和胆识,才有多大的知识,才有多大的格局。

顶尖的客户经理都是注重学习的高手,通过学习培养自己的能力,让学习成为自己的习惯,因为,成功本身是一种思考和行为习惯。

学习也要讲究方法,顶尖销售员都是有目的地学习。正确的学习方法分为四个步骤:

(1)初步了解。对银行产品都有个初步的了解,知道是怎么回事,能够说出个大概。

(2)开始使用。尽可能去使用大部分银行产品,产品不使用,你是不会深入掌握的。

(3)重复是学习之母。简单的业务重复去做,在做中尝试去掌握其精髓。

(4)融会贯通。各类银行产品不是孤立的,应当学会融会贯通,通过现金管理这个思路将所有的银行产品贯通起来。

6.高度的热忱和服务心。

顶尖的客户经理都把客户当成自己长期的终身朋友。关心客户的需求,表现为随时随地地关心他们,给他们提供最好的服务和产品,和他们保持长久的联系。知识不但是力量,更是企业创造财富的核心能力。成功的销售人员能看到客户背后的客户。能看到今天不是自己的客户,但并不代表明天不是。始终保持高度的热忱和真诚的服务心。关心客户不仅仅是一种美德,而且是自身具有人格魅力的体现。不断给自己铺人脉的地基,地基要尽可能广、尽可能结实。

在今天的中国,成就一番事业,与其说是个人努力的结果,不如说是成功的人脉关系的产物。可能做人比做事更加重要。

7.具有良好的亲和力。

在中国,许多成功的销售都建立在友谊的基础上,建立在信任的基础上。愿意将你作为生意伙伴很重要。在很多银行经常出现,同样一个客户,有些客户经理就搞不定,而换一个客户经理就行的情况。

客户经理销售的第一产品是自己,如何获得良好的第一印象,至关重要。这时候,你的人格魅力、你的信心、你的微笑、你的热情都必须全部调动起来,利用最初的几秒钟尽可能地打动客户,这就需要客户经理具备良好的亲和力。能够见面就利用最短的时间,让客户接受你、认同你,愿意与你深交。

你个人人品先销售出去了,就等于打开了一条宽广的销售通道,其他各项银行产品自然可以源源不断地流向客户。个人先被退货了,销售的通道就被堵死了。

8.对结果负责,100%对自己负责。

成功的客户经理不断找方法突破,失败的客户经理不断找借口抱怨。客户经理要获得销售的成功,还得靠你自己。做事只有千方百计,没有千难万难,要为成功找方法,莫为失败找理由!在营销的过程中,难免会犯错,难免碰壁。犯错误不可怕,碰壁不丢人,可怕的是对犯错误感到恐惧,丢人的是畏首畏尾,不敢出去营销。答应等于完成,想到就要做到。一个勇于承担责任、办事雷厉风行的客户经理往往更容易被别人接受。

9.明确的目标和计划。

成功的客户经理头脑里有清晰的目标。成功的客户经理要提高自我期望,而目标使自我期望明确化。成功的客户经理要有长远目标、年度目标、季度目标、月目标,并且把明确目标细分成当日行动计划,根据事情的发展情况不断调整自己的目标,严格地按计划办事。比如要达成目标你每天要完成多少次拜访?你要完成多少存款额?你今天拜访了哪里?明天拜访路线是哪里?每天,心里都应该清清楚楚。

不要每天看似忙碌,但是又不知道在忙什么,庸庸碌碌的。

10.善用潜意识的力量。

人的意识分为表意识、潜意识和超意识。潜意识是表面的外在形象。成功的客户经理都是敢于坚持自己梦想的人。坚持梦想的方法就是不断地将具体的、可以激励自己的影像输入自己的视觉系统,用渴望成功的声音刺激自己的心灵,可以多看一些成功学、励志的书籍,可以看一些成功者的传记,可以听一些销售与成功的讲座。

（二）如何将自己训练成优秀的小微金融客户经理

1. 客户经理成长必经三个阶段。

一名客户经理在成长过程中大致都要经过三个阶段。

一是迷茫阶段。一个新人刚做客户经理，都会觉得一阵迷茫，去哪里找客户，怎么拉存款。这时候，需要你咬牙挺住，勇敢地走出门去，去拜访客户，练习胆量。

二是成长阶段。积累了少量客户，工作有所进展，但距离自己的理想尚有巨大差距。这个阶段最重要的仍然是坚持，要能吃苦，咬牙挺住。出去跑客户，学习业务，提高技能。

三是成熟阶段。具备了驾驭谈话的心理素质，熟悉银行产品，各种客户源源不绝，业务驾轻就熟。

2. 明确自己的方向和目标。

目标是一个人努力的动力之源，要做一个优秀的小微金融客户经理，就必须树立自己的目标。这个目标大致包括三方面内容。

一是能真正担当客户的财务顾问。通过"诊断"企业基本情况，合理组合银行的产品，解决企业现在存在的问题，在满足客户需要的同时，实现银行获取存款、安全发放贷款等经营目标。

二是成为银行和客户利益双重代理人。在银企合作过程中，客户经理是双重代言人。对客户而言，是银行利益代言人，为银行各种服务产品做营销；对于银行而言，又是客户利益代言人，阐述客户各种需求，使其在最优惠的条件下得到满足，代理客户去争取合理利益。客户经理承担的责任就是制造双赢，既能促进银行业务良性运行，保证本行的利润；也为企业注入资金和活力，促进其发展。

三是将自己训练成营销能手。小微金融客户经理必须能够有效地将银行产品销售出去，包括授信产品、理财产品、结算产品、存款产品等。对于授信产品，小微金融客户经理必须非常精通，即使银行培训不够，也一定要坚持自学。

3. 养成好的心态和坚韧的性格。

行为是思想的反应，心态决定命运。抱有正确的价值观，客户经理必然是积极向上、热情饱满，能让人感到精神振奋的。为此，小微金融客户经理必须视野开阔，眼光长远，这样做事才能足够大气，才能做大事；要充满激情、努力工作，相信世界是靠自己打拼出来的，一切皆有可能，梦想必可成真。

只有执着、专注才能专业。客户经理应当专注某个确定的行业，进行重点拓展，认真研究行业规律，积累行业营销经验，成为行业专家。朝着一个方向努力，才能"绳锯材断，水滴石穿"。

4. 苦练营销基本功。

小微金融客户经理的基本功,可以形象地概括为"铜头、铁嘴、茶壶肚"。

"铜头",即客户经理胆子要大,见客户的时候要有胆量,不怵头,不怕被拒绝。当然,客户经理在面见客户前一定要充分准备,吃透你的客户。了解客户和客户所在的行业越充分,双方有较多的共同语言,你越能为客户做点什么,就越不会被轻易拒绝。

"铁嘴",即客户经理和客户打交道要有礼有节。不因为对方是黄金客户就一味迎合,对客户的不当要求要坚决拒绝,在谈判中为银行的利益据理力争。这样客户反倒会被你的敬业精神所感动。

"茶壶肚",即客户经理心胸要开阔。和客户打交道受委屈是难免的,笑一笑就过去了,不可将情绪带到工作中。

5. 不断提高业务技能。

与客户关系再熟悉,不如帮助客户解决一个问题。小微金融客户经理和客户首先是"商业伙伴",其次才是"江湖兄弟"。吸引、巩固客户的根本出路在于为客户提供的产品和增值服务。

首先,应当腾出一些时间,给自己充电,学习银行专业知识,学习技能,以便精通银行产品。具备较强的客户顾问能力,才有能力帮助客户解决问题。

其次,要有清醒的头脑、灵敏的嗅觉,及时通过网络、媒体等媒介,了解国家产业、行业、产品政策、地方政府经济发展动态,分析客户经营环境,了解客户资金运作规律,了解客户做生意的门道,真正成为客户生意上的帮手。

再次,还要训练自己的产品组合设计能力。熟练掌握各项银行产品的组合,能够根据客户的需求、银行的资源状况,进行产品和服务组合设计,为客户制订个性化金融产品服务方案。

6. 懂用情、善沟通。

首先,客户经理必须保证一个干净、整洁、良好的形象,具备优雅的举止,谈吐得体,气质成熟,有较深厚的内涵。

其次,性格开朗、大方又不失稳健、持重,非常容易接近,这样才会结交较多的朋友,很快打开自己的社交圈。

第三,针对不同客户,采取不同的工作方式,努力为客户提供最优质的金融服务。如当客户过生日时送去鲜花,在客户烦恼时发去短信趣言,当客户不幸躺在病床上时,为其提供细致的金融服务。

第四,客户经理应在与本行各部门保持密切协调关系的同时,及时反馈金融产品和与之相配套服务的实施情况,遇到与银行其他部门的协作问题时,应该主动进行协调。

第五,训练自己的沟通、组织协调能力。包括:事前明确沟通目的,尽可能多地收集关于沟通对象的有用信息,分析自己和对方的优势和劣势各是什么,如何扬长避短,沟通中可能出现的各种情况及对策等;在沟通过程中确认对方的需求并及时主动地确认这一需求,阐述自己的观点,针对确认的需求提出相应的建议及方案;对于沟通中的异议,切忌针锋相对,而要仔细分析原因,进一步沟通,有效协调,直至达成双方均满意的结果。

7.训练较强的心理素质。

一是能够百折不挠、愈挫愈勇。营销是一个反复周折的过程,小微金融客户经理必须摸清本行信贷取向、风险偏好等,尽可能提高成功率。

二是保持"不以物喜,不以己悲"的平和心态。对于日常工作中遇到的失败、挫折,应当怀有一颗平和的心。谋事要奋不顾身,百折不挠;成事不妨看破红尘,万事随缘。

8.在学习、实践中锻炼提高。

首先养成终身学习的良好习惯。应根据小微金融客户经理的职业岗位要求,不断充实法律、金融、银行产品、市场营销、财务会计、管理等知识,并广泛涉猎社会时事,掌握相关法规政策,虚心向富有丰富工作经验的领导、同事讨教。

其次,迅速熟悉和掌握本行的企业文化和信贷产品。要通过学习银行的领导讲话及相关规则、制度等,熟悉银行组织文化,融入这个集体,熟悉其价值观。同时要仔细研究分析本行的所有授信产品制度,并与其他银行的产品进行比较分析,以便尽快开展业务,提高营销的有效性。

再次,要在实践中锻炼提高。客户经理的相关专业技能都具有非常强的实践性,仅靠学习理论知识远远不够,必须走出去,主动接触客户,在工作中领悟、提高自己的相关专业技能。

第四,要在实践中勤于总结、勇于创新。小微金融客户经理要牢记"客户的需求就是客户经理的工作"这一思路,勇于创新,创造性地开展工作。银行各项产品是相互关联的,应当创新性地组合银行产品,形成对客户有价值的服务方案,以实现对客户的交叉销售,提高客户综合回报。

第五,找准方向,坚持不懈。小微金融客户经理就是一家银行最基层的经营单位,你要懂得指挥自己,就需要找准方向。要根据本行的市场定位,确定自己服务的客户;客户是什么行业,就要了解熟悉该行业的规则,把握这个行业的基础信息,从而找到适合的客户,积聚起较好的客户资源。坚持一个方向的结果就是你会把自己培养成特定行业的专家,这样你才会可能获得更多的客户,获得成功。

第二节　小微金融营销技巧

一、推销技巧

(一)四种推销模式

1.爱达模式。

爱达模式根据消费者购买心理将推销活动概括为四个步骤:引起消费者的注意、培育消费者的兴趣、激发消费者的购买欲望、促成消费者采取购买行动。

这种模式适用于店堂推销和对新的销售人员的培训以及易于携带的生活办公用品的推销,还适用于新推销人员面对陌生的消费者时的推销。

(1)引起消费者的注意。

爱达模式强调推销过程中最关键的就是充分引起消费者的注意,这个注意可以是有意的也可以是无意的。是否能吸引消费者的注意是决定能否成功的前提。

在初步面对消费者的时候,要从消费者感兴趣的问题入手,把消费者的注意力和兴趣转移到推销人员的产品上,将产品中对消费者有利的方面迅速全面地介绍给消费者,在这个过程中一定要让消费者得到切身的价值体会,让消费者感觉到他们的利益就是我们推销者的追求。这样是提高推销效率的有效方法,同时要保持友好、和谐的交谈氛围。见第一面就要给消费者留下深刻的印象,采用合适的推销技术,千万不能以不变应万变。

(2)培育消费者的兴趣。

这个过程有两点工作,第一就是推销产品,第二就是了解消费者的基本情况,根据消费者的基本情况向消费者推销。需要注意的是,在这个过程中一定要把握要点,不要盲目向消费者介绍他们不关心的内容。

(3)激发消费者的购买欲望。

这个过程就是运用推销技巧将消费者的购买欲望完全激发出来,让消费者感到通过购买这个产品能从中得到需求的满足,使消费者全面了解利益所在。

(4)促成消费者采取购买行动。

这是全部推销过程与努力的目的所在,在这个时候就要做好说服工作,争取消费者能在这次购买活动中将购买意愿转化为购买行动,如果实在不行,也要给消费者留下一个深刻印象。让消费者在下次想要购买时就会想到你这里。

但是,爱达模式针对性欠缺,对于复杂产品的销售借鉴性不够。

2.迪伯达模式。

迪伯达模式包括六个步骤：准确发现消费者有哪些需要和愿望、把推销品与消费者的需求和愿望结合起来、证实推销品符合消费者的需要和愿望、促成消费者接受推销品、刺激消费者的购买欲望、促使消费者采取购买行为。

迪伯达模式的特点是紧紧抓住了消费者的需求，虽然比爱达模式复杂、步骤多，但是针对性强、推销效果好。更适用于推销生产资料产品和咨询、信息、劳务与人才中介、保险等无形产品，也更适用于有组织购买即单位购买者。

这个推销模式强调准确发现消费者的需求和愿望，这是开展整个推销活动的前提条件和准备。需求是消费者的购买行为和动力源，这个模式更加适用于现在的推销环境。一些金牌推销员往往就是在推销活动中能够准确地找到消费者的需求和愿望，并且能够发现消费者的潜在需求，并在推销过程中满足消费者的需求和愿望。

3.埃德帕模式。

埃德帕模式是迪伯达模式的简化形式，主要包括五个步骤：

第一步：把推销的产品与愿望联系起来。

第二步：向消费者示范合适的产品。

第三步：淘汰不宜推销的产品。

第四步：证实消费者已做出正确的选择。

第五步：顾客接受推销品，做出购买决定。

这个模式适用于向零售商推销，零售商接待的消费者大多数都是主动来购买商品的，而且或多或少都知道他们需要购买什么产品。

主动上门的消费者都带有明显的目的性，这要求销售人员在接待消费者时要摸清消费者的需求，向他们推销时要尽量推荐消费者真正需要的产品。在这个推荐过程中，首先要淘汰一些不适合消费者需求的产品，推销的产品过多不利于消费者的挑选，这样反而会导致交易的失败。在消费者选择了产品之后就要证实消费者选择的正确性，说明产品的特性能够满足消费者的要求。最后就是促使消费者接受推荐品，促使消费者做出购买决定。

4.费比模式。

费比模式包括四步：

第一步：把产品的特征详细介绍给消费者。

第二步：充分分析产品优点。

第三步：阐述产品给消费者带来的利益。

第四步：以"证据"说服消费者购买。

这个模式的突出优点是逻辑性强，环环紧扣消费者的心理活动过程，让消费者从介绍中了解产品的特性、认识产品的优点，再从付出与收获中感受可能得到的利益,最后证实特征、优点和利益都是实实在在的。这个模式适用于家电一类的耐用品的推销工作。

这个模式要求推销人员能够准确、简明地向消费者介绍产品的性能、用途、功能等特征,推销人员必须对产品的核心产品、形式产品、附加产品以及生产流程工艺都要有详细的了解,并将这些资料要求能够准确传递给消费者。在这个基础上充分分析产品的优点,对消费者进行有针对性的讲解,充分展示产品的某些方面的优点,让顾客感受到购买产品的好处。

(二)针对不同类型客户推销的应对技巧

在第一节中,我们已经分析了十种典型的客户心理及应对技巧,下面将进一步对在推销中遇到的更多类型的客户的推销技巧做一简单分析。

1.优柔寡断的客户。

这种人遇事没有主见,往往消极被动,难以做出决定。面对这种客户销售人员要牢牢掌握主动权,充满自信地运用推销技巧,不断向他提出积极性的建议,多多运用肯定性用语,当然不能忘记强调你是从他的立场来考虑的直到促使他做出决定,或在不知不觉中替他做出决定。

2.忠厚老实的客户。

这种人你说什么,他都点头说好,甚至会加以附和。在你没开口之前,他会在心中设置拒绝的界限。虽然他仍然无法松懈自己,但是最后还是会购买。

和这样的客户打交道,最要紧的是让他点头说"好",在不知不觉中完成交易。

3.沉默寡言的客户。

这种人出言谨慎,一问三不知,反应冷漠,外表严肃。销售员除介绍商品之外还要亲切、诚恳,想办法拉拢感情,了解其工作、家庭、子女以及拉拉家常了解客户的真正需要。

不要强迫他说话,应该顺着他的性格,轻声说话,并且提一些容易回答的问题来问他。总之,一定要让他认为你所说的、所做的一切都是为了他。

一般来说,销售人员应该避免讲得太多,尽量使对方有讲话的机会和体验,要表现出诚实和稳重,特别要注意讲话的态度、方式和表情,争取良好的第一印象。

好好把握与这种人的关系,因为这种沉默寡言的客户反而会成为忠实的客户。

4.刻薄型的客户。

这种客户虽然令人伤脑筋,但不应该忘记他也有和别人一样的想要某种东西的愿望。这种客户往往由于难以证明自己,所以希望得到肯定的愿望尤其强烈,对这种客户还是可以对症下药的,关键是自己在这种客户面前不能卑下,必须在肯定自己高贵尊严的基础上给他以适当的肯定。

5.先入为主的客户。

这种客户作风比较干脆,在与你接触之前,他已经想好了问些什么,回答什么。事实上,这种类型的客户是容易成交的典型。虽然他一开始就持否定的态度,但是对交易而言,这种心理抗拒是微弱的,精彩的商品说明很容易奏效。

和他打交道,对于先前的抵抗语言,你不必理会,因为那并不是真心话。只要你以热忱的态度接近他,便很容易成交。

此外,你可以告诉他一个优惠价格,他一定会接受。开始时的否定态度正表明,只要条件允许,他一定有购买的意思。

6.顽固型的客户。

对于那些顽固的客户,则要装出一种漫不经心的样子,用漠不关心地谈论生意的口气与他们进行销售说明,谈论生意上的别的趣事。客户会被你的这种方式吸引,产生好奇感,这样你再说买你产品的人是有条件的,你的不关心说明客户不符合条件;往往客户为了表示自己符合条件,就会执着地买你的商品。

7.知识渊博的客户。

知识渊博的客户是最容易面对的,也是最容易让销售员受益的。面对这种客户,应该抓住机会多注意聆听对方讲话,这样可以吸收各种有用的知识及资料。销售员客气而小心聆听的同时,还应给予自然真诚的赞许。这种人往往宽宏、明智,要说服他们只要抓住要点,不需要讲太多的话,也不需要用太多的心思,仅此就很容易达成交易。

8.强烈好奇的客户。

这种类型的客户对购买根本不存在抗拒,不过他想了解商品的特性以及其他一切有关的情报。只要时间许可,他愿意听你的商品说明,态度认真有礼,只要你能引发他的购买动机,就很容易成交。

你必须主动热情地为他解说商品,使他乐于接受。同时,你还可以告诉他现在正在打折,所有商品都有特价优惠,这样他就会很高兴地掏钱购买了。

9.温和有礼的客户。

这种类型的客户拘谨而有礼貌,他不会对你有偏见,对你说的话他会认真地听。但你的态度如果过于强硬,他也不买账。他不喜欢别人奉承,因此还是要和他实在一点,诚心相待为上策。

对待这种客户,你一定要有"你一定会购买我的商品"的自信。你应该详细地向他说明商品的优点,而且要彬彬有礼,显示出自己的专业能力。

10.爱讨价还价的客户。

对这类客户有必要满足一下他的自尊心,在口头上可以做一点小小的妥协,比如可以这样对他说:"我可是从来没有以这么低的价钱卖过啊。"或者说:"没有办法啊,碰上你,只好最便宜卖了。"这样既会使他觉得比较便宜,又能证明他砍价的能力,他是乐于接受的。

11. 擅长交际的客户。

擅长交际的客户的长处在于热情及幽默。他们能迅速、容易地适应一个变化的局面。对待这样的客户要赞成其想法、意见,不要催促讨论;不要争论,协商细节;书面归纳双方商定的事情。在向他们推销的时候:计划要令人激动并关心他们;让他们有时间讲话,坦率地提出新话题;研究他们的目标与需求;用与他们目标有关的经历或例证来提出你的解决方法;书面确定细节,清楚而且直截了当。

12. 性子慢的客户。

对于这种客户,必须"因材施教"。千万不要和他争辩,同时尽量避免向他施加压力。

进行商品说明,态度要沉着,言辞要诚恳,而且要观察他的困扰,以一种朋友般的关怀对待他,等到他完全心平气和时,再以一般的方法与他商谈。如:"您的问题真是切中要害,我也有过这种想法,不过要很好地解决这个问题,我们还是得多多交换意见。"

13. 自以为是的客户。

这种客户表现欲极强。面对他的时候,你必须表现出卓越的专业知识,让他知道你是有备而来的。你可以在交谈中,模仿他的语气,或者附和他的看法,让他觉得受到重视。

之后,在他沾沾自喜的时候进行商品说明。不过不要说得太细,要稍作保留,让他产生困惑,然后告诉他:"先生,我想您对这件商品的优点已经有所了解,您需要多少呢?"应付这种客户,你还可以这样讲:"先生,我们的商品,并不是随便向什么人都推销的,您知道吗?"此时,不论你向客户说什么,客户都会开始对你产生兴趣的。

14. 颐指气使的客户。

颐指气使的人有直截了当和迅速完成任务的能力,并且固执,对别人冷淡而且漠不关心。销售员在和这种客户相处时要拥护其目标和目的;保持关心,井然有序;如果你不同意,要辩论事实,不要辩论个人好恶;为了影响决定,提供获得成功的各种可选择的行动及可能性;做到精确、有效,严格遵守时间,有条理。

在向他们推销的时候要有计划、有准备,要中肯;会谈时迅速点明主旨、击中要点,保持条理性;研究他们的目标和目的,想达到什么,目前情况如何变化;提出解决办法,要明确说明与其目标特别有关的结果与好处;要提供两三种方案供其选择;销售后,证实你的建议确实提供了预期的利润。

在对待他们的时候:触动——向他们提供选择自由,清楚说明达到他们目标的可能性;赞扬——赞扬他们的成绩;咨询——坚持事实,通过谈论期望的结果和谈论他们关心的事情,把他们的话引出来,要记住,他们重视任务的程度比重视关系的程度大得多。

15.侃侃而谈的客户。

侃侃而谈的客户热情,有与其他人建立有意义关系的能力。他们是极好的合作者,愿意服从。但他们过分注重关系,对其他人的情感和需要非常敏感。在推销过程中,要关注他们的情绪,表明个人兴趣,准确地阐明目的。以不经意的方式,显示你在"积极"倾听;向他们提供保证。

在向他们推销的时候:发展信任和友谊,不但研究技术和业务上的需要,而且研究他们在思想和感情上的需要;坚持定期保持联系。在对待他们的时候:触动——向他们说明如何有利于他们的关系和提高他们的地位;赞扬——赞扬别人对他们的看法,以及他们与人相处融洽的能力;咨询——用充分的时间了解他们的感情,可通过提问和倾听的技巧把他们的话引出来。例如:"我听您的意思是这样讲的……您是这个意思吗?"务必为他们创造一个不令人感到威胁的环境。

16.性急的客户。

一般来说,这种类型的人说话速度快,动作也比较敏捷。应对这种客户,首先要精神饱满,清楚、准确而有效地回答对方的问题,回答如果拖泥带水,这种人可能就会失去耐心,没听完就走。所以对这种类型的人,说话应简洁、抓住要点,避免扯一些闲话。

这种人还可能在盛怒之下,拂袖而去! 所以,销售员一定要尽力配合他,也就是说话的速度要快一点,处理事情的动作要利落一点。因为这种人下决定很快,所以销售员只要应和他,生意就很快做成了。

17.善变的客户。

这种客户容易见异思迁,容易决定也容易改变。在这类客户面前,要有足够的耐心,同时提出一些优惠条件供对方选择。对于产品的价格,这类客户总是认为,销售人员一定会报高价格,所以一再要求打折。销售人员不要轻易答应对方的要求,否则会进一步动摇其购买的欲望。

18.夸耀财富的客户。

对于这类客户,他既然爱炫耀,你就成全他、恭维他,表示想跟他交朋友。如果你觉得他手头当真没有钱,那么在接近成交阶段时,你可以这么问他:"你可以先付定金,余款改天付!"一来为了照顾他的面子,二来让他有周转的时间。

19.冷静思考的客户。

一般来说,这类人大多具有相当的学识,而且对商品也有基本的认识。和他打交道,最好的办法是你必须注意倾听他说的每一句话,而且铭记在心,然后从他的言辞中推断他心中的想法。

此外,你必须有礼貌地和他交谈,谦和而有分寸,别显得急不可耐。你可以和他聊一聊自己的背景,让他更了解你,以便解除他的戒备之心。你还要学会打破僵局的办法,并且自信地表现出自己是一个专业而优秀的销售员。

20.内向含蓄的客户。

对此类客户,销售人员必须从熟悉产品特点着手,谨慎地应用层层推进引导的办法,多方分析、比较、举证、提示,使客户全面了解利益所在,以期获得对方的理性支持。与这类客户打交道,销售建议只有经过对方理智的分析和思考,才有被客户接受的可能;反之,拿不出有力的事实依据和耐心的说服证明讲解,销售是不会成功的。

21.感情冲动的客户。

这种人天性激动,易受外界怂恿与刺激,很快就能做决定。销售员可以大力强调产品的特色与实惠,促使其快速决定。当客户不想购买时,须应付得体,以免影响其他的客户。

必要时提供有力的说明证据,强调给对方带来的利益与方便,支持推销建议,做出成交尝试,不给对方留下冲动的机会和变化的理由。

（三）一流推销员的必备素质

1.一流推销员的必备条件。

（1）受客户欢迎的人。

（2）诚心诚意地推销。

（3）有丰富市场资讯、商品知识的人。

（4）能尽己所能为客户服务。

（5）肯定行销工作的尊贵性,并且相信,为企业争取利润的最大功臣便是行销人员。企业之所以能永保命脉,是因为拥有一支强劲的行销尖兵队伍。

2.一流推销员必备的能力:

（1）期许自己成为一个市场专家。

（2）能充实各项对产品开发有助益的资讯。

（3）善于制订各种行销战略,以协助商品之贩卖。

（4）善于经营贩卖管道,并且有能力掌握厂商之间的商品情报交流。

（5）对自己的商品具有全盘知悉、掌握的能力及知识。

（6）对价格策略有独到的看法。

（7）良好的人际关系是销售员提高营业额的最大资源。

（8）一流的推销人员绝对有耐心倾听客户的满腹牢骚。

（9）具有敏锐的观察力去发掘客户真正的需求。

（10）时时保持谦虚的态度。彬彬有礼的销售员,永远受客户肯定。

(11)长袖善舞的销售员,永远不如知识丰富的销售员来得受人欢迎!

3.最受欢迎的推销员。

(1)开朗的笑容、积极乐观的态度,让客户也随之感染到他的快乐。

(2)从不强迫客户购买商品,从不带给客户压力。

(3)尊重客户。

(4)时时站在客户的立场,照顾客户的一切需要。

(5)永远以客户至上为第一原则。

(6)解决客户行销上的困扰。永远以迅速、明确的速度为其服务。

(7)满足客户的需要,解决客户的要求。

(8)拥有丰富的销售知识,且能掌握市场动向,为客户提供精确的市场分析及产品占有率分析。

(9)不仅争取契约的成交,更须真诚关心客户的生活。和客户不止限于生意上的往来,更能成为事业上的伙伴、生活中的朋友。

(10)能为客户提供长期优良的服务。

(11)让客户感受到你是真诚地喜欢他。

(12)一流的推销员拥有积极的行动力,能让客户感染到他的朝气与活力。

(13)绝大多数的推销员,都不是天生的推销员。但成熟的推销技巧、诚恳耐心的态度,只要客户喜欢你,你便可以成功。

4.客户不喜爱的推销员。

(1)态度傲慢,解说产品时口气自大且无视于他的专业态度。

(2)只顾着自己的推销工作,不断陈述自己个人的意见,而当客户陈述他的想法时,你却表现得满不在乎,也不耐心地倾听,最容易招致客户不满。

(3)客户都希望凭自己的喜好、意愿,自由地决定购买的物品。

(4)如果你毫不在意他的想法,甚至无理地强迫推销,反而易招致对方的反感。

(5)会迟到的推销员,最不易让客户感到信赖。

(6)不遵守契约约定的人,绝对很难再接到第二笔生意。

(7)只顾着签订契约完成交易,对于日后的售后服务却置之不理,最会引起客户反感。

(8)报喜不报忧,只为了交易成功而一再强调商品的好,却不愿提醒客户产品的瑕疵,日后一旦被发现,会遭到客户更大的抱怨和反弹。

(9)仪容不整、言辞粗俗的人,客户多半不愿与之谈生意。

(10)只知一味地推销产品,对市场知识却十分贫乏,一无所知,这样的销售员只会使得客户轻视他。

(11)无法承受拒绝的打击,很容易暴露个性上急躁的缺点的推销人员,很快便会被市场淘汰。

(12)每个客户都认为自己是独一无二的。如果你不了解这种心理,只是沿用古老传统的推销伎俩,很难维护客户的心!

二、电话销售技巧

(一)电话销售理念

1.探寻客户需求是电话推销的核心之一。

客户需求是销售的一个核心。在没有完全、清楚地识别及证实客户的明确需求之前,请不要推荐你的产品。因为探寻客户需求是所有的销售阶段中最重要的一环。

完全清楚地识别及证实客户的需求,主要有以下三个含义。

(1)完全:是指我们对客户的需求要有全面的理解。

(2)清楚:也就是让我们找到客户需求产生的原因,而这个原因其实也是需求背后的需求,是真正驱动客户采取措施的动因。

(3)证实:电话销售人员所理解的客户的需求应该是最后经过客户认可的,也就是真实的,而不是他或她自己猜测的。

2.根据客户需求有的放矢。

探寻客户需求是为了对客户需求有更清楚的了解,而有针对性推销公司的产品就是推销的直接目的。为了达成根据客户需求有针对性地推销产品的直接目的,我们要掌握 USP 和 UBV 两个重要概念。

(1)USP:是指独特的、独有的销售点(Unique Sell Point),在探查客户需求时,我们要尽可能地把客户的需求引向自己的 USP,这样,客户在做决策时,才会对我们有利。以推销信贷为例,假如银行的信贷产品申请手续简便、审批速度快,而顾客也希望贷款手续能够简单便捷,那这一点就会是我们的 USP。

(2)UBV:是指独有的商业价值(Unique Business Value),客户往往关注的只是这个 USP 所能给客户带来的价值和利益是什么。请记住,只有被客户认同的 USP 所带来的商业价值才是 UBV。所以每一个销售人员应该明白,在销售过程中能促使客户下决定的不是 USP,而是 UBV。

一般来讲,我们只要掌握了 USP 和 UBV 这两个重要的概念,并应用到我们的推销过程中,能够有意识地根据需求有针对性地推销产品,就能达成推销的直接目的。

(二)电话销售技巧

1.电话推荐产品三部曲。

如果认为电话销售产品的时机到了,就应该遵循下面所述的 3 个步骤推荐产品。

第一步：电话表示了解客户的需求。例如运用客户的话开场："刚才您告诉我，从这些情况来看，下面的方案对您是最适合不过的了。我给您做个介绍，好不好？"

第二步：将需求与特点、利益相结合。根据客户需求，电话陈述与客户需求有关的价值特点以及这些特点是如何满足客户需求的。

推销员经常用到的一个模式是 FAB(Feature—Advantage—Benefit)法。也就是：介绍"特点—优点—利益"法。

（1）特点。是指介绍你的产品或服务本身所具有的特性、特点。

（2）优点。是指介绍你的产品或服务可以实现的功能或者优点，也就是某个产品所具有的特点以及可以帮助客户做些什么。

（3）利益。是指要说明和陈述你的产品或服务本身具有的优点可以满足客户的某种需求，因而能为企业带来的直接利益。

第三步：注意确认客户是否认同。当推销员做了最好的利益陈述后，应该注意及时确认客户是否认同："您觉得这个产品如何？""它符合您的要求吗？"当销售人员提出上述的确认问话后，就应该观察客户可能会有的反应：能够接受你的建议，那当然再好不过了，你可以直接进入达成协议阶段。

2.电话销售态度。

完美的态度是电话销售成功的第一步。据统计，推销员88％以上的推销活动是通过打电话完成的，所以如何成功地利用电话推销，是推销员能否成功的基本功。而完美的态度是电话销售成功的第一步。

（1）完善你的声音。

电话行销的成功主要是依赖声音来完成的。心理学家通过观察发现，在人与人的信息交流过程中，声音和声音传达的文字信息影响比例占到了整个信息传播的45％。

（2）克服"电话恐惧症"，积极地接电话。

在你拨打电话给一个不认识的人推销你的商品时，如果你感到害怕，这个电话就不可能成功。因此学习电话技巧克服恐惧，是你责无旁贷的事。对推销员而言，要尽可能克服不想接电话的畏惧感，要不怕失败。积极地接听电话，就是医治"电话恐惧症"的最佳良药。

（3）有效接听电话三技巧。

接听电话的确是有技巧的：

接电话的姿势要正确。坐在椅子的前半部分，这样可以迫使你姿势端正，也可使你的声音更有力、更清晰。左手拿听筒，右手准备备忘录。如此一来，电话交谈的内容就能够自然而然地被记录下来。

电话旁一定要先备妥备忘录。不管是打电话还是接听电话，牢记"5W1H"的技巧。"5W"即 When（什么时候），Who（对象是谁），Where（在什么地方），What（什么事情），Why（为什么）。"1H"即 How（如何进行）。

重复客户所传达的具体信息。你要记住尽可能归纳顾客的电话要点或用自己的话进行复述。这样你可以取得两个方面的成效：一是能确定了解的情况是正确的；二是能让顾客同意你的意见（"你说得对"）。这样，你就下意识地冲破沟通障碍，增大了销售的可能性。

掌握电话开场白的几个关键点。开场白或者问候是电话销售人员与客户通话时在前 30 秒钟要说的话，也就是要说的第一句话，这可以说是客户对电话销售人员的第一印象。所以，一个好的电话沟通，往往开始于一个好的电话开场白。好的电话开场白一般应该注意以下几点。

一是选择给客户留下深刻印象的开场白、问候语。别再以"我可以打扰你几分钟吗"作为开头，因为它已使用过滥。一开始先要报上你的姓名，然后再问："现在是不是不方便？"事实上，任何时候接到推销电话都是不方便的时间，但是很少有人真的会这么回应。他们反而会问你为什么打电话来，这就暗示你可以继续说话了。

二是注意开场白的 5 个基本要素。开场白要达到的主要目的就是引起对方的注意及兴趣，以使对方乐于与电话销售人员在电话中继续交流。一般来讲开场白包括以下 5 个要素：问候或自我介绍；相关人或物的说明；介绍打电话的目的，陈述价值，吸引对方；确认本次给对方打电话的时间是否可行、可选；转向探寻客户的进一步需求（或以问题结束开场白，等待对方的回答）。

陈述价值并不是一件容易的事情，打电话之前电话销售人员一定要做足功夫：不仅要对自己所销售的产品或服务的普遍价值有深入的研究，还要对客户有深入了解和研究，要知道自己所销售的产品或服务对客户的价值表现在哪里。因为同一产品和服务对不同的人，价值体现是不同的。所以，在开场白中陈述哪些价值就显得很重要。

三是设置礼貌而有吸引力的问候语。当电话销售人员接听电话的时候，应该以积极的、开朗的语气，微笑着表达自己的问候。在问候结束后，电话销售人员可稍微停顿一下，等客户开口，或者看看客户的反应。当拿起电话的时候，千万要避免"喂，你找谁？"或者"什么事情？"或者"怎么样？"或者仅是简单地拿起话筒"嗯"，这样的做法会降低电话销售人员在客户心中的专业程度。

（三）电话销售过程注意事项

1.直接、诚实。

如果你真的在进行电话销售，就千万不要说"我不是要推销产品"或者"我在进行一项调查"。人都是喜欢或相信诚实的，因此要采取比较诚实而幽默的方式。例如:"这是一个推销电话,我想你不会挂电话吧。"根据人们的经验,此时十人中只有一个人挂断电话。

2. 说明你的优势。

远离无意义的宣言,像"我们的产品及服务就是要让你成功"等客套话。你应该说明你的产品如何能帮助顾客解决问题,如此他才会买你的东西。你的说明必须涵盖该产品所能解决的2—3个问题。

3. 找出客户的关键问题。

一旦客户指出他们的首要问题,你就要立刻去了解这个问题。只有当你彻底了解对方的特殊问题时,你才有可能为他提供解决方案。

4. 确保面对面接触的机会。

你可以争取与对方见面的机会,可以这么说:"王小姐,如果解决这个问题这么重要的话,我们是否下个星期约个时间见面,我再仔细地向你说明。"当对方决定与你见面时,电话销售就算完成。平均来说这样一通销售电话,不到5分钟就可完成。

(四)电话销售声音的控制

《吕氏春秋》云:"故闻其声而知其风,察其风而知其志,观其志而知其德。"意思是说:听一个人说话的声音就能知道这个人的风度,观察这个人的风度就可以明白他的志趣,而清楚他的志趣后就能知晓他的德行与品行了。

电话销售就是一种声音与语音的艺术。电话销售人员只能靠"听觉"去"看到"准客户的所有反应,并判断营销方向是否正确;同样地,准客户在电话中也无法"看到"电话销售人员的肢体语言、面部表情,准客户只能借着他所听到的声音及其所传递的讯息来判断自己是否喜欢这个电话销售人员,是否可以信赖这个人,并决定是否继续这个通话。

所以电话销售人员的声音非常重要。通常考察电话销售人员的声音及语言感染力有十二个方面。

1. 语速。

不要太快或太慢。电话销售是一种快节奏的工作,大多数电话销售人员说话的速度都偏快。语速太快容易造成客户听不清楚。电话销售人员最好具备可以控制语速的能力,一般情况下,语速保持在120—140字/分钟比较合适。当然,如果能够根据客户的语速而调整自己的语速,这样效果更好。

2. 清晰度。

电话销售人员发音要标准、吐词要清晰,能够让客户在电话中很容易听清楚自己说的话。表达清晰对于一名电话销售人来说是一项最基本的要求。

3. 语气。

语气是电话销售人员内心态度的晴雨表。电话销售人员的语气要求是:平和中有激情、耐心中有爱心,杜绝产生不耐烦的语气。经常会遇到这类客户,给他讲第一次,没有听清楚,讲第二次也没有听清楚,到讲第三次时还不清楚,这时电话销售人员解释一次,语气可以,解释第二次,也可以,解释第三次时就明显可以听出不耐烦的语气,这时心里肯定这么想:"你怎么这么笨呀,都跟你讲三遍了,你还不清楚。"这种语气一流露,结果就把客户给吓跑了。

4.音调。

音调不要怪腔怪调,要自然,一定要做到抑扬顿挫,音调要有高、中、低之分,富于变化,不要太机械化。有些电话销售人员老是用一种音调跟所有客户讲话,好像是录音机播放的一样,缺少变化,因而自己的语言也就缺少生气。电话销售是一门声音的艺术,电话销售人员必须下点功夫好好修炼一下自己的说话音调。

5.节奏。

就是恰到好处的停顿,这样就可以有时间来感知谈话进行的感觉,也让客户有机会参与到谈话中来。大多数电话销售人员都会犯一个毛病:只顾自己说,说完了就挂机。高明的电话销售人员可以做到,根据客户的语言节奏来决定自己的节奏,从而使整个谈话非常投机、默契。停顿的频率一般是每说两句话就停顿一两秒钟较好。

某销售员口齿伶俐、能说会辩,大家公认她的口才好,可是业绩总是不理想,她自己也很苦恼,不知道问题出在哪里。后来,有经验的人给她提了个建议,这个建议只有两个字:"闭嘴。"虽然很难听,但对她的心灵冲击力很大,后来,每当她想滔滔不绝地发表"演讲"时,都会强行克制自己,因此也就陆陆续续出了一些业绩。

6.音量

音量就是声音的大小,音量不宜过大,要适中,电话销售人员都在室内工作,如果音量过大,难免会影响周围同事的工作,所以如果遇到客户说无法听清楚时,我们尽量另约时间联系。同时音量的高低能够反映一名电话销售人员的素养,音量过高容易给人一种缺少涵养的感觉,音量过低又会给人一种自信不足的印象。

7.热情度。

成功学大师拿破仑·希尔花了25年的时间,分析和研究了全世界500名各行业顶尖的成功人士的成功原因,最后归纳出17条成功定律,其中热情排在最前面,可见保持热情的重要性。热情是由内而外的自然流露,只有那些从心里热爱自己工作的人,心中才会有一团火焰,这团熊熊燃烧的火焰使充满热情的人魅力四射,从而具有非凡的影响力。

作为电话销售人员,如果没有一种发自内心的对自己工作的热爱,说话时声音有气无力,即使学了一大堆的技巧和方法也是没有用的。

8. 带笑的声音。

人们常说"伸手不打笑脸人""相逢一笑泯恩仇",可见,这一笑威力有多大。可是,上面两种情境是面对面才发生的,在电话里,对方看不到电话销售人员的笑脸,怎么办? 这要求电话销售人员在给客户打电话时一定要笑出声来,否则就像在黑暗中给绝世佳人暗送秋波一样,自作多情,徒劳无益。

要让客户听到电话销售人员的笑声,因为带有微笑的声音是非常甜美动听的,也是极具感染力的。这是一个很有效果的电话销售技巧,因为人是追求美和快乐的,笑声则传达了一名电话销售人员的快乐,电话那端的客户当然愿意和一个快乐的人交谈。

9. 自信。

一个人只有自己喜欢自己,别人才可能喜欢你;一个人只有自己对自己有信心,别人才会对你有信心。这样说,好像有点孤芳自赏、自欺欺人的嫌疑,然而,这的确是一个不为大多数人所知的人性奥秘。

10. 专业。

俗话说:"行家一出手,就知有没有。"一名电话销售人员是否对自己公司的产品熟悉,语言是否专业,发音是否专业,处理问题是否专业等都将给客户留下深刻的印象。

当代社会分工越来越细,专业才会越来越吃香,也越来越有竞争力。从事电话销售工作的从业人员,其实电话销售高手与一般的电话销售人员,90%的工作都差不多,之所以最后在业绩上产生巨大差距,往往是因为剩下的10%的工作不一样。

11. 简洁。

林肯还没当总统之前,有一次被邀请到一个学术会议上发表讲话,可是在他面前安排了另外两个教授先讲,这两个教授的讲话空洞无物,又特别冗长,用中国的一句歇后语来形容就是"王婆娘的裹脚带——又臭又长",等他们讲完,台下的与会者已经被折磨得疲惫不堪。终于等到林肯上讲台,他望了一下台下,用力敲了敲桌子,然后提高嗓门,说了一句话:"绅士的演讲,应该要像女士的超短裙一样——越短越好。我的演讲完了。"台下顿时爆发了雷鸣般的掌声。

这一句话堪称古今中外演讲历史上的典范,任何时候都令人深思。简洁其实就是一种力量,特别在当今这个讲究效率和速度的年代,每个人都很忙,接听我们电话的人都希望在最短的时间里明白我们在表达什么。另一方面,对于电话销售人员来说,如果其所在公司有规定每个电话销售人员每天要完成100个电话的话,那么,这时的语言表达就必须简洁。

做到这一点有一个小窍门,那就是每次打电话之前,将自己要表达的核心内容写一个提纲,在打电话时就会胸有成竹、简单明了;如果没有这个提纲,想起什么说什么,就会让对方觉得你的思路不清,说话啰嗦,拒绝就是必然的了。

12.在语言中注入情感。

同样一句话,用不同的情感来表达,效果是不一样的。作为一名电话销售人员,如果不用心投入自己的工作,不用心关怀自己的客户,所有的方法都不会有用。电话销售人员中确有不少人舍本求末,一味地钻研电话销售的方法和技巧,却忘了个人综合素质的修炼。一个急功近利、粗俗无礼的人,方法用得再熟练,最终也只不过是一个扶不起的"阿斗"。只有发自内心地喜欢自己的工作、自己的客户,电话销售人员说出来的每一句话才能饱含感情、富有生命力,也只有这种有生命力、有感情的语言才能从内心深处感动客户。相比较之下,这时,那些方法和技巧就不那么重要了。

【本章小结】

本章讲述小微金融营销心理和技巧。首先介绍了客户的心理类型及应对策略,进而讨论了客户经理应该具备的心理素质以及如何加强客户经理心理素质的一些常用办法。其次介绍了小微金融营销应该具备的营销技巧,在推销技巧中介绍了四种推销模式,并做了比较。最后在电话营销中介绍了电话营销的理念、电话营销的技巧等内容、注意事项和电话营销中的声音控制。

第十一章
小微金融从业人员素质要求

资料导入

　　某外国公司总经理史密斯先生在得知与新星贸易公司的合作很顺利时,便决定携带夫人一同前来中方公司做进一步的考察和观光,小李陪同新星贸易公司的张经理前去迎接,在机场出口见面时,经小李介绍后张经理热情地与外方公司经理及其夫人握手问好。

　　问:

　　1.小李如何做自我介绍?

　　2.小李为他人做介绍的次序。

　　3.张经理的握手次序。

　　答:

　　1.小李应先自我介绍:尊敬的史密斯先生、夫人,您好! 我是新星贸易公司的小李(可直接说出自己的职务和姓名)。

　　2.小李为他人做介绍的顺序:因为是商务交往,所以要遵循以下顺序:(1)先将张经理介绍给史密斯先生、夫人。(2)再将史密斯先生介绍给张经理。(3)再将史密斯夫人介绍给张经理。如果是社交活动,介绍史密斯夫妇时可先介绍女士。

　　3.张经理握手的次序:同介绍的顺序。介绍到谁与谁握手。

第一节　合规要求与道德规范

一、银行从业人员职业道德规范

职业道德是指人们在所从事一定职业过程中的行为规范的总和,其核心是"忠于职守"。职业道德是反映社会对某一具体职业活动的特定要求,体现了从事一定职业活动的人们的自律意识。职业道德具有调节从业人员与其服务对象之间的相互关系、职业内部从业人员之间的相互关系及提高从业人员整体道德素养的功能。一个人的职业能否顺利,是否成功,既取决于个人专业知识和技能,也取决于个人的职业道德素质。

金融职业道德是指金融系统员工在从事业务经营过程中的行为规范的总和。金融是国民经济活动的核心,金融风险直接影响到国民经济健康、快速、持续、稳定的发展,决定了必然要在道德上有自己的特殊要求。2011 年,中国银监会再次根据《公民道德建设实施纲要》和有关廉政准则,紧密结合银行业工作特点和规律颁布了《银行业金融机构从业人员职业操守指引》(以下简称《操守指引》)。

《操守指引》紧扣从业人员履职行为,对银行业金融机构从业人员的职业操守提出全国统一的标准要求。共 21 条,2000 余字。分别从银行业从业人员正确处理与国家、单位、同业、客户、社会的关系的角度,提出了相应的职业操守要求;对从业人员规避利益冲突、抵制商业贿赂和黄赌毒等不良行为及违法犯罪行为提出了要求;对从业人员买卖股票提出了限制性要求。并对银行业金融机构董(理)事、监事和高级管理人员的职业操守提出 6 项要求。《操守指引》还明确要求银行业各金融机构,结合本单位的实际情况,制定本单位员工具体行为规范。

二、银行从业人员职业道德七项基本原则

综合中国银监会的《操守指引》和各银行颁布的《××银行员工执业行为规范》,银行员工必须遵守下述七条基本原则:

1.守法诚信。包括:学法、懂法、守法,保守国家秘密和商业秘密,尊重和保护知识产权,自觉维护国家利益和金融安全;依法、客观、真实反映银行业金融机构业务信息。

2.专业胜任,合规操作。从业人员应当具备岗位任职资格或能力,熟练掌握业务技能,自觉遵守行业自律制度和本单位规章制度,合规操作;对已发生的违法违规行为或尚未发生但存在潜在风险隐患的行为,应当按照相关报告制度规定,及时报告。

3.公平竞争。从业人员应当遵循公平竞争、客户自愿原则,不得从事违规揽存、低价倾销、贬低同业、虚假宣传等不正当竞争行为。

4.勤勉尽责,服务客户,奉献社会。包括:从业人员应当尊重客户,了解客户要求,依法保护客户权益和客户信息;应当对客户如实详细提示产品的特点和风险,不得采取隐瞒或误导等不正当手段,损害客户权益;执行首问负责制,诚待客户,语言文明,举止大方,提供优质服务;从业人员不得因国籍、地区、肤色、民族、性别、年龄、宗教信仰、健康情况或其他因素等差异而歧视客户;关爱社会,积极参与公益活动,履行社会责任,发扬勤俭节约的优良传统,珍惜资源,抵制铺张浪费。

5.秉公办事,廉洁从业,不谋取非法利益。包括:遵守国家和本单位防止利益冲突的规定,在办理授信、资信调查、融资等业务涉及本人、亲属或其他利益相关人时,主动汇报和提请工作回避;未经批准不得在其他经济组织兼职;有效识别现实或潜在的利益冲突,并及时向有关部门报告;遵守有关法律法规和本单位有关进行证券投资和其他投资的规定,不得利用内幕信息买卖资本市场产品;不得挪用本单位资金和客户资金或利用本人消费贷款买卖资本市场产品;遵守禁止内幕交易的规定,不得利用内幕信息为自己或他人谋取利益,不得将内幕信息以明示或暗示的形式告知他人;在社会交往和商业活动中,自觉抵制商业贿赂及不正当交易行为。

6.防范违法犯罪。包括:拒绝洗钱,及时报告大额交易和可疑交易,履行反洗钱义务;自觉抵制并积极向有关部门举报商业欺诈、非法集资、高利贷和黄赌毒活动。

7.不断学习。应当树立终身学习理念,与时俱进,追求新知,提升素质,完善技能。

除此之外,董(理)事会成员、监事会成员和高级管理人员还应当遵守有关管理方面的八条职业操守。

三、合规是银行从业人员的底线和最基本要求

(一)充分认识合规的重要意义

"合规"是指使商业银行的所有活动与相关的法律法规、监管制度、行业规则、自律性组织制定的有关准则以及银行自身业务活动的规章制度和行为准则相一致。

银行作为高风险行业,确保运营安全是前提,增强风险意识是基础,落实规章制度是关键,加强监督检查是措施,归根到底是合规经营。合规经营是银行生存与发展的根基,是银行稳健运行的内在要求,也是防范金融案件的基本前提,是规范操作行为,遏制违规违纪问题和防范案件发生,全面防范风险,提升经营管理水平的需要。中国银监会近期发布了《商业银行合规风险管理指引》,使合规风险管理

已经覆盖了我国传统的法律风险管理,并发展到覆盖监管规则、行业自律规则和金融机构内部道德行为准则等更加广泛的范围。

银行是经营风险的特殊行业,风险防范的内容、范围在向全方位、全过程延伸,覆盖了整个经营活动的每一个环节、每一项业务、每一个岗位和每一位员工,风险无处不在,因此,防范风险也将无处不在。合规涉及银行各条线、各部门,覆盖银行业务的每一个环节,渗透到银行每一个员工。是每一个员工必须履行的职责,同时也是保障自己切身利益的有力武器。因而,作为银行从业人员必须不断增强"合规人人有责""合规创造价值"的观念,把"遵章守纪"作为一种自觉行动,立足本职岗位,学"规"、守"规"、倡"规",才能在提高自我保护能力的同时,确保银行运营安全。

(二)银行从业人员要不断强化合规意识

银行从业人员要增强主动合规意识,将合规的观念和意识渗透到自己的血液中,渗透到每个业务操作环节中,自觉在所有业务过程中遵循法律、规则和标准。

一是强化法纪意识。要主动学法、懂法,增强防范意识、法律意识,将法纪规范熔铸在自己的思想和行动中。

二是强化自觉合规办事意识。要认真执行各项规章制度,处理业务严格按规操作,坚决剔除凭感觉办事、凭经验办事、凭习惯办事的陋习,由"要我执行制度"转变为"我要执行制度"。

三是树立责任意识,提高自身修养。合规不是一日之功,违规却可能是一念之差。每个员工都要从保护自己、保护家人的立场出发,树立正确的人生观和价值观,不断加强自身修养,学会心理调控,不盲目与人攀比,防微杜渐,面对各种诱惑保持高度的警觉性;正确处理好群体与个体、个体与社会、个体与个体利益得失的矛盾。

四是正确处理好合规与效率、合规与业务发展的关系。要认识到效率的提高、业务的发展都要以合规为前提,效率的提高是通过提升素质、强化训练来实现的,而不是自作主张删减必要环节"钻制度空子"打擦边球搞违章、违纪来获取;业务的发展是通过改进服务、提高营销能力和为客户解决问题的实力来实现的,而不是任意放松条件、降低门槛违反规章制度来迎合客户,要在合规创造价值上寻求竞争优势。

(三)银行从业人员必须学"规"、守"规"、倡"规"

首先,学"规"。一是要注重合规文化学习,牢固树立"合规创造价值,安全就是效益"的理念,认真学习掌握与商业银行经营管理,特别是与自己岗位职责、业务相关的法律法规和制度,包括员工行为守则、岗位业务操作流程等,懂得从业人员在反贿赂、反洗钱、反恐融资、保护信息安全、避免内幕交易、避免利益冲突、尊重知识产权等方面的相关规定。明白应该做什么、怎么做、做到什么程度、不应该做什么和为什么不应该做,清楚违章、违纪、违法所产生的危害程度以及将要受到什么样的惩处后果,真正学会、弄懂、理解、掌握好各项规章制度。进而牢固树立思想道德防线,增强自控能力;牢固树立制度纪律防线,增强遵章守纪能力;牢固树立业务风险防线,增强识别风险能力。

二是要精通业务,明晰自己的岗位职责,熟悉操作流程和规范,增强制度执行的责任心。

三是善于总结分析,不断提高风险防范能力。要通过学习、培训和实践探索,及时总结自己在工作上有哪些方面还存在薄弱环节,如何改进,如何提高自己的反假识别技能等。

其次,守"规"。就是在办理一切业务、处理所有事项,包括产品开发、营销、市场推广、信贷投放、服务收费、客户投诉及账户操作、资金操作、额度管理、风险管理、后勤外包等领域时,都以合规为准则,不唯上,不唯情,坚持按章办事、规范操作,杜绝有章不循、违规操作行为。

一是坚持流程。流程是解决合规经营、防范资金风险的最有效方法,实践证明,人制代替流程制往往隐藏着较大的道德风险隐患,流程制的监督保障能够为稳健经营提供强有力的督查制约。

二是注重业务操作的全过程。在受理业务时,对业务的合理性、真实性、手续的完整性和业务办理的准确规范性要认真审核,要多长一双眼睛,发现问题及时堵塞和纠改。加强对重点产品、重点客户、重要环节的审查与监督。特别是对身份证件的审核,开销户的审核、挂失、解挂、密码重置,办理网银、印鉴、单折、代办业务等方面提高识别能力。

三是注重细节。为了切实防范和预防风险,每一位员工必须从我做起、从小事做起、从细节做起。办理每一笔业务,不仅要严防思想、道德、操作风险,还要严防外部各种各样的风险。如:一个好的项目必然会引起多家银行竞争,在竞争中企业肯定会提出一些不合理的条件让银行增加贷款风险,对此一定要坚持规章制度,切忌为了芝麻而丢了西瓜。

四是培养良好习惯。要始终坚持按照操作规程处理每一笔业务,把习惯性的合规操作工作嵌入各项业务活动之中,让合规的习惯动作成为习惯的合规操作。

再次,倡"规"。一是在主动自觉地执行规章制度,依法经营,做好自己的同时,要带动身边的人,积极宣传倡导"合规人人有责,合规创造价值"的合规文化,让规的观念和意识渗透到每个员工的血液中,形成人人合规、自觉合规,合规光荣、违规可耻的好氛围。

二是要勇于抵制各种违规行为。同事间要相互沟通、相互提示、相互制约、相互把关。坚决摒弃"以信任代替管理、以习惯代替制度、以情面代替纪律"的不良行为,坚持自始至终地按规章办事,这样才能使自己少犯或不犯错误,才能帮助别人不犯错误。

三是善于及时提出对异常业务处理的疑问,对自己经手的复核和授权业务警惕性负责并追问到底;并积极主动地加强对风险分析和监测研究,及早发现和报告风险隐患,及时向领导反映相关风险隐患,提出建议。

四、银行从业人员应做到"十个禁止""六个应当"

本文将小微金融客户经理在从业过程中应注意的问题总结为下述的"十个禁止"和"六个应当",以便于实际工作对照检查。

1."十个禁止"是:

(1)禁止参与"黄""赌""毒"等违法犯罪活动。

(2)禁止为达成交易而向客户隐瞒风险或进行虚假或误导性陈述;或向客户做出不符合有关法律法规及银行规章制度的承诺或保证。

(3)禁止采取低价倾销、贬低同业、虚假宣传等不正当竞争行为。

(4)禁止未经批准在其他经济组织兼职或从事第二职业,或在行外参与经营性活动。

(5)禁止利用内幕信息牟取个人利益,如:挪用单位或客户资金或利用本人消费贷款买卖资本市场产品等。

(6)禁止以银行为平台,参与非法融资活动;或默认客户挪用信贷资金。

(7)禁止通过自己及亲属账户或银行卡为客户资金过账;或向客户借款供自己或亲属使用。

(8)禁止将内幕信息以明示或暗示的形式告知法律和银行允许知晓以外的人员,为他人谋取利益。

(9)禁止泄露国家秘密、银行商业秘密或客户隐私信息。

(10)禁止利用职务、权力或工作之便向客户或基层单位吃、拿、卡、要、报,收受礼金、礼卡及贵重礼品。如:客户单位安排的高档宴请,赠送的礼金,有价证券(卡),支付凭证和高档礼品,外出旅游活动,营业性歌舞、桑拿、足浴等高消费活动、提供的油卡、油票,报销应由个人负担的发票和费用,因个人和家庭成员的婚丧、装修、搬迁、升学、就业等事宜,接受基层单位或客户单位的财物。推辞不了的应上缴廉政账户。

2."六个应当"是:

(1)应当遵守反洗钱有关规定,履行反洗钱义务,知悉大额、可疑交易的判断标准,及时报告大额交易和可疑交易,协助国家有关部门调查洗钱行为。

(2)应当对同事在工作中违反法律、内部规章制度的行为予以提示、制止,并视情况向所在机构,或行业自律组织、监管部门、司法机关报告。

（3）应当在办理业务时规范操作、严谨细致、耐心周到,不敷衍、搪塞应付,不因性别、年龄、肤色、民族、身份或其他方面的理由而歧视客户。

（4）应当遵循岗位职责划分和风险隔离的操作规程,确保客户交易的安全。当与客户有关系人情况时,应申请回避,或向管理层、利益相关人充分披露有关信息。

（5）应当遵守银行关于接受媒体采访的规定,不得擅自代表银行接受采访,或对外发布信息。

（6）应当遵守法律法规及银行关于电子信息技术设备使用的规定以及有关安全规定,不得实施有害于银行电子信息技术设备的行为。

第二节　专业技能和敬业精神

一、小微金融客户经理的地位、职责与特性

客户在商业银行经营体系中居于核心地位,想留住和开发客户,积极营销一系列小微企业金融服务新业务,不断壮大和推进业务发展,小微金融客户经理就显得尤为重要。他们是银行深入市场的触角,在整个银行业务体系中处于最前沿的地位,是直接接触客户的人员,也是银行产品和服务进入市场的销售平台。同时,他们又是银行与客户之间的桥梁和纽带。对一家银行来讲,企业客户经理数量占比可能不是很大,但他们是银行效益的主要创造者。

小微金融客户经理的基本职责包括:

（1）联系客户,客户经理是全权代表银行与客户联系的"大使"。

（2）开发客户,包括开发新的客户及对现有客户开发新的金融需求。

（3）营销产品,包括宣传金融产品,进行市场公关和产品推销。

（4）内部协调,包括前台业务窗口与二线部门之间的协调,各专业部门之间的协调,上下级部门之间的协调,经营资源分配的协调。

小微金融客户经理与其他外勤人员工作具有较大差异,表现在:

首先,客户经理具有很强的综合性。主要体现在服务对象、客户金融需求、职业的技能以及营销手段上。

其次,客户经理具有更强的服务性。主要体现在全新的客户服务理念、全方位的客户服务内容以及现代化的服务手段上。

第三,客户经理具有较强的开拓意识。主要体现在客户市场及金融产品营销的开拓上。

第四,客户经理具有比重更大的知识含量。主要体现在客户经理应掌握并运用金融、财务、管理、营销等多种理论与知识,为客户提供优质服务。

二、小微金融客户经理的专业知识要求

丰富的专业知识是小微金融客户经理履行职责的基础保证。这方面的知识大致包括金融、财务、营销、管理等多个方面。

(一)法律与经济基础知识

随着竞争的加剧和金融产品创新的加速,客户经理工作的复杂程度、操作风险不断提高。为了规范自身操作行为,为客户提供有效服务,以及保护自己,确保银行市场经营活动健康发展,做一名优秀的小微金融客户经理,必须掌握经济法律法规和金融行业的政策规定。

小微金融客户经理应熟悉并掌握以下法律文本:《民法通则》《公司法》《合同法》《企业破产法》《担保法》《人民银行法》《商业银行法》《票据法》《贷款通则》等直接相关的法律,并熟悉《银行结算办法》《现金管理暂行条例》《信贷资金管理暂行办法》《人行关于对商业银行实行资产负责管理的通知》《利率管理暂行规定》《结汇售汇及付汇管理规定》《境外投资外汇管理办法》《经济合同仲裁条例》以及《会计法》《企业会计准则》《企业证券管理条例》《国有资产评估管理办法》《外资企业法》《城市房地产管理法》《国家赔偿法》《保险法》等相关法律规定。

(二)金融知识

小微金融客户经理的工作需要其实实在在地向客户推介和提供金融服务,如果没有良好的商业银行专业知识,在向客户推介新业务、新产品时则无法令人信服。

小微金融客户经理要重点对银行产品,特别是本银行的各类产品有比较清楚的了解,掌握存款、放款、支票、贴现、外汇、银行卡、中间业务等重要产品的基础知识以及每一种产品中各类子产品的性质、特征、适合哪一类客户等。

(三)财务会计专业知识

小微金融客户经理应该掌握会计假设、会计科目、账户、会计分录、记账法、会计凭证、会计恒等式、资产、负债、所有者权益、收入、费用、利润等基础概念和知识。

重要的是,要掌握企业财务分析的专业知识和能力,如比较分析法、差额分析法、指标分解法、连环替代法等,通过分析客户公司的财务报表能够了解客户偿还债务的能力和企业财务状况,准确地评估银行资产业务的风险,达到控制经营风险的目的。

(四)市场营销专业知识

作为专业的营销人员,掌握营销专业知识是小微金融客户经理从业的基本资

质要求。这方面的内容包括：市场营销的概念，营销与推销的区别，以客户为中心的营销理念的发展，战略营销和战术营销的概念，市场营销的 4Ps 理论，传统的营销组合策略（包括产品策略、定价策略、分销策略、促销策略等），商业银行营销模式的创新和发展状况（如服务营销、整合营销、关系营销、网络营销、绿色营销、模式营销等），掌握产品的生命周期理论，品牌战略，市场细分与定位的知识，客户关系理论、风险管理理论等知识。

（五）管理基础知识

管理学研究的核心就是探索了解如何通过管理来降低组织的运行成本，从而达到提高组织运行效率的目的，管理已经成为任何组织的管理人员所必须具备的一种知识。

小微金融客户经理应了解的管理学基础知识大致包括：管理的四大职能，目标、计划的作用与制订方法，战略理论、决策理论，组织机构的设计与人力资源管理理论，激励理论，领导的方式理论，沟通与协调原理、控制途径与方法等等。

（六）其他专业知识

小微金融客户经理应该了解掌握相关行业的生产、经营知识。（如主要行业的技术、生产、产品历史发展特点、规律，发展趋势，相关企业生产技术、生产组织、流程、工艺，制造设备、员工组织、产品质量保证、销售渠道和环节等情况，）由外行逐步变为内行，这是营销客户的敲门砖。

三、小微金融客户经理的专业技能要求

一个合格的客户经理不仅需要具备广博的知识，还应具备专业的技能。客户经理的技能要求除了一般的工作技能，重点包括调查技能、展业技能、客户分析技能、财务分析技能和客户顾问技能等五个方面。

（一）调查技能

调查技能包括：如何确定调查目标、如何选择调查方法、如何选择调查形式、如何取舍调查内容、如何分析调查结果等。

小微金融客户经理的调查内容应包括客户需求信息、账务信息、生产信息、销售信息、资源管理信息、行业和市场信息。客户经理要对信息反应非常敏捷，在脑海里不时思考各种信息的现实与潜在价值。

（二）展业技能

产品营销技能是客户经理的基本功。包括：一是如何根据客户的具体特点与营销时机而采取多种多样的营销方法，如柜面销售、咨询式销售、量身定做式销售、"一揽子"服务方案式销售、关系销售、产品组合销售等。

二是如何与客户进行有效沟通，如何进行陌生拜访，如何通过有效倾听、清晰

表达以及肢体语言来有效交流信息和感情，如何利用电话、电子邮件、手机短信等与客户进行沟通交流，如何提高拜访效果，如何培养成长型客户，如何巩固老客户等。

三是如何根据客户的不同性质、性格等特点，通过灵活运用宣传性公关、交际性公关、服务性公关、社会性公关等形式，在恰当的时间、场合进行公关活动，以营销产品与客户建立有效沟通，保持、延伸良好的合作氛围。

四是如何对客户进行"诊断"，找寻"突破口"，本行产品的优势和特点是什么，与其他类似产品有哪些区别，各个产品适用于客户的哪一类需求，如何进行谈判，如何签订合作合同或协议等。

（三）客户分析技能

客户分析对于小微金融客户经理尤为重要。相关技能包括：分析的目的是什么；应该运用哪一种分析工具，是判别分析法、回归分析法、聚类分析法还是趋势分析法、描述性模型等；分析的重点在哪里，如企业的经营范围、外在环境、企业产品的市场状况、企业产品的技术含量、相关产品对本企业的冲击、在本行业中的地位、企业竞争优势与劣势、顾客反映、竞争对手状况、企业发展面临的关键问题、企业的发展前景、企业人员素质、企业经营能力及市场竞争能力、面临的风险、财务状况、企业文化等方面。

（四）财务分析技能

财务分析是判断客户经营风险的最重要指标之一，客户经理要借助企业财务报表来分析企业资产的盈利能力、流动性、安全性等财务状况。财务分析对象主要是资产负债表、损益表、财务状况变动表（现金流量表）及其他资料。分析方法有：结构分析法，如比重法、相关比率法；趋势分析法；等等。

（五）客户顾问技能

为客户量体裁衣提供金融增值，是小微金融客户经理提供的一项高智力金融产品，它是客户经理吸引新客户、巩固老客户的有效手段。由于大部分小微企业客户组织机构简单，缺乏专业化的金融、财务和管理人才，小微金融客户经理如果能在金融财务知识、管理决策、制度方面为客户提供相关的增值服务，无疑会受到客户的青睐。

一是利用自己具备的相关金融、财务方面的法律、政策和专业知识，向客户提供相关的金融政策、宏观形势、金融产品与服务、国际贸易、融资渠道与方式等方面的咨询服务。

二是利用自己的金融财务知识和能力为客户在财务管理、资金动作方面提供参考方案。如：测算客户资金往来的现金流量和期限结构，编制企业的现金流量表，并为企业建立相应的现金流量表体系，协助企业建立大额收支预报制度和现金流量管理的基本框架,协助企业确定资金的使用期限和方式,设计资金综合管理方案,协助公司完成良好的财务运作等。

三是根据客户特点和具体情况,为客户提供融资、理财方案。如:企业可选择的融资渠道和方式,融资计划的撰写,融资成本的估算,融资风险的控制;企业闲置资金的调度,资产的盘活,投资方案的设计,投资风险的防范;等等。

四是为企业提供相关的管理顾问服务。如企业股权结构的改善、治理机制的完善、管理制度的建立、产品质量保证体系的健全、产品营销渠道和方式的创新、竞争战略的制定、核心竞争力的建立等等。

四、小微金融客户经理的品德与心理素质要求

(一)具备良好的职业道德素质

小微金融客户经理作为银行在小微企业客户中的代表,首先要严格遵守银行从业人员职业道德规范,包括合法守规、诚信、勤勉尽责、服务客户、秉公办事、廉洁从业、公平竞争、不牟取非法利益、防范违法犯罪行为等等。

在此基础上,更应进一步强化其责任感与使命感,增强诚信意识、服务意识、团结合作、创新与风险防范意识。

第一,崇高的责任感与使命感是小微金融客户经理做好本职工作的强大动力。小微金融客户经理的一言一行都代表商业银行整体形象,其工作效率、服务质量、敬业精神等都直接影响着客户对银行的认识,关系着银行经营效益的提高,关系着银行对经济建设支持的力度,也关乎国家经济的繁荣昌盛。客户经理必须明确自己的职责所在,具有强烈的事业心、高度的责任感和高尚的职业道德,把服务客户视同自己的事业,处处从维护和改进银行形象的角度出发,把强烈的社会责任感和使命感融入为客户竭诚服务中。

第二,诚信是做人立业的根本。小微金融客户经理的良好品行和诚实的态度,是给客户留下良好形象的基础。客户经理在推销金融产品和服务的过程中,不可夸夸其谈,做不实的或误导性的产品介绍与推销,不要不负责地做出承诺,更不能急功近利,超越权限办理业务。

第三,作为小微金融客户经理,每天都会面对形形色色的客户,无论是中小客户或个人客户,亲朋好友或初次认识之人,都要善于和他们进行广泛的沟通与交流,洞察客户的想法,全心全意为客户提供全方位、多功能的金融服务,保持乐于奉献、公私分明、勤政廉洁的道德品质与情操。优秀的小微金融客户经理是在全面了解客户需求的基础上,针对其特点提供全方位金融服务的。而不是今天银行卖基金,就来上门销售基金;明天银行卖保险,就来上门营销保险。客户经理要深刻理解"善待客户,就是善待自己""提升客户价值,就是提升自我价值"的观念,真正树

立以客户为中心的理念。

第四，小微金融客户经理的工作要独当一面，但为客户提供全方位的金融服务，又需要调动银行各方面的资源，客户经理要树立团队合作意识，善于与他人合作，加强上下沟通，搞好内外协调、信息交流、资源共享，真正为客户提供完善配套的金融服务。

第五，一般来说，效益和风险同时存在，小微金融客户经理在业务操作过程中，既要讲求商业银行的经营效益，讲求客户的经营效益，又要把防范风险作为服务的重要内容，在经营活动中加强预测和防范。同时，要具有创新精神，主动开拓市场，创新组合各种金融服务与风险防范方案，在为客户提供优质综合服务的同时，控制风险。

（二）具备乐观坚强的心理素质

小微金融客户经理工作是一项极富挑战性的工作，良好的心理素质是做好本职工作的根本保证。

第一，要有强烈的自信心。强烈的成功欲望是客户经理克服挫折、取得成功的关键。

第二，超乎寻常的胆识。小微金融客户经理必须胆量足够大，喜欢同生人打交道。成功的客户经理都善于创造，勇于冒险。

第三，强烈的进取心。激情将成就未来，对成功的强烈欲望才会激发人们的决心。不想渴望积极进取的人，不会成为优秀客户经理。

第四，高度的热忱和服务心。做人比做事更加重要！顶尖的客户经理都把客户当成自己长期的终身朋友。关心客户的需求，提供给客户最好的服务和产品，保持长久的联系。他们能看到客户背后的客户。保持高度热忱和真诚的服务心，关心客户不仅仅是一种交际方式，更是自身具有的人格魅力的体现。

第五，非凡的亲和力。客户经理在销售银行产品，也是在销售做人的态度、价值观，让客户愿意与本行做生意，愿意买本行的产品。许多成功的销售都建立在友谊的基础上，建立在信任的基础上。客户经理首先要销售的不是产品，而是自己。成功的客户经理莫不是运用其人格魅力、信心、微笑、热情来打动客户。

第六，百折不挠的韧劲。"不为失败找借口"是成功的客户经理的座右铭。在营销过程中难免会犯错，难免碰壁。一个勇于承担责任、办事雷厉风行的客户经理往往容易被别人接受。

第七，极强的执行力。成功的客户经理头脑里有清晰的目标和详细方案，并会马上去做，不用任何人去强迫，不用担心指标考核。常年坚持，自然就会取得巨大成功。

第三节　客户经理形象和商务礼仪

一、客户经理形象塑造

礼仪是指公司、企业的从业人员以及其他一切从事经济活动的人士,在各种企业之间的商务往来活动中应当遵守的礼仪与规范。客户经理礼仪的塑造在其进行商业活动时具有重要的作用。

（一）客户经理个人礼仪

1.客户经理个人基本礼仪。

(1)头发:不遮掩面孔,发型好;头发清洁,无头屑。

(2)修剪鼻毛和耳毛。

(3)耳朵清洁。

(4)眼镜合适,镜片干净;胸前不要挂眼镜。

(5)牙齿光亮、洁白、整齐。

(6)口气清新(无异味)。

(7)指甲干净。

(8)香水、须后水等用量适当。

2.个人礼仪要注意的事项。

(1)男生:面部清洁,不留胡须;裤子拉链拉好。

(2)女生:口红不要沾到牙齿上;化妆恰到好处,不浓妆艳抹;指甲油光洁不剥落,色泽大方。

（二）着装礼仪

1.着装的 TPO 原则。

根据 TPO 原则,着装时应注意以下几个问题。

(1)着装应与自己的身份、职业以及交往的对象、目的相协调。

(2)着装应与自身的条件相适应。

(3)着装应与特定的场合、环境相适应。

2.饰物的搭配。

(1)胸针。适合女性一年四季佩戴,佩戴胸针应因季节、服装的不同而变化,胸针应戴在第一、二粒纽扣之间的平行位置上。

(2)首饰。佩戴首饰应与脸形、服装协调,首饰不宜同时戴多件。

(3)围巾。特别是女士佩戴的丝巾,常常会收到非常好的装饰效果。

（4）男士饰物。男士饰物不宜太多，太多则会少了阳刚之气和潇洒之美。一条领带，一枚领带夹，某些特殊场合，在西服上衣胸前的口袋上配一块装饰手帕就够了。

（5）鞋袜。日常着装穿皮鞋、布鞋、运动鞋都可以；而西服、正式套装则必须穿皮鞋。

男士皮鞋的颜色以黑色、深咖啡或深棕色较合适，白色皮鞋除非穿浅色套装在某些场合才适用。

女士皮鞋则以黑色、白色、棕色或与服装颜色一致为宜。社交场合，女士穿裙子时袜子以肉色相配最好，深色或花色图案的袜子都不合适。长筒丝袜口与裙子下摆之间不能有间隔，不能露出腿的一部分。有破洞的丝袜不能露在外面。

（三）仪容礼仪

1. 化妆的基本步骤。

（1）洁面。可以用洗面奶、清洁霜等化妆品彻底清洁皮肤。然后在清洁的面部上拍些适量的爽肤水、乳液等护肤类化妆品，这样使皮肤得到润泽和保护，同时上妆后不易脱落。

（2）粉底。化妆者可以根据自己的皮肤选择合适的粉底液。顺着毛孔的生长方向，在额头、鼻梁、下巴、两颊上均匀地用海绵或是手涂开粉底液，要做到取用适量、厚薄均匀。

（3）修饰眉毛。可先用眉笔勾出轮廓，再用镊子把多余的眉毛逐一拔掉。描眉时要顺着眉毛生长的方向一根一根地去画，从眉头至眉尾画出自然的眉形，在眉径的 2/3 的地方画出眉峰。通常来说，圆脸适于描上升眉，使脸部相应拉长；长脸描水平眉则可以使脸显得短些；方脸描方眉则可使脸看起来圆些；三角脸的眉形则要粗些。

（4）眼影、眼线。先用较大的眼影刷在整个眼皮上涂上淡色，然后在眼尾和双眼皮褶皱内部用深色加强轮廓，再在眉骨上浅色的眼影。

眼线可以勾勒眼睛的轮廓，突出眼睛的外观效果。画眼线要注意上下眼线的区别，一般上眼线比下眼线画得长、粗、深些。

（5）腮红。腮红的部位以颧骨为中心，根据每个人的脸形而定。在化工作妆时上腮红，需要注意三点：一是让腮红和唇膏或眼影属于同一色系，这样体现妆面的和谐美；二是要让腮红和面部肤色过渡自然；三是要扑粉进行定妆。

（6）涂口红。先用唇线笔或眼影描好唇线，确定要的理想唇形。唇线笔的颜色要略深于口红的颜色。描唇形时，嘴应自然放松微微张开，先描上唇，后描下唇。描上唇时从左右两侧分别沿着唇部的轮廓向中间画。上嘴唇嘴角要描线，下唇嘴角不描。描完唇形后要看看上下、左右是否对称。然后涂好口红或唇彩，涂的时候不要超出先前画好的唇形,最后用纸巾吸去多余的唇膏。

2.化妆礼仪。

(1)化妆的浓淡应视时间、场合而定。参加宴会、舞会可以化浓妆,工作时间则应当化淡妆。

(2)应当避免当众化妆或补妆。

(3)不要使化妆的面部出现残缺。

(4)不要借用他人的化妆品。

(5)不要评论他人的化妆。

(四)仪态礼仪

站姿的基本要求是:头端,肩平,胸挺,腹收,身正,腿直,手垂。

1.男士的站姿。

男士在站立时,一般应双脚平行,大致与肩同宽,间距最好不超过一脚之宽。要全身挺直,头部抬起,双肩自然下垂伸直,双手贴放于大腿两侧。

如果站立时间过久,可以将左脚或右脚交替后撤一步。其身体的重心分别落在另一只脚上。但是上身仍须直挺,伸出的脚不可太远,双腿不可叉开过大,变换不可过于频繁。膝部要注意伸直。

2.女士的站姿。

女士在站立时,应当挺胸,收颌,目视前方,面容平和自然。双手自然下垂,叠放或相握于腹前,双腿基本并拢,不宜叉开。站立时,女子双脚脚跟并拢,脚尖分开,张开的脚尖大致相距 10 厘米,其张角约为 45 度,呈"V"字形,身体重心落于两脚正中。或者可将重心置于一个脚上,右手搭在左手上,自然贴在腹部,右脚略向前靠在左脚上成丁字步。

3.几种常见的站姿。

(1)肃立。身体立直,双手置于身体两侧,双腿自然并拢,脚跟靠紧,脚掌分开呈"V"字形。面部表情严肃、庄重、自然。

(2)直立。身体立直,右手搭在左手上,自然贴在腹部(前搭手势),或两手背后相搭在臀部(后背手势),两腿并拢,脚跟靠紧,脚掌分开呈"V"字形。(男女都适用,男士两脚可以略分开站立更显洒脱)

4.不良的站姿及行为。

(1)上身:歪脖,斜着肩或一肩高一肩低,弓背,挺腹,撅臀或身体依靠其他物体等。

(2)手脚:两腿弯曲、叉开很大,双手叉腰、双臂抱在胸前以及两手插入口袋等。

(3)动作:喜欢摆弄打火机、香烟盒、衣带、发辫,咬指甲等。

二、客户经理商务礼仪

（一）问候礼仪

1.问候的次序。

（1）一个人问候另一个人也有相应次序。一般男性先问候女性，年轻者先问候年长者。

（2）一个人问候多人。既可以笼统地加以问候，也可以逐个加以问候。当一个人问候许多人时，既可以由长而幼地依次而行，也可以由近及远地依次而行。

2.问候的态度、场合及问候语。

一般的问候语可以是"早上好""下午好""你好""现在还好吗"。

问候长者可以说，"您好""久仰""请多关照"。

问候多个人可以说，"大家好"。

慰问别人可以说，"您辛苦了""受累了"。

看望别人说，"拜访""打扰了"。

贵宾来临说，"欢迎光临""祝您在这儿过得愉快"等等。

问候的态度要做到：主动、热情、自然、专注。问候的同时可以配以点头、微笑、握手、拥抱、鞠躬等动作。

（二）握手礼仪

1.握手的方式。

（1）行握手礼时，双方相距1米左右，各自伸出右手，四指并拢，拇指伸开，手掌略向前下方伸直，掌心向内，两人手掌平等相握，手的高度大致与对方腰部上方齐平。握手的力度要适中，时间一般控制在3秒左右，同时注意上身稍向前倾，头略低，面带微笑，注视对方的眼睛，并亲切问候。

（2）在握手时，常伴有一定的问候，称为握手语。常用的握手语有以下几种情况：①问候型；②祝贺型；③关心型；④欢迎型；⑤致歉型；⑥祝福型。

2.握手的次序。

（1）上级与下级握手时，上级先伸手，下级先问候再伸手。

（2）长辈与晚辈握手时，长辈先伸手，晚辈后伸手。

（3）女士与男士握手时，女士先伸手，体现对女士的尊重。

（4）主人与客人握手时，无论对方是男士还是女士，主人都应先伸手，以示欢迎。

注意：当握手符合其中两个或两个以上顺序时，一般应遵循先职位后年龄、先年龄后性别的原则。以上握手次序的掌握，主要用于律己，不可苛求别人，即使他人忽视了握手的先后顺序，我们都应友好地表示，要马上伸手回应。

3.握手的时机。

(1)遇到较长时间没见面的熟人。

(2)在比较正式的场合和认识的人道别。

(3)在以本人作为东道主的社交场合,迎接或送别来访者时。

(4)拜访他人后,在辞行的时候。

(5)被介绍给不认识的人时。

(6)在社交场合,偶然遇上亲朋故友或上司的时候。

(7)别人给予你一定的支持、鼓励或帮助时。

(8)表示感谢、恭喜、祝贺时。

(9)对别人表示理解、支持、肯定时。

(10)得知别人患病、失恋、失业、降职或遭受其他挫折时。

(11)向别人赠送礼品或颁发奖品时。

4.握手的禁忌。

(1)握手时一定要用右手,左手握手是失礼行为。尤其与阿拉伯人、印度人打交道时,更要注意这一点。因为在他们看来,左手是不洁净的。

(2)在多人同时握手时,不可交叉握手。

(3)不可戴着手套握手,只有两种情况例外:一是女士穿着礼服;二是军人、民警在执行公务时。

(4)不可用脏手与他人相握。

(5)握手后,不可用手巾擦拭自己的手掌。

(6)男子与女子握手不可握得太紧,更不宜握得太久;西方人往往只握一下女士的手指部分。

(7)在任何情况下都不可拒绝与他人握手。

(8)握手时,要精神集中,微笑致意,双目注视对方,不可左顾右盼、心不在焉,使对方产生不被尊重的感觉。

(三)介绍礼仪

1.介绍他人。

(1)介绍的顺序。

①先把职位低的人介绍给职位高的人。

②先把晚辈介绍给长辈。

③先把男士介绍给女士。

④先把客人介绍给主人。

⑤先把未婚者介绍给已婚者。

注意:当所要介绍的双方符合其中两个或两个以上的顺序时,一般应遵循先职位后年龄、先年龄后性别的原则。

（2）介绍的姿态。

为他人做介绍时，不可用手指指点点对方，而应五指伸开并拢，掌心向上，胳膊向外斜伸指向对方并面带微笑，注视着对方。

（3）介绍的内容。

介绍的内容包括双方的姓名、单位、爱好等。

2.自我介绍。

自我介绍是商务活动中运用最多的一种交往方式。自我介绍需讲究一定的艺术，必须注意以下几方面问题。

（1）恰当的时机。

以下情况不宜做自我介绍：

①对方忙于工作，或与他人交谈。

②对方心情不佳，或疲惫不堪。

以下情况宜做自我介绍：

①对方独处时或心情愉快时。

②对方有意表示要结识自己时。

③主人忘了做自我介绍，而自己想与他人相识。

（2）自我介绍的内容。

一般情况下自我介绍的内容比较简单，大体由三个要素构成：姓名、单位及身份。

（四）称呼礼仪

1.称呼的种类。

（1）姓＋职务称呼。

（2）姓＋职称称呼。

（3）生活中的称呼要亲切，对长辈可用敬称。

（4）对商界人士，可称对方为"女士""先生"比较稳妥。

（5）在国际交往中，通常情况下对男士称"先生"，对未婚女子称"小姐"，对已婚妇女称"女士"。如果不清楚女方婚否，应称"小姐"或"女士"，不可称其为"夫人"。

（6）对地位高的外宾，可按官衔称"总理先生""总统先生""部长阁下"等。在君主制国家，习惯称国王、皇后为"陛下"，称王子、公主为"殿下"，对有爵位的人士既可称爵位，也可称"阁下"等。

2.称呼要遵循的原则。

各个国家的称呼不尽相同，在交往中要遵循"入乡随俗"的原则。

（五）名片礼仪

名片具有替代便函、介绍信、请柬、留言单、通知、变更单等作用。

1.名片的样式。

（1）名片的内容。一张标准的名片应包括三方面内容。一是本人所属单位、徽记及具体部门，印在名片上方；二是本人的姓名、学校、职务或职称，印在名片的中间；三是与本人联系的方法，包括单位所在的地址、电话号码和邮政编码等，印在名片的下方。

（2）名片的规格。一般是长 8.5—10 厘米、宽 5.5—6 厘米。名片的质地多为柔软耐磨的白板纸、布纹纸。名片的色彩以白色、乳白色、黄色和浅蓝色为宜，讲究淡雅、艺术和庄重，切忌色彩鲜艳。

（3）名片的版式。名片的版式一般分为两种，即横式与竖式。

横式。行序由上而下，字序从左到右。第一行顶格书写持片人的单位名称。第二行是持片人的姓名，用较大字号写在名片正中。有职务、职称或学衔的，通常用小字标在姓名下右侧。第三行是持片人的详细地址、电话号码及邮政编码。

竖式。行序由左到右，字序从上到下。第一行是持片人的单位名称，顶格写在名片左边。第二行是持片人的姓名，用较大字号写在名片正中，持片人的职务、职称等用小字标在名字下右侧。第三行是持片人的详细地址、电话号码及邮政编码。

2.名片使用的礼节。

（1）递送名片的顺序。一般来说，地位低的先把名片递给地位高的，年轻的先把名片递给年长的，男士先把名片递给女士。但是，如果对方先把名片递了过来，也不用谦让，应当大方地收下，然后将自己的名片递过去。

（2）递接方式。向他人递送名片时，应面带微笑，将名片正面朝向对方，双手递过去，并说"这是我的名片，请多关照"的话语。千万不能用食指与中指夹着递过去。接名片时，也要双手接，认真看一遍，并说"谢谢""认识您很高兴"等寒暄语，然后将名片仔细放好。切不可放在手中摆弄，或将名片随意放置在桌上，这样是对别人的不尊敬。

（3）递送名片的时机。递名片要掌握好时机，可以在刚见面时交换名片，也可以在彼此交谈结束时交换名片，或选择在谈话高潮时交换名片。

在向多人递送名片时，一般应一一递送，不要遗漏，并注意先后顺序。如果名片准备不足或没带名片，要向对方表示歉意，并说明理由。

（六）办公礼仪

1.办公室环境布置礼仪。

（1）办公桌。办公桌大小要适中，要足够放置常用的办公用品，并有空余的位置进行工作。要排放好办公桌上的东西，将最常用的物品，如电话、文具盒、便笺等,放在不必起身就可以伸手拿到的地方,离办公桌不远的地方则可放置常用的参考书和文件盒。办公桌上应尽可能少放东西,桌上所放的东西应以够用为度。办公桌的抽屉里,可以排列有序地放好信封、公文纸、订书机、复写纸、胶水、涂改液等。

(2)文件柜。为便于工作,文件柜通常靠于墙角放置,不宜占用较大空间。处理完的文件要分门别类归档放置于文件柜中,切忌随处放置,以免造成工作上的失误。柜内文件要经常清理、归档、建立目录,使之系统化、条理化。切记所有公务文件和重要票据,办公室人员均不得私自带出办公室。

(3)办公设备。办公室的办公设备供办公室人员共用,因此,办公室人员应共同遵守基本规则。学会正确使用设备,如电脑的使用、传真机的使用;不要拿走或偷看他人的东西;借用的东西要及时归还并保持原样;如发现问题应及时沟通,不能熟视无睹,不管不问。

2.人际环境建设礼仪。

(1)办公人员个人形象及言行举止应注意以下几个问题:

①员工上班要着职业装,体现良好的工作状态和工作责任感。着装忌讳五个字"露、透、短、窄、奇"。

②在办公室时,行为举止要稳重、大方、自然得体。切忌传播闲言碎语、刺探别人的隐私、过分炫耀自己,杜绝不文明的习惯和无修养的举止。

③在办公室要主动与他人打招呼,要用尊称和敬语,态度要礼貌周到,切忌使用绰号、小名或称兄道弟。

(2)办公期间要注意处理好以下几种关系。

①与上级的关系:尊重上级的工作安排,如有不同意见,可委婉提出,不能有意唱反调,损害其威信;支持上级,积极主动支持配合上级开展工作;理解上级,学会换位思考,体谅上级的难处;与上级保持一定距离,要公私分明,作为下属要安分守己,同上级关系过分亲密是犯忌的。

②与下级的关系:作为上级,对下级必须真诚尊重,悉心照顾,贴心体谅。平时不要总板着面孔,将下级拒之于千里之外,或是高高在上,对下级不屑一顾;对待下级的意见、建议,要表示勇于承担责任,先主要做自我批评,然后认真查找原因,分清责任。同时,工作之余要多与下级进行情感交流与沟通,积极主动地关心、帮助自己的下级。这种关心与帮助,应重在思想上理解,行动上支持;对其生活上的困难,也应给予力所能及的照顾。

③与同事的关系:平等相处,真诚合作,不能心怀嫉妒,互相拆台;同甘共苦,互相支持,讲求荣辱与共,杜绝个人英雄主义作风;公平竞争,宽厚待人,切忌暗箱操作,切勿对同事过分刻薄,吹毛求疵。

【本章小结】

本章介绍了小微金融从业人员的素质要求。首先介绍了小微金融从业人员应具有的职业道德规范、职业道德七项基本原则和合规要求。其次介绍了小微金融客户经理应具有的专业知识、专业技能和敬业精神。最后介绍了小微金融客户经理形象塑造和应有的商务礼仪。

第十二章
小微金融风险经理、客户经理培养与管理

资料导入

　　客户经理制起源于 20 世纪 80 年代的美国,通过专业人员对客户的专门服务,取得客户的信任、支持和协作,以达到企业价值的最大化。1997 年底,中国建设银行在厦门分行实施客户经理制的试点,首开中国商业银行客户经理制的先河。客户经理制,倡导以"市场为导向、客户为中心"的经营理念。这一制度的实施,是完善客户服务的必备手段,是实现可持续发展的必经之路。

　　我国在实施客户经理制的过程中还存在着认识上的偏差,内部管理及资源整合上的问题,在服务客户方面,还有待进一步改进。通过现代管理理论——战略管理、营销管理、资源再造的学习,结合业务实践与深入的调研分析,很多学者认为,我国通过从观念到战略到行动到队伍的一系列变革,可以改善客户经理制的实施现状,使其更好地贴近市场,服务客户。同时也可以借此创建学习型企业组织,培养一大批复合型人才,化解和防范风险,打造核心竞争力。

　　推而广之,全面实施客户经理制,要突出以"客户为中心"的经营理念,关注客户,关注企业价值。从建立科学的公司治理结构入手,全面再造组织结构、业务流程和企业文化,继而通过管理信息系统和客户关系管理系统的搭建,为客户经理制提供组织的保障、技术的支持与信息的积蓄。

第一节　小微金融风险经理培养与管理

小微企业的特性决定了银行对小微金融客户经理和风险经理的特定要求,一支高素质稳定的小微企业客户经理营销团队和审查团队是保证小微金融服务水平质量与风险控制的决定因素之一,科学合理的专业人才培养与经营考核机制是这一决定因素的重要保障。

在专业人才培养方面,一要加大对专营机构客户经理、营销骨干、风险经理等各类人才的引进力度;二要加强小微企业营销人员金融服务专业化培训;三要实施转型升级类专营机构小企业业务骨干人才输出项目。

拥有一支事业心和责任心强、执行力强的素质优良队伍是小微金融发展的重要条件,在授信队伍建设方面,重点做好以下三方面的工作:一是选好人。所有进入授信条线的客户经理均公开招聘,综合考虑选聘人员德、能、勤、绩、廉等要素,最终确定人选,对不符合工作要求或有劣迹的人员及时调整,尤其要考虑其是否能吃苦、有耐心,工作是否有激情。二是抓思想。对条线人员的思想教育要常抓不懈,始终强调信贷人员"板凳要坐对、立场要坚定、原则要坚持",对小微金融有高度责任心。三是明确其权利和责任。对不良贷款的发生严追责任,使各级授信人员不敢触动"红线",一旦贷款出现不良现象将采取相应的下岗清收、行政处分、扣发绩效等手段对责任人进行处理。另外,每年还可以开展外聘专家、行内培训,举办知识竞赛、贷后评价等活动,以提高其在实际工作中的风险分析判断能力。

一、风险经理根据业务水平设立等级

风险经理是指对各项授信业务和资产进行专业化风险识别、分析、评估、控制、管理和处置的风险管理人员,主要从事信贷审查、风险识别、风险计量、风险评价、风险监测和风险报告等工作。风险经理由低到高分为一级风险经理、二级风险经理、三级风险经理、四级风险经理、五级风险经理五个级别。

风险经理在风险管理部门指导工作,其职责主要包括以下内容:

1.参与信贷审查,识别风险并提出风险防范措施。

2.风险识别、计量和分类(含客户信用等级及贷款风险分类审查与管理)。

3.客户整体风险控制,贷后管理情况检查,大额客户不定期风险状况监测等。

4.行业、区域、产品等方面风险分析、监控和预警,并加强对客户经理风险意识的教育。

5.对部分分行信贷管理的制度的执行情况进行监督和检查。

二、风险经理参与派驻机构信贷业务的审查

审查标准参照银行授信工作尽职实施细则、银行小微企业授信工作尽职实施细则等有关规定执行。

风险经理根据审查结果出具审查意见，并可行使否决权，分支行对于否决的事项有异议的，可提请上级行风险管理部复议。

风险经理基于工作需要，拥有以下权利：

1.派驻机构各项业务知情权与检查权。

2.部分行信贷政策的落实情况的监督权。

3.审阅分析派驻机构各项经营情况。

4.列席派驻机构行班子会议及其他重要内部会议。

5.因履行工作职责需享有的其他权利。

风险经理派出支行，运行须为风险经理提供必要的、相对独立的办公环境、设备和工作条件；应支持风险经理因工作需要开展的调查、检查及监督工作；要及时向风险经理报告各类风险事件、风险信息；应做好对风险经理在职责范围内开展各项工作的支持。

三、风险经理必须具备的基本条件

（一）一级风险经理具备的基本条件

1.具备良好的职业道德修养，爱岗敬业，遵纪守法，坚持原则，廉洁自律，无重大违规记录。

2.了解国家经济金融政策、法律法规，了解本行风险管理基本制度，了解各类信贷业务及处理流程，了解会计制度、财务制度。

3.有金融专业知识，且具备一定的分析判断能力、交流能力、文字写作能力和调研能力。

4.从事信贷工作满两年。

5.取得风险经理资格证书。

（二）二级风险经理具备的基本条件

二级风险经理除满足风险经理的基本条件外，还必须具备以下条件：

1.具有金融、经济、财务、法律专业或相关专业大学本科及以上学历。

2.从事信贷工作满三年，非相关专业从事信贷工作满四年，任一级风险经理满一年。

3.有较为丰富的客户评价或信贷审查等信贷管理工作经验。

4.通过至少两门银行从业资格考试。

5.取得二级风险经理资格证书。

（三）三级风险经理具备的基本条件

三级风险经理除满足风险经理的基本条件外，还必须具备以下条件：

1.了解现代商业银行风险管理理论，风险管理的规章制度，财务分析方法。

2.具有金融、经济、财务、法律专业或相关专业大学本科及以上学历，或相关专业大专以上学历并具有初级专业技术资格。

3.从事信贷工作满五年，非相关专业从事信贷工作满六年，任二级风险经理满两年。

4.有较为丰富的客户评价或信贷审查等信贷管理工作经验。

5.通过至少四门银行从业资格考试，且必须通过风险管理科目。

6.取得三级风险经理资格证书。

（四）四级风险经理具备的基本条件

四级风险经理除满足风险经理的基本条件外，还必须具备以下条件：

1.了解现代商业银行风险管理理论，各类风险的识别、计量和监测方法，财务分析方法，关于风险管理的相关规章制度。

2.具有初级专业技术资格和金融、经济、财务、法律专业或相关专业全日制大学本科及以上学历。

3.从事信贷工作满七年，非相关专业从事信贷工作满八年，任三级风险经理满两年。

4.参与过两个以上重要信贷风险管理制度、政策、项目的制定、修订，或负责过多个重大客户评价或信贷审查工作。

5.取得四级风险经理资格证书。

（五）五级风险经理具备的基本条件

五级风险经理除满足风险经理的基本条件外，还必须具备以下条件：

1.基本掌握现代商业银行风险管理理论，各类风险的识别、计量和监测方法，财务分析方法，关于风险管理的相关规章制度。

2.具有中级专业技术资格和金融、经济、财务、法律专业或相关专业全日制大学本科及以上学历。

3.从事信贷工作满九年，任四级风险经理满两年。

4.参与过多个重大信贷风险管理制度、政策、项目的制定、修订，或参与过多个重大客户评价或信贷审查工作。

5.取得五级风险经理资格证书。

风险经理资质采取集中认定，总行每年组织一次风险经理评级认定，一般在每年的第二季度举行。

四、风险经理的资格认定

风险经理的资格认定统一由分行风险管理部向总行风险管理部提出申请,经总行风险管理部评定后,根据人力资源部相关规定进行资格认定,并颁发风险经理资格证书。

符合条件的人员,资格认定时需提交下列材料:

1.资格认定表内容包括:①申请人的简历(包括学习、工作经历等);②所在分支机构对其业务能力、管理能力、工作业绩等方面的综合鉴定和基本评价。

2.申请人身份证复印件、学历证明复印件、专业技术职称证明复印件、有关持证上岗资格证书或证明文件复印件。

3.其他资料。

五、风险经理的管理

由总行风险管理部对分行和直辖支行实行派驻,分行风险管理部对所辖支行实行派驻。

风险经理的人事关系隶属于派出部门。派出部门负责考核评价,对风险经理的履职过程进行日常监督、检查和指导。派驻机构负责风险经理的日常管理工作。

风险经理的派驻由本人提出申请报派出部门及分管行长审批同意后,由人力资源部进行人事调整。

派驻风险经理人数可根据派驻机构规模、风险管控能力等情况由派出机构、派驻机构及人力资源部协商确定。但各支行至少配一名风险经理,且风险经理不得同时兼任业务拓展部门负责人。

人力资源部及风险管理部应根据需要建立全行风险经理后备人才库,对新聘任风险经理进行上岗培训,对在岗风险经理每年至少进行一次培训。派驻机构应支持风险经理工作,帮助解决工作中的困难和问题。

派驻风险经理任职期一般不超过三年,根据其考核情况和工作需要进行调整。

风险报告采取双线报告,即将派驻机构的风险状况向派出部门报告的同时,向该派驻机构报告。风险报告采取定期报告与不定期报告相结合的形式,风险经理每月 10 日前提交风险报告,如遇重大事项,应在发现问题后两个工作日内提交风险报告。

风险经理实行年薪制,按不同级别实行年薪,并结合考核结果适当调整薪酬系数。薪酬设置及调整系数根据人力资源部的相关管理办法实施。

风险经理的薪酬由派出部门负责,由派出部门和负责的分支机构共同考核。

风险经理审查的业务应根据分行绩效考核管理办法按责任比给予一定的薪

酬,贷款管理奖不计入年薪,由派驻机构负责。

风险经理的日常工作考核为按月报告,年度考核,考核实行百分制。考核内容主要是风险经理完成工作的质量、负责业务的风险状况等,考核指标分为定量指标和定性指标,总分 100 分。

定量考核从业务量、工作质量、工作能力等方面实施,包括但不限于以下方面:信贷审查、风险分类、贷后管理、资产质量、业务能力。

定性考核是根据风险经理风险防范有效性、风险报告质量等方面的综合评价。

风险经理可根据具体岗位职责设定各项指标的权重,岗位职责变动后,指标权重也可做相应调整。

第二节　小微金融客户经理培养与管理

一、小微金融客户经理需要的知识和技能

小微金融客户经理上岗前要进行以下知识的培训:金融基础知识;人民银行、监管部门政策;本行系统操作流程和系统操作;本行市场营销、风险管理等方面的制度;关系营销技巧;行业的分析能力。

小微金融客户经理应该掌握以下内容:

（一）做好销售准备

1.银行小微金融客户经理角色认识。

2.小微金融业务产品分类介绍。

3.产品三层次论与产品的恩格尔系数。

4.小微企业客户心理分析及需求分类。

（二）市场定位及小微企业精准营销

1.寻找潜在客户——市场定位及小微企业客户目标选择。主要包括现有客户推荐、政府部门推荐、缘故法、媒体寻找、陌生拜访五个方面。选择目标客户包括客户分类、市场选择和定位、建立客户信息。

2.差异化营销及小微企业客户接近。包括:①约见客户;②小微企业客户接近的方法;③常见的业务推介的方法;④建立互信关系——小微客户维护技巧。如客户关系永远至上;与客户建立互信关系。

3.关系营销及攀登客户关系金字塔。包括:①关系营销的概念、特征和原则。②客户关系金字塔的层次。层次依次为局外人、下属或晚辈、合作伙伴、朋友、兄弟姐妹、亲人。③攀登客户关系金字塔的方法。如保持经常性的接触;不断地与客户

寻找新的联系和共同点;表露对他人的真切关心并满足需求。

（三）小微企业客户沟通及成效技巧

1.沟通。与小微企业客户沟通通常采用 LFAE（聆听—反馈—提问—表达）模式。

（1）聆听。怎么听,真诚态度。听什么:肢体语言、语音语调、语言。

（2）反馈。事实和内容:感受、含义。

（3）提问。为了获得更多信息,为了让沟通对象自己做出选择,为了给最后的表达打好基础。

（4）表达。让沟通对象知道自己的感受,引导沟通对象做出正确的选择。

2.成交技巧。

（1）成交理念。顾客需要的是实惠（在你处获得产品的综合效用大于从别处获得的同类产品的综合效用）。

（2）差异化（体现在各种属性上）,比他强！哪怕一点也好（即核心竞争能力）。

（3）提高客户满意度。

（四）小微金融客户经理情商提升

情商包含的五种能力具体表现在:了解自己的情绪;控制自己的情绪;激励自己;了解别人的情绪;维系圆融的人际关系。

小微金融客户经理情商提升的方法有:自动自发、目光远大、控制情绪、认识自我、移情能力、社交技巧。此外还有:语言表达能力的提高,应急反应能力的训练,个人形象仪表与面试礼仪指导;存款产品、贷款产品、卡等产品及营销方法;个人、企业开户手续;如何找到合格的小微企业。

二、客户经理上岗及日常管理

（一）上岗管理

所有客户经理必须持证上岗。取得上岗证的基本条件有:①坚持原则、廉洁奉公;②信贷业务、计算机汉字输入必须达到合格;③参加岗位业务知识培训（包括政治理论、职业道德、法规制度、业务知识、操作技能、计算机知识）,并通过考试取得结业证书。

上岗证实行年审制,即每三年进行一次岗位技能考核,不定期进行业务知识的培训考核。

无证者不得上岗办理信贷业务。新上岗的客户经理前 3 个月必须跟班实习,不得签发贷款。

对因技能复验未通过而未取得上岗证的,经短期培训确能应付正常业务需要的,发给临时上岗证,临时上岗证有效期为半年,持临时上岗证的客户经理半年后仍未取得上岗证,取消客户经理资格。

如果因无证上岗而引起的各类事故、案件,除追究当事人外,还应追究负责人的直接责任,视情节论罚,直至解除劳动合同。

(二)日常管理

对小微金融客户经理的日常管理要严格,督促他们尽快成长为金融人,具体要求:①分支行按区域、行业将客户经理编入业务团队;②要求每天写日志,了解每天的工作情况;③建立每周学习制度,加深对本行制度的了解以及有关营销安全的学习。

三、银行客户经理管理

明确客户经理的责任和权利是银行最重要的工作,让他们从开始就了解自己的责任和权利,从而形成严谨的工作作风。

(一)客户经理的职能

1.拓展客户和维护客户。客户经理要积极发现、培养和拓展客户,争取客户购买、使用本行的各类金融产品和服务。客户经理要维护银行与客户的良好关系,与客户保持经常性联系。

2.推销银行各类产品和服务。客户经理要善于发现客户的潜在需求,有针对性地向客户推销银行的产品和服务。

3.参与风险管理。客户经理要根据风险管理的要求,对信贷客户进行日常监测和贷后检查,跟踪客户信用状况的变化,防范和控制信用风险。

4.提供市场信息。客户经理要收集市场变化情况、同业竞争策略和客户经营情况等信息,并向银行营销部门、风险管理部门、信贷管理部门等反馈,以促进业务发展。

(二)客户经理成长阶段

客户经理的职业成长阶段分为试用期、熟练期、发展期三个阶段。

1.试用期。客户经理招聘入行后,试用期为6个月。招聘前在其他商业银行从事信贷工作超过一年以上的,根据客户经理的业务素质,调整试用期限。试用期内业绩单独考核。试用期的主要任务是学习业务知识和业务技能,培养业务拓展能力。

试用期满,业务知识和业务技能应当达到以下要求:

(1)熟悉本行信贷业务流程和信贷管理系统,能熟练掌握信贷管理系统的业务操作技能。

(2)能初步掌握授信业务调查技能,能撰写一般授信业务调查报告。

(3)能初步判断小额授信业务的风险状况。

（4）能初步掌握业务营销的基本技能。

（5）有一定的业务拓展能力，试用期内日均存款达到本行规定的标准。

试用期转正考试与考核：①转正业务考试。日均存款未达到要求的不准参加转正考试；参加转正考试第一次未合格的，参加下一次转正补考，试用期延长至补考合格为止，但最长不得超过 12 个月；对于存款业绩确实较好的，经批准后，可以再继续延长试用期；试用期内日均存款达到要求，但因组织业务考试时间延迟的，业务考试合格后，试用期仍按原计划时间计算；延长期内工资、业绩按试用期标准计算。②转正考核由人力资源部组织，信贷管理部参与。③试用期或延长期过后，存款业绩达不到要求或业务考试不合格的，予以劝退。

试用期满，经过考试、考核、专业知识答辩，专业知识和业务技能达到要求的予以转正，并与本行人力资源部签订劳动合同及《履职保证承诺书》。

2.熟练期。试用期满，经转正考试、考核合格，转入熟练期。

熟练期一般为试用期满后的 6—12 个月，对业绩较好、风险控制能力较强的客户经理可提前进入发展期。

熟练期的主要任务是提高专业知识和业务技能，提高业务发展能力。

熟练期满的客户经理，其业务知识、业务技能和业务发展能力应达到以下要求：

（1）能较熟练掌握授信业务贷前调查技能，能撰写较好的授信业务贷前调查报告。

（2）能较好地判断小额信贷业务的风险，有一定的判断能力。

（3）能较好地掌握业务营销的技能，有一定的业务发展能力。

业务知识、业务技能和业务发展能力达到熟练期要求，日均存款达到本行规定指标的，经考核合格，进入发展期。

对于各方面条件优秀、符合初级客户经理标准的，经考核通过后，授予级别证书，转为"初级客户经理"，并授予信贷业务调查签字权，可以独立上岗工作。

在最长 12 个月熟练期满后，业务知识、业务技能和业务发展能力未能达到熟练期要求，日均存款未达到规定指标的，解聘客户经理岗位。如果柜员岗位需要，且本人也适合综合柜员岗位工作的，经重新培训，考试、考核合格后，转至综合柜员岗位。如果综合柜员岗位不需要，或者本人不适合柜员岗位，或者考试考核不合格者，按约定解除劳动合同。

3.发展期。进入发展期的客户经理根据业务知识技能水平、业务发展能力及个人表现，实行等级制，分为初级、中级、高级、资深四个等级，并授予客户经理岗位职级证书。

年龄在 45 周岁以下（含）的初级及以上的客户经理，均需参加并通过中国银行从业人员资格认证考试的三门课程(按目前的考试科目是:《公共基础》《个人理财》《风险管理》),获得证书。

客户经理实行每年一次业务知识、业务技能测试,对测试不合格的,实行降级处理,即计算薪酬时降一级计算。

对违反银行相关制度,操作流程违规、违法,情节严重的,或对相关错误、不当行为屡教不改的,实行降级处理。

建立约见谈话制度,夯实基础性工作,平稳推进客户经理团队建设。

客户经理业绩管理作为团队建设中基础性的工作,应不断夯实团队业绩管理,优化业务人员结构,努力营造有目标、有竞争的团队氛围。要自上而下高度重视客户经理业绩管理,严格遵照制度要求定期开展各项活动,特别是针对业绩不达标的客户经理开展每月一次的约见谈话,深刻剖析业绩停滞的原因,积极引导客户经理不断提升业绩、提升技能,消除业务团队"大锅饭"的思想,同时做好谈话效果的后续跟踪工作,对连续三个月被约见的或日常工作表现极不理想的客户经理采取劝退、辞退等措施。

【本章小结】

本章介绍了小微金融风险经理与客户经理的培养与管理两个方面的内容。在风险经理的培养及管理中,介绍了小微金融风险经理的等级、必须具备的基本条件、资格认定和考核工作。在客户经理培养及管理中,介绍了小微金融客户经理的知识与技能、上岗及日常管理、职能、成长阶段及考核工作。

第十三章
小微金融考核

资料导入

员工绩效考核方案范本

一、考核目的

1.作为晋级、解雇和调整岗位依据,着重在能力、能力发挥和工作表现上进行考核。

2.作为确定绩效工资的依据。

3.作为潜能开发和教育培训的依据。

4.作为调整人事政策、激励措施的依据,促进上下级的沟通。

二、考核原则

1.公司正式聘用员工均应进行考核,不同级别员工考核要求和重点不同。

2.考核的依据是公司的各项制度、员工的岗位描述及工作目标,同时考核必须公开、透明,人人平等、一视同仁。

3.制订的考核方案要有可操作性,是客观的、可靠的和公平的,不能掺入考评人个人好恶。

4.提倡考核结果用不同方式与被评者见面,使之诚心接受,并允许其申诉或解释。

三、考核内容及方式

1.工作任务考核(按月)。

2.综合能力考核(由考评小组每季度进行一次)。

3.考勤及奖惩情况(由行政部按照《公司内部管理条例》执行考核)。

四、考核人与考核指标

1.成立公司考评小组,对员工进行全面考核和评价。

2.自我鉴定,员工对自己进行评价并写出个人小结。

3.考核指标,员工当月工作计划、任务,考勤及《内部管理条例》中的奖惩办法。

五、考核结果的反馈

考绩应与本人见面,将考核结果的优缺点告诉被评人,鼓励其发扬优点、改正缺点、再创佳绩。

六、员工绩效考核说明

(一)填写程序

1.每月2日前,员工编写当月工作计划,经部门直接上级审核后报行政部。

2.工作绩效考核表每月28日由行政部发放到部门,由本人填写经部门直接上级审核后于次月2日前交至行政部。

3.工作计划编写分日常工作类5项、阶段工作类5项及其他类等,其他类属领导临时交办的工作任务。

4.工作计划完成情况分完成、进行中、未进行(阶段性工作)三档,月末由本人根据实际选项打分,并在个人评价栏内给自己评分。

5.工作计划未进行、进行中(阶段性工作)项请在计划完成情况栏内用文字说明原因。

(二)计分说明

1.工作绩效考核表总分90分,日常工作类5项,每项8分,占40分,阶段工作类5项,每项10分,占50分,其他类每项附加分8分,意见与建议如被公司采纳,附加分10分;其中个人评分、职能部门评分、直接上级评分所占工作绩效考核得分比例分别是30%、30%、40%。(个人评分突破90分者,个人评分无效,按直接上级评分减10分计算;职能部门评分从两方面考评:成本意识、职业规范。分别由财务部和行政部考评。)

2.综合绩效考核由考评小组季度进行一次,员工每季度填写一份《员工考核表》和一份《员工互评表》,具体时间由行政部另行通知;《员工考核表》由被考核员工和考评小组填写,《员工互评表》由员工以无记名方式填写后投入公司投票箱;其中自我考评、员工互评、考评小组考评所占综合绩效考核得分比例分别是30%、30%、40%。

3.工作绩效考核季度得分为3个月的平均分,占季度绩效考核得分的60%;综合绩效考核得分占季度绩效考核得分的40%,季度最终绩效考核得分即为两者之和。

4.评分标准:优85分以上,良84—80分,合格79—75分,一般74—65分,不合格 64(含)分以下。

（三）季度绩效工资内容

季度绩效工资＝绩效考核奖＋绩效季度奖。

1.绩效考核奖由三部分组成：

（1）员工季度预留岗位工资 10％的考核风险金。

（2）员工的第 13 个月月工资的四分之一。

（3）公司拿出该岗位 10％的年岗位工资的四分之一作为激励。

员工季度考核为优秀的发放全额季度绩效考核奖金；考核为合格的只发 a 项和 b 项；考核不合格者无季度绩效考核奖金。

2.绩效季度奖金是总经理根据员工在公司的整体表现，参考员工的考核情况在季度末以红包形式发放。

（四）增减分类别

1.考勤计分：当月事假 1 天扣 2 分，以此类推。季度内事假累计 3 天扣绩效工资 1％，累计 5 天扣绩效工资 3％。

2.培训计分：参加培训一次加 1 分，缺勤一次扣 2 分，以此类推。季度内缺勤培训累计 2 次扣绩效工资 1％，累计 4 次扣绩效工资 3％。

3.没有按期编写当月工作计划和填报工作绩效考核表，每逾期一天扣 1 分，以此类推。

4.季度内考核为合格的员工，其季度内个别月份考评为优秀的，每评为优秀一次加绩效工资 2％，以此类推；其季度内个别月份考评为不合格的，每不合格一次减绩效工资 4％，以此类推。

5.奖惩计分：

（1）季度内嘉奖一次加绩效工资 2％、记功一次加绩效工资 4％、记大功一次加绩效工资 6％。

（2）季度内警告一次减绩效工资 2％、记过一次减绩效工资 4％、记大过一次减绩效工资 6％。

第一节　监管部门对小微金融机构的考核

总行对分支行在产品设计、风险定价、行政管理等方面进行设计和布置后，就是将小微金融落到实处，而建立适应各个阶段小微金融的考核机制就显得非常重要，而且要量化指标。

政府要求银行要大力支持小微企业，那就应该对其考核，明确考核政策导向。

对银行业金融机构小微金融服务的考评办法进行修订,体现三个监管导向:一是降低小微企业不良贷款指标在考评中的权重,体现监管部门对小微企业不良贷款的容忍度;二是对于各行小微信贷业务风险控制的评价,设定主要考评制度建设及小微企业不良贷款容忍度数值;三是提高小微金融综合化服务和特色化经营的权重。

2013年9月5日,银监会发布了《关于进一步做好小微企业金融服务工作的指导意见》(以下简称"银监会十五条"),该意见首次将小微企业贷款覆盖率、小微企业综合金融服务覆盖率和小微企业申贷获得率三项指标纳入监测指标体系,并按月进行监测、考核和通报。小微企业贷款覆盖率和小微企业综合金融服务覆盖率主要考察小微企业从银行获得贷款及其他金融服务的比例;小微企业获得率主要考察银行业金融机构对小微企业有效贷款需求的满足情况。

根据"银监会十五条"新提出的提高小微企业贷款可获得性,拓宽小微企业金融服务覆盖面目标,在征求意见的基础上,银行提出了五类可供考评的量化指标。第一,小微企事业信贷规模仍要保持适度增长,增速不低于全部贷款平均增速。第二,小微企业信贷结构要向弱势群体倾斜,适合小微企业特点的弱担保类贷款(如信用贷款、保证贷款等)占比要有所提高。第三,银行业新设分支机构要向县域等金融服务薄弱领域倾斜,批量设立小微专营支行必须符合小微客户数占比一定标准、小微信贷余额占比一定标准以上的监管要求。第四,小微金融服务的惠及面要稳步扩大,小微企业、个体工商户、私营企业主授信户数保持正增长。第五,小微金融服务内涵丰富,由单纯提供融资服务转向集融资、结算、理财、咨询等为一体的综合性金融服务,小微企业表内外授信总额保持正增长。

对执行监管指标好的机构要实行"两倾斜",即机构准入倾斜和监管指标倾斜。在机构准入倾斜方面,建立机构准入事项"绿色通道",对符合条件的银行可批量设立专营机构和特色支行。在监管指标倾斜方面,全面推进法人银行落实小微业务不良贷款差别化容忍度、尽职免责、小微业务优惠资本监管政策。

"两约束"指专项考评和窗口指导。继续开展银行业小微金融服务专项考评工作,将小微金融服务推动工作纳入日常监管,由银监局分别负责对应机构和辖区的推动工作。"一协作"是加强与政府有关部门协作,推动完善有利于小微企业发展的综合配套政策,改善小微企业金融服务的外部环境。

在经营考核机制方面,应采用先进的风险分类技术,合理制定小微企业贷款风险控制指标与客户经理问责免责制度,建立一套有利于激励经营单位及客户经理积极拓展小微企业金融业务的考核机制。还要考核商业银行的小微金融开发产品的个数及交叉销售的产品数量。

第二节 总行对分支机构的考核

一、考核阶段及指标体系

小微金融涉及范围广、量大,因而风险难以控制,总行应该给分支行做好规划,尤其在分支行开办初期,总行将分行筹备、开办初期纳入其考核。主要考核指标及部门:成熟的客户经理、风险经理人数;成熟的柜员和培训人数;领导配备(总行派出人员及招聘人员)。

总行应对小微金融产品开发进行考核,纳入总行市场管理部、科技开发部、运营管理部、国际业务部、信用卡部等。还有办公用房、营业用房的装潢纳入总行办公室、基建部门考核。

总行对分支行考核,要按照发展时段来考核,由于小微金融的建立机构、人员培训、业务开拓的时间长,发展比较慢,所以考核不能实行"一刀切",更不能快马加鞭、杀鸡取卵,否则不能发展好小微金融,更不能长期得到发展。因此要分步实施,同时要保护机构的基本费用,否则难以达到实效。根据分支行开办时间,分支行的管理水平,风险经理、客户经理的业务水平,将其发展分为三个阶段。

第一阶段,以培养团队为目的的初级考核,一般为分支行成立的第一年,主要考核指标有:客户经理培训的合格比例;客户经理的人均存款;客户经理的营销产品的个数和规模;师带徒的有效性;操作的合规性;有效贷款客户数;当地客户的知晓度;成熟客户经理的比例。

为培养好团队,总行至少需做好三个方面的工作:首先,要保证客户经理的基本薪水,否则培训就是为他行培养人员。由于第一年,客户经理新、区域新,而且发展小微金融速度慢,重点是培养小微金融的市场、客户经理的能力。其次,对分行授权要小,品种要多,以保证他们一心一意扩展市场和培养客户经理,做到点面结合。最后,要加强内训师的培养和考核。培养一个团队,必须要有一支过硬的师资队伍,当然,由于新建分行有工作经验员工不多,所以可以根据实际情况将内训师队伍分成初中高三档,并根据本行实际情况设定相应任职条件。内训师队伍建立后,还要加强考核,如每年必须认真完成规定课时的授课,考核结果可分为卓越、优秀、良好、合格、须改进五个等级。

第二阶段,以成本收益保本为基准,一般为分支行成立的第二年,主要考核指标有:存款、贷款增长幅度;户均贷款;不良率;客户经理人均收益(以不亏本为指标);成熟业务部老总比例;交叉销售的效果和数量;业务团队的授权比率;客户经理的管户数。

第三阶段,以利润为目的考核,一般为开业的第三年。

经过第一、二阶段,分支行管理水平,客户经理、业务团队的营销能力大幅提高,对当地经济、政府情况了如指掌。到这个阶段应该是大力发展的时候了,主要考核管理指标和业绩指标。

(一)管理指标

管理指标有:企业数量;对本行的贡献率;业务团队合格比例;合规管理。

(二)业绩指标

业绩指标考核分为月度考核、年度考核。业绩指标考核根据分支行经营和管理水平,逐步降低信贷发放余额、贷款不良率、利润外的其他考核,直到取消。

1. 月度考核。主要包括月度存款考核、新增存款客户数、信用卡月度考核三方面。月度考核由总行业务条线主管部门负责,考核结果主要应用于日常经营管理、月度业务计奖、年度考核指标计算等。

(1)存款指标月度考核。

①月度存款计划完成率。

月度存款计划完成率=月度日均存款计划完成率×X%+月度余额存款计划完成率×X%   (13-1)

月度日均存款计划完成率=(当月日均存款实绩-日均存款基数)÷(当月日均存款计划-日均存款基数)×100%   (13-2)

月度余额存款计划完成率=(当月余额存款实绩-余额存款基数)÷(当月余额存款计划-余额存款基数)×100%   (13-3)

②新增存款客户数。

新增存款客户数完成率=实际新增存款客户数÷新增存款客户任务数×100%   (13-4)

③月度存款考核完成率。

月度存款考核完成率=(月度存款计划完成率×X%+新增存款客户数完成率×X%)   (13-5)

(2)信用卡月度考核。

①信用卡发卡量计划完成率。

月度信用卡发卡量计划完成率=∑月度有效发卡量÷∑总行核定的月度指标×100%   (13-6)

∑月度有效发卡量=∑月度新增主卡发卡量总量-∑月度主卡销卡总量   (13-7)

②信用卡收益计划完成率。

收益完成计划50%以下的按0%计;处于50%(含)—100%的,按实际完成率计;实际完成率达到或超过 100％的,按 100％计。

月度信用卡收益计划完成率＝Σ月度实际完成收益÷Σ总行核定的月度指标×100％ 　　　　　　　　　　　　　　　　　　　　　　　(13－8)

③信用卡月度考核得分率。

信用卡月度考核得分率＝月度信用发卡量计划完成率×X％＋月度信用卡收益计划完成率×X％ 　　　　　　　　　　　　　　　　　(13－9)

2.年度考核。主要包括存款、利润考核、中间业务、资产质量四个方面。

年度考核得分项指标和权重如下。

(1)存款计划完成率。包括月度存款计划完成率和年度存款计划完成率。

(2)利润考核。包括成本收入比;新设机构盈利能力及支出情况;贷款平均利率;存款平均利率。

(3)中间业务计划完成率。包括银行卡计划完成率;电子银行计划完成率;中间业务手续费及佣金净收入;国际结算业务。

(4)信贷资产质量。包括不良贷款率;新增不良贷款;不良贷款清收率。

二、业务指标奖励

关于业务奖励,逐步由根据存款奖励,变成存款与贷款笔数双向奖励,而且将由其他授信带来的存款除掉。这里介绍某银行设计的标准供参考:

(一)存款计算标准

1.考核存款业绩计算标准。

(1)银行承兑汇票业务及保函业务保证金(含存单质押,下同),按全额计算当月存款完成率;

(2)承兑汇票保证金占存款总额在 30％以内的全额计算存款业绩,超过部分按 50％计算存款业绩;

(3)外币存款按美元折人民币 1∶6.5 计算存款业绩,其他币种按照核心报表外币折美元折算率折美元后计算存款业绩。

2.绩效及营销费用计提标准。

(1)存款绩效。客户经理按存量、增量分别制定标准。月度和年度存款绩效薪酬发放比例与当月新增不良率挂钩,按标准执行。当月新增不良率统计口径与信贷资产质量指标下的新增不良贷款率一致。如当月新增不良在次月收回,重新测算当月新增不良率,下降到另一区间的,按另一区间对应比例退还扣留的月度存款绩效。

柜员、其他行政管理人员吸收的各项存款按统一标准按月计奖,全额发放;如该存款户发生贷款等信用业务的,该户应转给管户客户经理管理(分支行可根据实际情况给予原吸存人一定的奖励)。

(2)贷款管理绩效。留置贷款管理绩效薪酬分配办法可按贷款责任比例分配。

(3)营销费用。营销费用的60%与月度考核得分率挂钩。分支行行长、副行长(含行助,不包括兼任拓展部总经理)及无揽存号统一管理的各项日均存款按一定系数计提机构营销费用,不计提存款及贷款管理绩效薪酬。如该存款户发生贷款等信用业务的,该笔存款户应转入管户客户经理管理。

营销费用=[(日均存量存款-不计提营销费用部分存量)×存量计提系数+(日均增量存款-不计提营销费用部分增量)×增量计提系数]×(40%+60%×月度考核得分率)　　　　　　　　　　　　　　　　　　　　(13-10)

不计提营销费用部分=柜员存款+行政管理人员存款+分行统一管理及无揽存号存款+未转正客户经理(含见习客户经理)　　　　　　(13-11)

(二)信用卡绩效计提

1.信用卡绩效计提内容。信用卡绩效计提包括信用卡收益计提和有效发卡量计提,绩效奖金由分支行按发卡责任比自行计算到人。

(1)信用卡发卡量的计奖标准:考核期内营销有效信用卡按一定奖励,于发卡后次月发放。

(2)信用卡收益的计奖标准:信用卡包括贷记卡和商惠通卡,信用卡收益仅限于利息收入、滞纳金或罚息收入部分。信用卡收益计奖分基础任务收益和新增任务收益。

2.月度信用卡收益奖

超额收益奖=(信用卡年度实际完成收益-信用卡年度收益任务)×信用卡年度考核得分÷100×A%　　　　　　　　　　　　　　　(13-12)

次年年初留置信用卡收益奖=∑(每月基础任务收益×A%+每月新增任务收益×B%)×信用卡年度考核得分÷100×20%-应扣风险责任金　(13-13)

次年对应月留置收益奖=(上年对应月基础任务收益×A%+上年对应月新增任务收益×B%)×信用卡年度考核得分÷100×A%-应扣风险责任金

(13-14)

年度信用卡考核得分=信用卡计划完成率×100-信用卡年度考核扣分项

(13-15)

第三节　分支行对客户经理的考核

小微金融发展好坏,与客户经理素质休戚相关,因此对客户经理管理和考核显得尤其重要,主要考核时期和指标如下。

一、严格规范客户经理转正、转初级和退出机制

(一)试用期转正

要制定客户经理管理暂行办法来规范试用期转正规则。一般来说试用期为6个月,在试用期最后两个月日均存款必须大于一定金额,视各家银行规模和考核机制而定,当然还有业务知识的考核。

(二)见习客户经理转初级客户经理

每季度统一组织一次资格考试,考试合格且符合相关条件的转为初级客户经理。转正后平均存款日均大于一定金额,视银行规模大小而定。

(三)退出机制

分支行客户经理管理的相关部门要严格按照有关办法加强对客户经理的业绩考核,定期统计客户经理业绩,对不合格的客户经理施行劝退或转岗,每月处理。

1. 见习客户经理有下列情形之一的,建议对其进行劝退:

(1)未通过培训结业考试。

(2)试用期内业绩不符合标准。

(3)规定时间内未转为初级客户经理。

(4)工作表现差,职业道德不良,不能认同企业文化,所在机构不愿聘用的。

2. 客户经理有下列情形之一的,建议对其进行劝退或转岗:

(1)发生违规行为,根据银行有关规定应予解聘的。

(2)工作表现差,职业道德不良,不能认同企业文化,所在机构不愿聘用的。

(3)业绩达不到初级客户经理评定标准的。

(4)有其他不宜续聘行为的。

(5)连续三个月被确定为谈话对象,经确认不符合客户经理任职资格的。

二、持续推进客户经理评级工作

可根据薪酬体系、发展要求等实际情况设定初级、中级、高级和资深等相应等级。每年组织一次客户经理评级工作,按照业务知识和技能统一考试成绩、日常工作表现及实际业绩等综合考核结果定级,提高客户经理综合素质,帮助其规划职业生涯。

三、大力推进客户经理评优工作

为激发客户经理潜能,分支行每月可在本机构显著位置公布客户经理业绩排名,业绩排名以主要考核指标为依据。按照有关的评比条件,确定"月度优秀客户

经理"和"年度优秀客户经理"。

分支行应积极推进优秀客户经理评选工作,在评选办法框架内制订本机构的评选细则及奖励方案。由客户经理的相关管理部门做好信息收集和审核工作。

四、规范业务团队管理

1.分支行参照相关的考核指标要素,对业务团队成立设定一定条件并规定目标值,含人数和业绩。

2.分支行要加强对业务部业绩监测,对于不符合业绩标准的业务部要按办法进行处理。

3.探索并建立营销队伍关键绩效指标体系(KPI)。分支行应积极探索业务数据的研究分析,通过设定指标、专项分析、加强监测,逐步建立科学化、体系化的销售队伍关键绩效指标体系,有针对性地进行分类指导,推动队伍有效人力的扩张,提高队伍整体产能,保障队伍健康持续地发展。关键绩效指标包括:分支行个人、团队前几位和后几位的主要销售指标;分支行人均产能,包括存款,管户,新增存、贷客户数等;各项中间业务数据(含人均)等。

4.客户群或批发业务量。客户群或批发业务营销是小微金融营销的基石,也是控制风险的有效手段,在深入推进小微金融战略的进程中,不断下探小微企业群体的层级,深入更深的"蓝海",为商业金字塔体系中数量巨大的"塔基企业"提供对应的金融服务,既快速扩大客户规模,又充分践行了"小额分散"的基本原则。把目标商圈内聚焦的小微客户群进行分层分类管理,按照经营年限、收入规模等维度切分后,有针对性地分别设计授信方案。如按照商户经营的产品种类、占用的冷库面积等规律性指标对生鲜批发业主这批小微客户群做出清晰的分类分层,并设计相应的信贷条件和金融服务方案,以有效把控信用风险。

民生银行专注于与"国民生计"密切相关、受经济周期影响较小的行业,依托核心企业的交易信息,向其上下游小微企业提供综合金融服务。例如,民生银行充分把握住内蒙古的特色产业,成功建立了与某大型乳业公司的合作,依据其经营数据,为奶牛养殖户和乳制品经销链条中的小微商户提供综合金融服务,支持乳业产业链的健康持续发展。

小微金融发展前期,较多地采用了团体贷款模式,即通过利用人际网络间的信息资源,解决银企之间的信息不对称问题,互保、联保等授信方式得到充分应用,获得小微企业的广泛欢迎。

随着小微企业经营方式的逐渐演变,交易信贷模式正在逐渐替代一部分团体贷款,即围绕区域特色经济和产业链核心环节,为产业链中的小微企业提供包括授信在内的综合金融服务。在民生银行未来"一体两翼"的业务框架下,这一模式将发挥越来越重要的作用。

　　不管是团体贷款,还是交易信贷模式,均有效打破了传统对抵押物和企业报表的依赖。截至 2013 年第一季度末,民生银行非抵质押类的小微信贷余额经过四年的持续增长占比已达 62%,而小微信贷的不良率仍然保持在较低水平。

【本章小结】

　　在完成小微金融管理的各个环节之后,如何将小微金融发展落到实处,建立适应各个阶段小微金融考核机制就显得非常重要。本章首先介绍监管部门对小微金融机构的考核,主要介绍一些政策、法规等。其次介绍总行对分支机构的考核,阐述考核阶段及指标体系以及业务指标奖励等内容。最后介绍分支行对客户经理的考核,主要说明考核时期和相应指标。

参 考 文 献

[1] COX MERTON R, ZVI B. Deposit insurance reform: a functional approach in A. Meltzer and C. Plosser[J]. Carnegie-Rochester series on public policy, 1993 (6): 38-39.

[2] GOVIND RAJAN R, ZINGALES L. Power in a theory of the firm[J]. Quarterly journal of economics, 1998, 113(2): 387-432.

[3] SCHONFELD E. SEC outlines its reasoning for shutting down P2P lender prosper[J]. Fortune, 2010.

[4] STIGLITZ J, WEISS A. Credit rationing in markets with imperfect information[J]. American economic review, 1981.

[5] SUMIT A, ROBERT H. Distance and private information in lending[J]. The review of financial studies, 2008.

[6] 和毅. 互联网金融模式下的供应链融资发展思考[J]. 金融理论与实践, 2013 (12): 75-77.

[7] 刘芸, 朱瑞博. 互联网金融、小微企业融资与征信体系深化[J]. 征信, 2014(2): 31-35.

[8] 林毅夫, 孙希芳. 信息、非正规金融与中小企业融资[J]. 经济研究, 2005, 40(7): 35-44.

[9] 艾金娣. P2P 网络借贷平台风险防范[J]. 中国金融, 2012(14): 79-81.

[10] 陈志武. 互联网金融到底有多新[N]. 新金融, 2014(4): 9-13.

[11] 谢平, 邹传伟. 互联网金融模式研究[J]. 金融研究, 2012(12): 11-22.

[12] 巴曙松. 将小微金融的发展作为下一步金融改革的重点[J]. 西南金融, 2012 (6): 4-6.

[13] 廖理, 李梦然, 王正位. 聪明的投资者非完全市场化利率与风险识别: 来自 P2P 网络借贷的证据[J]. 经济研究, 2014, 49(7): 125-137.

[14] 李悦雷,郭阳,张维.中国 P2P 小额贷款市场借贷成功率影响因素分析[J].金融研究,2013(7):126-138.

[15] 卢馨,李慧敏.P2P 网络借贷的运行模式与风险管控[J].改革,2015(2):60-68.

[16] 陈霄,叶德珠.中国 P2P 网络借贷利率波动研究[J].国际金融研究,2016(1):83-96.

[17] 俞林,康灿华,王龙.互联网金融监管博弈研究:以 P2P 网贷模式为例[J].南开经济研究,2015(5):126-139.

[18] 王艳,陈小辉,邢增艺.网络借贷中的监管空白及完善[J].当代经济,2009(12):46-47.

[19] 陈初.对中国"P2P"网络融资的思考[J].人民论坛,2010(26):128-129.

[20] 莫易娴.P2P 网络借贷国内外理论与实践研究文献综述[J].金融理论与实践,2011(12):101-104.

[21] 俞滨,郭延安.农地产权制度改革对农地抵押市场双重效应研究:以浙江农地抵押改革试点区为例[J].浙江社会科学,2018(4):17-26.

[22] 钮明."草根"金融 P2P 信贷模式探究[J].金融理论与实践,2012(2):58-61.

[23] 龙飞.我国小微企业网络融资新进展[J].中国科技投资,2012(32):31-35.

[24] 李镇西.微型金融:国际经验与中国实践[M].北京:中国金融出版社,2011.

[25] 鲁德曼.微型金融[M].游春,译.北京:中国金融出版社,2015.

[26] 俞滨,郭延安.从"三权"抵押贷款看丽水农村金融改革[J].浙江经济,2018(19):56-57.

[27] 李镇西.微型金融机构社会绩效管理研究[M].北京:中国金融出版社,2012.

[28] 沈颢.小钱大用微型金融方法与案例[M].南昌:二十一世纪出版社,2012.

[29] 俞滨,周冲冲.小微金融[M].杭州:浙江工商大学出版社,2018.

[30] 巴曙松.金融市场的魔鬼与天使[M].杭州:浙江人民出版社,2004.

[31] 段姝.银行市场结构与中小企业信贷业务绩效相关性研究综述[J].财会月刊,2010(21):88-91.

[32] 高正平.中小企业融资新论[M].北京:中国金融出版社,2004.

[33] 李扬,杨思群.中小企业融资与银行[M].上海:上海财经大学出版社,2001.

[34] 刘曼红.中国中小企业融资问题研究[M].北京:中国人民大学出版社,2003.

[35] 俞滨.新时代农村信用社风险管理研究[J].中国商论,2018(10):82-83.

附录一：
2015 年小微企业划分标准

　　小微企业是小型企业、微型企业、家庭作坊式企业、个体工商户的统称，是由经济学家郎咸平教授提出的。财政部和国家发改委发出通知，决定在未来 3 年免征小型微型企业 22 项行政事业性收费，以减轻小型微型企业负担。

　　所谓小微企业，根据此前中国财政部和国家税务总局联合印发《关于小型微利企业所得税优惠政策有关问题的通知》，主要包括：工业企业，年度应纳税所得额不超过 30 万元（人民币，下同），从业人数不超过 100 人，资产总额不超过 3000 万元；其他企业，年度应纳税所得额不超过 30 万元，从业人数不超过 80 人，资产总额不超过 1000 万元。

一、企业划型

　　第一，根据《中华人民共和国中小企业促进法》和《国务院关于进一步促进中小企业发展的若干意见》（国发〔2009〕36 号），制定本规定。

　　第二，中小企业划分为中型、小型、微型三种类型，具体标准根据企业从业人员、营业收入、资产总额等指标，结合行业特点制定。

　　第三，本规定适用的行业包括：农、林、牧、渔业，工业（包括采矿业，制造业，电力、热力、燃气及水生产和供应业），建筑业，批发业，零售业，交通运输业（不含铁路运输业），仓储业，邮政业，住宿业，餐饮业，信息传输业（包括电信、互联网和相关服务），软件和信息技术服务业，房地产开发经营，物业管理，租赁和商务服务业，其他未列明行业（包括科学研究和技术服务业，水利、环境和公共设施管理业，居民服务、修理和其他服务业，社会工作，文化、体育和娱乐业等）。

　　小微企业在税收上的概念和其他部门略有不同，主要包括三个标准：一是资产总额，工业企业不超过 3000 万元，其他企业不超过 1000 万元；二是从业人数，工业企业不超过 100 人，其他企业不超过 80 人；三是税收指标，年度应纳税所得额不超过 30 万元。符合这三个标准的才是税收上说的小微企业。

二、行业划型

（一）农、林、牧、渔业

营业收入 2000 万元以下的为中小微型企业。其中，营业收入 500 万元及以上的为中型企业，营业收入 500 万元及以下的为小型企业，营业收入 50 万元以下的为微型企业。

（二）工业

从业人员 1000 人以下或营业收入 40000 万元以下的为中小微型企业。其中，从业人员 300 人及以上，且营业收入 2000 万元及以上的为中型企业；从业人员 20 人及以上，且营业收入 300 万元及以上的为小型企业；从业人员 20 人以下或营业收入 300 万元以下的为微型企业。

（三）建筑业

营业收入 80000 万元以下或资产总额 80000 万元以下的为中小微型企业。其中，营业收入 6000 万元及以上，且资产总额 5000 万元及以上的为中型企业；营业收入 300 万元及以上，且资产总额 300 万元及以上的为小型企业；营业收入 300 万元以下或资产总额 300 万元以下的为微型企业。

（四）批发业

从业人员 200 人以下或营业收入 40000 万元以下的为中小微型企业。其中，从业人员 20 人及以上，且营业收入 5000 万元及以上的为中型企业；从业人员 5 人及以上，且营业收入 1000 万元及以上的为小型企业；从业人员 5 人以下或营业收入 1000 万元以下的为微型企业。

（五）零售业

从业人员 300 人以下或营业收入 2000 万元以下的为中小微型企业。其中，从业人员 50 人及以上，且营业收入 500 万元及以上的为中型企业；从业人员 10 人及以上，且营业收入 100 万元及以上的为小型企业；从业人员 10 人以下或营业收入 100 万元以下的为微型企业。

（六）交通运输业

从业人员 1000 人以下或营业收入 30000 万元以下的为中小微型企业。其中，从业人员 300 人及以上，且营业收入 3000 万元及以上的为中型企业；从业人员 20 人及以上，且营业收入 200 万元及以上的为小型企业；从业人员 20 人以下或营业收入 200 万元以下的为微型企业。

（七）仓储业

从业人员 200 人以下或营业收入 30000 万元以下的为中小微型企业。其中，从业人员 20 人及以上,且营业收入 100 万元及以上的为小型企业;从业人员 20 人以下或营业收入 100 万元以下的为微型企业。

（八）信息传输业

从业人员 2000 人以下或营业收入 100000 万元以下的为中小微型企业。其中,从业人员 100 人及以上,且营业收入 1000 万元及以上的为中型企业。

（九）软件信息技术

从业人员 10 人及以上,且营业收入 50 万元及以上的为小型企业;从业人员 10 人以下或营业收入 50 万元以下的为微型企业。

（十）房产开发

营业收入 200000 万元以下或资产总额 10000 万元以下的为中小微型企业。其中,营业收入 1000 万元及以上,且资产总额 5000 万元及以上的为中型企业;营业收入 100 万元及以上,且资产总额 2000 万元及以上的为小型企业;营业收入 100 万元以下或资产总额 2000 万元以下的为微型企业。

（十一）物业管理

从业人员 1000 人以下或营业收入 5000 万元以下的为中小微型企业。其中,从业人员 300 人及以上,且营业收入 1000 万元及以上的为中型企业;从业人员 100 人及以上,且营业收入 500 万元及以上的为小型企业;从业人员 100 人以下或营业收入 500 万元以下的为微型企业。

（十二）租赁和商务

从业人员 300 人以下或资产总额 120000 万元以下的为中小微型企业。其中,从业人员 100 人及以上,且资产总额 8000 万元及以上的为中型企业;从业人员 10 人及以上,且资产总额 100 万元及以上的为小型企业;从业人员 10 人以下或资产总额 100 万元以下的为微型企业。

（十三）其他行业

从业人员 300 人以下的为中小微型企业。其中,从业人员 100 人及以上的为中型企业;从业人员 10 人及以上的为小型企业;从业人员 10 人以下的为微型企业。

附录二：
中国银监会关于 2015 年小微企业金融服务工作的指导意见

银监发〔2015〕8 号

各银监局，各政策性银行、国有商业银行、股份制商业银行，邮政储蓄银行，中国银行业协会、中国融资担保业协会、中国小额贷款公司协会：

为贯彻落实党中央国务院关于金融支持小微企业发展的决策部署，持续改进小微企业金融服务，促进经济提质增效升级，现就 2015 年小微企业金融服务工作提出以下指导意见：

一、明确工作目标，努力实现"三个不低于"

当前我国经济发展已进入新常态，商业银行要认真贯彻党中央国务院的决策部署，进一步改进小微企业金融服务，积极推动大众创业、万众创新。2015 年要继续执行好现有的各项小微企业金融服务政策，强化利率风险定价机制、独立核算机制、高效审批机制、激励约束机制、专业人员培训机制和违约信息通报机制等"六项机制"建设，落实小微企业金融服务专营机构单列信贷计划、单独配置人力资源和财务资源、单独客户认定与信贷评审、单独会计核算的"四单原则"。在有效提高贷款增量的基础上，努力实现小微企业贷款增速不低于各项贷款平均增速，小微企业贷款户数不低于上年同期户数，小微企业申贷获得率不低于上年同期水平。

二、单列信贷计划，优化信贷结构

商业银行要围绕小微企业贷款增速不低于各项贷款平均增速的目标，年初单列全年小微企业信贷计划，并于一季度末前将经本行主要负责人审批的小微企业信贷计划报送监管部门，执行过程中不得挤占、挪用。年中调整信贷计划的商业银行，需及时向监管部门报告并说明调整原因。

商业银行要优化信贷结构,用好增量,盘活存量。通过信贷资产证券化、信贷资产转让等方式腾挪信贷资源用于小微企业贷款。要进一步扩大小微企业专项金融债发行工作,对发债募集资金实施专户管理,确保全部用于发放小微企业贷款。

三、加强机构建设,扩大网点覆盖面

商业银行要继续深化小微企业金融服务机构体系建设,增加有效供给,提升专业化水平。要加大小微企业专营机构建设力度,增设扎根基层、服务小微的社区支行、小微支行,提高小微企业金融服务的批量化、规模化、标准化水平。地方法人银行要坚持立足当地、服务小微的市场定位,向县域和乡镇等小微企业集中的地区延伸网点和业务。进一步丰富小微企业金融服务机构种类,支持在小微企业集中的地区设立村镇银行、贷款公司等小型金融机构。

四、落实尽职免责,调动工作积极性

商业银行要落实小微企业贷款尽职免责制度。经检查监督和责任认定,有充分证据表明授信部门和授信工作人员按照有关法律法规以及商业银行相应的管理制度勤勉尽职地履行了职责的,在授信出现风险时,应免除授信部门和相关授信工作人员的合规责任。商业银行应于二季度末前制定小微企业业务尽职免责办法,并报送监管部门备案。尽职免责办法应对尽职免责的适用对象、审核程序、认定标准、免责事由、免责范围规定具体明确的操作细则。

五、改进考核机制,激发内生动力

商业银行要按照相关监管要求,改进小微企业业务的管理、考核和激励机制,确保小微企业业务条线的资源配置充足。要在内部明确小微企业业务的牵头主管部门,强化跨部门统筹协调机制。要强化绩效考核倾斜,对小微企业业务设立专门的考核指标,科学设置小微企业业务在全部业务中的考核权重。要落实有关提高小微企业贷款不良容忍度的监管要求。小微企业贷款不良率高出全行各项贷款不良率年度目标2个百分点以内(含)的,不作为内部对小微企业业务主办部门考核评价的扣分因素。

六、加大金融创新,提升服务能力

商业银行要结合金融系统深化改革和大数据等网络信息技术广泛应用的新趋势,加强产品创新、服务创新和渠道创新。要落实《中国银监会关于完善和创新小微企业贷款服务提高小微企业金融服务水平的通知》(银监发〔2014〕36号)要求,加强小微企业贷款还款方式创新。要积极为小微企业全面提供开户、信贷、结算、

理财、咨询等基础性、综合性金融服务,运用手机银行、网上银行等新渠道,提高服务便利度。鼓励商业银行与保险公司合作,探索以信用保险、贷款保证保险等产品为主要载体,多方参与、风险共担的经营模式。

七、规范服务收费,切实降低融资成本

商业银行要认真贯彻落实《国务院关于扶持小型微型企业健康发展的意见》(国发〔2014〕52号)、《国务院办公厅关于多措并举降低企业融资成本的指导意见》(国办发〔2014〕39号)和相关监管政策要求,及时清理收费项目,进一步规范对小微企业的服务收费。要在建立科学合理的小微企业贷款风险定价机制基础上,努力履行社会责任,对诚实守信、经营稳健的优质小微企业减费让利。要缩短融资链条,清理各类融资"通道"业务,减少搭桥融资行为。

八、严守风险底线,抓好风险防控

要按照风险可控、商业可持续原则,坚持金融服务小微企业的大方向,坚守有效识别、防范、化解风险的基础防线。要落实国家产业政策,密切防范产业结构调整中"两高一剩"产业导致的风险传染。要加强对贷款资金流向的监测管理,防止借款企业违规挪用贷款。对符合产业政策、产品具有核心竞争力、长期能够实现盈利但暂时出现经营困难的小微企业,不宜简单地压贷、抽贷、断贷。要加强对互保联保、过剩产能等重点风险的识别、防控,做好风险处置预案。对小微企业贷款要提足专项风险拨备,符合条件的不良贷款要及时核销。要加强与政府部门、司法机关和同业的沟通协调,防范逃、废债,完善风险处置手段,依法维护银行债权。

九、强化监管激励约束,确保政策落实

各级监管部门要坚持正向激励的监管导向,在市场准入、专项金融债发行、风险资产权重、存贷比考核及监管评级等方面落实对小微企业金融服务的差异化政策。从2015年起,商业银行适用小微企业金融服务相关的正向激励政策,应以实现小微企业贷款增速不低于各项贷款平均增速、小微企业贷款户数不低于上年同期户数、小微企业申贷获得率不低于上年同期水平为前提。

各银监局要加强对小微企业金融服务工作条线的人员配置,确保专人专岗负责相关工作。要加强对辖内小微企业贷款覆盖率、服务覆盖率和申贷获得率等指标的统计监测,及时在全辖通报。

各级监管部门要根据商业银行小微企业金融服务工作开展情况,适时对专项金融债募集资金的专户管理与使用、信贷资产证券化和信贷资产转让腾挪资金用于小微企业贷款、尽职免责办法制定与执行、服务收费等事项加大监督检查力度,

确保各项监管政策落到实处。

十、加强多方联动，优化服务环境

各方要密切配合，形成合力，确保各项措施落地见效。各银监局、商业银行要继续推动和协调各级政府部门有效整合小微企业信息共享与发布渠道，推动建立小微企业信贷风险补偿基金，加强与财税政策的配套联动。建立健全主要为小微企业服务的融资担保体系，积极发展政府支持的融资担保和再担保机构。加强银证合作、银担合作，丰富小微企业金融服务方式。发挥非存款类机构对小微企业融资的支持作用。银行业协会、融资担保业协会和小贷公司协会要积极发挥在行业信息交流和通报方面的作用。

2015 年 3 月 3 日

附录三：
中国银监会关于完善和创新小微企业贷款服务　提高小微企业金融服务水平的通知

银监发〔2014〕36 号

为进一步做好小微企业金融服务,着力解决小微企业倒贷(借助外部高成本搭桥资金续借贷款)问题,降低小微企业融资成本,推动小微企业健康发展,现就完善和创新小微企业贷款服务有关事项通知如下:

一、合理确定小微企业流动资金贷款期限

银行业金融机构应当根据小微企业生产经营特点、规模、周期和风险状况等因素,合理设定小微企业流动资金贷款期限,满足借款人生产经营的正常资金需求,避免由于贷款期限与小微企业生产经营周期不匹配增加小微企业的资金压力。

二、丰富完善小微企业流动资金贷款产品

鼓励银行业金融机构积极开发符合小微企业资金需求特点的流动资金贷款产品,科学运用循环贷款、年审制贷款等便利借款人的业务品种,合理采取分期偿还贷款本金等更为灵活的还款方式,减轻小微企业还款压力。

三、积极创新小微企业流动资金贷款服务模式

对流动资金周转贷款到期后仍有融资需求,又临时存在资金困难的小微企业,经其主动申请,银行业金融机构可以提前按新发放贷款的要求开展贷款调查和评审。符合下列条件的小微企业,经银行业金融机构审核合格后可以办理续贷:

(一)依法合规经营;

(二)生产经营正常,具有持续经营能力和良好的财务状况;

(三)信用状况良好,还款能力与还款意愿强,没有挪用贷款资金、欠贷欠息等

不良行为；

（四）原流动资金周转贷款为正常类，且符合新发放流动资金周转贷款条件和标准；

（五）银行业金融机构要求的其他条件。

银行业金融机构同意续贷的，应当在原流动资金周转贷款到期前与小微企业签订新的借款合同，需要担保的签订新的担保合同，落实借款条件，通过新发放贷款结清已有贷款等形式，允许小微企业继续使用贷款资金。

四、科学准确进行贷款风险分类

银行业金融机构根据本通知规定对小微企业续贷的，应当根据企业经营状况，严格按照贷款五级风险分类基本原则、分类标准，充分考虑借款人的还款能力、正常营业收入、信用评级以及担保等因素，合理确定续贷贷款的风险分类；符合正常类标准的，应当划为正常类。

五、切实做好小微企业贷款风险管理

银行业金融机构开展循环贷款、年审制贷款以及续贷等流动资金贷款产品和服务模式创新的，应当根据自身信贷管理和行业客户等特点，按照风险可控的原则，制定相应管理制度，建立业务操作流程，明确客户准入和业务授权标准，合理设计和完善借款合同与担保合同等配套文件，相应改进信息技术系统。

银行业金融机构应当多渠道掌握小微企业经营与财务状况、对外融资与担保情况、关联关系以及企业主个人资信等信息，客观准确判断和识别小微企业风险状况，防止小微企业利用续贷隐瞒真实经营与财务状况或者短贷长用、改变贷款用途。银行业金融机构要切实加大对续贷贷款的贷后管理力度，加强对客户的实地调查回访，动态关注借款人经营管理、财务及资金流向等状况，及时做好风险评估和风险预警。

银行业金融机构要加强对续贷业务的内部控制，在信贷系统中单独标识续贷贷款，建立对续贷业务的监测分析机制，提高对续贷贷款风险分类的检查评估频率，防止通过续贷人为操纵贷款风险分类，掩盖贷款的真实风险状况。

六、不断提升小微金融服务技术水平

银行业金融机构要贯彻落实金融支持实体经济发展的要求，加大小微金融投入，要根据小微企业客户的实际需求，不断完善金融服务，优化产品设计，改进业务流程，创新服务方式，持续健全小微企业贷款风险管理机制，积极提升小微企业金融服务技术水平，推动小微企业良性健康发展。

2014 年 7 月 23 日

附录四：
尤努斯及其创建的格莱珉银行

穆罕默德·尤努斯（Muhammad Yunus，1940年6月28日—）：孟加拉国经济学家，孟加拉乡村银行（Grameen Bank，也译作格莱珉银行）的创始人，有"穷人的银行家"之称。

穆罕默德·尤努斯开创和发展了"微额贷款"的服务，专门提供给因贫穷而无法获得传统银行贷款的创业者。2006年，"为表彰他们从社会底层推动经济和社会发展的努力"，他与孟加拉乡村银行共同获得诺贝尔和平奖。他曾获得过总计60多项荣誉，如1978年孟加拉总统奖、1985年孟加拉银行奖、1994年世界粮食奖、1998年悉尼和平奖，以及2004《经济学人》颁发的社会经济创新奖等。

1940年，尤努斯降生在一个虔诚的穆斯林家里。他们家族在离孟加拉最大的港口吉大港不远的巴图亚拥有土地，尤努斯祖父的收入大部分来源于农作，但是他对首饰行业更有兴趣，他的长子，杜拉·米亚进入了首饰行业，并很快成为吉大港首屈一指的制造商和为穆斯林顾客服务的珠宝饰品商人。尤努斯是家里第三个孩子，他的母亲共生了14个孩子，5个早夭，尤努斯后来说起自己的母亲总是充满深情，"她十分善良并充满同情心，总是周济从遥远的乡下来看望我们的穷亲戚"，他甚至说"是她对家人和穷困人的关爱影响了我，帮助我发现了自己在经济学和社会改革方面的兴趣"。

尤努斯从小的理想是当一名教师。从吉大港大学毕业时，尤努斯21岁，母校提供给他一个经济学教师的职位。这个由英国人在1836年创建的大学，也是南亚次大陆最受尊重的大学之一，作为教师，尤努斯在那待了5年。在这段时间里，他还建立了个人企业，一个包装与印刷工厂，雇用了100名工人。这个项目很快成功，每年都有良好的利润。这个包装厂的成功使他父亲和亲人们都相信，如果他想的话，他可以在商界出人头地。但尤努斯想的还是学习和教书，1965年他得到一份富布赖特奖学金，来到美国范德比尔特大学攻读经济学博士学位。

尤努斯在范德比尔特大学遇到了两位影响他未来生活的人，一个是他的导师尼古拉斯·杰奥杰斯库·勒根，一位罗马尼亚著名教授，他教给尤努斯一些精确的经济学模式，这些最终帮助他建立起了格莱珉银行。另一个人是名叫薇拉·弗洛斯坦科的女孩，1970年，他们结婚后，尤努斯在中田纳西州立大学教书。

1971年12月16日，孟加拉赢得了独立战争，这场战争付出了沉重的代价，300万孟加拉人丧失了性命，1000万人逃亡到相邻的印度。对于尤努斯来说，他回国的时候到了，他觉得自己必须回国参与祖国的建设，建设千疮百孔的国家。

1972年回国后的尤努斯被派到政府计划委员会工作。但除了看报整日无事可做，经多次抗议后，尤努斯辞职，又回到吉大港大学做经济系主任。

1974年孟加拉陷入饥荒中。瘦骨嶙峋的人们开始出现在大城市的火车站和汽车站，很快，这些小股的人流就变成了一场洪水，饥饿的人们遍布全城。他们一动不动地坐在那儿，以至于无法确定他们是死是活。随着饥荒不断恶化，尤努斯心中的不安日益加剧，大约150万人在这次饥荒中死去。这件事情深深地触动了尤努斯，并永远地改变了他。"当人们在我课堂对面的门廊里正在饿死的时候，我的那些优雅的经济学理论又有什么用呢？我讲述的那些课程就像那些总是好人获胜的美国电影，当我走出舒适的教室，面对的是城市街道上的现实。在这里，好人遭受命运无情的毒打与践踏。生活每况愈下，穷人更加贫穷。""我开始痛恨自己，傲慢自大地认为自己无所不知，可以找到解决一切问题的答案。我们大学里的教授们都智力过人，但却对我们周围的贫穷一无所知。为什么那些一天工作12小时、一周工作7天的人都不能获得足够的食物？"尤努斯决定，把那些穷人作为他的老师，着手对他们及他们生活中的问题进行研究。

在1975年和1976年的大部分时间里，尤努斯带领着学生去附近的乔布拉村调研。发现问题总是很容易，但是什么才是解决之道呢？他向那些农民们推广改良的大米种植技术，在干旱季节组建农民合作社修建水利设施。但不久后，他意识到，这并不能帮助真正穷困的底层阶级——那些没房没产、生活在农村里的穷人。

一天，尤努斯在乔布拉村采访了一位靠制作并售卖竹椅谋生的妇女。这位妇女告诉他，她辛劳一天只能赚2美分。尤努斯大感惊愕：这么一位勤劳的、能制作这么漂亮的竹椅的妇女，一天只能赚这么点钱！这位妇女解释说，由于没钱去购买制作竹椅的原材料，她不得不去找一位商人借钱，这位商人只允许她把竹椅卖给他，而且收购的价钱还得由他说了算。事实上，这位妇女就是附属于这位商人的劳动力！那这些竹子值多少钱呢？大约25美分。"我的天，仅仅为25美分就要遭这种罪受，难道就没有人能对此做些什么吗？"他找出村里另外42位有着类似困境的村民。在把这些村民们的资金需求汇总后，尤努斯经历了他有生以来最大的一次震动：这个数目一共只有27美金。

"造成他们穷困的根源并非由于懒惰或者缺乏智慧的个人问题，而是一个结构性问题:缺少资本。这种状况使得穷人们不能把钱攒下来去做进一步的投资。一些放贷者提供的借贷利率高达每月 10%,甚至每周 10%,所以不管这些人再怎么努力劳作,都不可能越过生存线水平。我们所需要做的就是在他们的工作与所需的资本之间提供一个缓冲,让他们能尽快地获得收入。"尤努斯总结道。于是,向这些没房没产的穷人提供借贷的想法就此诞生。

尤努斯当即从他的口袋里掏出了 27 美金,借给了这 42 位穷人。随后,他去找一些银行家,试图说服他们向这些穷人提供无须抵押的贷款。而银行家们却讥讽他,说这些穷人的信用不可靠。尤努斯反驳道:"如果你们没有尝试过,你们怎么知道他们不值得信任呢?也许是你们这些银行家对于人民来说才不可靠吧。"

尤努斯并未就此放弃。在 1976—1979 年间,他在村里开始了试验,以自己为担保人向穷人们提供小额贷款,这个试验成功地改变了大约 500 位借款人的生活。他也不断地去游说孟加拉中央银行和商业银行来采纳他的试验。1979 年,孟加拉央行终于答应开展这个名为"格莱珉"的项目,一开始由 7 家国有银行支行在一个省份进行试运作,1981 年则增加到 5 个省份。这个项目的每一次扩张都证实了小额贷款的有效性:到 1983 年止,格莱珉项目通过 86 个支行使 5.9 万名客户摆脱了贫困。随后,尤努斯决定辞去学术工作,全身心投入这项对抗贫穷的事业。1983 年,格莱珉银行成立为独立法人机构,以更快的速度发展壮大。为了确保还款,银行使用"团结组"系统。这些非正式的小组一起申请贷款,由小组成员担任联合的还款保证人,并互相支持对方努力改善自己的经济状况。随着银行的发展,格莱珉乡村银行亦开发了其他为贫穷人士服务的信贷系统。除了微型贷款外,银行还提供住房贷款,为渔场、灌溉项目、高风险投资、纺织业及其他活动提供经费,同时亦提供其他银行业务,如储蓄。在 2004 年,超过 6600 万人在这计划下受惠。

2011 年,格莱珉银行已成为孟加拉国最大的乡村银行,这家银行有着 650 万借款者,为 7 万多个村庄提供信贷服务。格莱珉银行的偿债率高达 98%,足以让任何商业银行感到嫉妒。而且,每一位借贷者都拥有这家银行一份不可转让的股份,占据这家银行 92% 的股份(余额由政府持有),这实实在在是一家为穷人服务的银行,是穷人自己的银行。"尤努斯取得的成就真是卓越非凡。"联合国教科文组织的布鲁罗·拉菲亚在对格莱珉银行进行调研后评价道。

尤努斯创办的格莱珉银行对传统银行规则进行了彻底的颠覆。在他的银行里,你看不到电话、打字机或者地毯——尤努斯的员工们主动下到村里地头去拜访借款者——他们之间也不签署借款合同,大多数借款人都目不识丁。格莱珉银行向客户们收取固定的单利利息,通常是 20% 每年,相对孟加拉商业贷款 15% 的复利,这个利率是比较低的。他们的客户都是那些没房没产的穷人,那些还不致穷困潦倒的人则被排除在外。尤努斯发现,把钱借给那些在孟加拉社会里没什么赚钱

7566555665655

机会的妇女们,通常会给家庭带来更大的收益:这些妇女们对她们的贷款会更为小心谨慎。贷款申请人还得清楚地了解格莱珉银行的运作方式,这样他们才有资格借款。偿款通常从借款的第二周开始,尽管看上去会有些压迫性,但这也缓减了让借款人在年终偿付一大笔钱的压力。借款者要有 6—8 人构成"团结小组",相互监督贷款的偿还情况,如小组中有人逾期未能偿款,则整个小组都要受到处罚。借款发放和偿付每周通过一次"中心会议"公开进行。在孟加拉到处滋生着腐败的各种机构中,格莱珉银行以其公开透明的运作而感到自豪。

在格莱珉银行快速发展的同时,一些批评也纷至沓来。最强烈的批评来自一些伊斯兰教徒,他们认为这家银行是反伊斯兰教的,尤努斯坚决否认了他在与伊斯兰教为敌。他们并不强迫妇女离开家人去工厂工作,而是让她们从事个体经营。

在国际上,一些传统援助机构也对尤努斯自助式的哲学表示了怀疑。甚至一些赞同尤努斯的人也会问,尤努斯的项目为什么还要去盈利。尤努斯对这个问题的回答是,许多为穷人服务的机构往往过于依赖捐赠而不能实现自我富足:"这就好像对一位病人说,他一天可以呼吸 23 个小时,余下的时间将由政府为他们供给氧气。这意味着你得靠他们的怜悯而活着。一旦政客们改变了主意,或者什么机构把他们遗忘了,那你就死定了。"他还说道,许多援助项目仅仅是把贫困降低到社会可容忍的程度,而并非要去消灭它。

尽管有着这些反对意见,尤努斯的模式还是不断地获得了越来越多的支持者。格莱珉模式在 50 个国家得到了成功复制,如菲律宾的 ASHI、Dungganon 和 CARD 项目,印度的 SHARE 和 ASA 项目,尼泊尔的 SBP 项目等,这些项目实施后借款者的生活和收入都得到了明显的改善,据说在我国云南地区也曾有过格莱珉银行的试验。联合国更把 2005 年命名为"国际小额信贷年"。

格莱珉乡村银行的成功模式激励了其他发展中国家,甚至是发达国家,如美国,进而发展出许多类似的成功经验.这种微型贷款模式已经在 23 个国家中进行。其中,有许多微型贷款计划特别偏重于贷款给女性,超过 96% 的格莱珉贷款都是借给女性的,她们不均衡地遭受贫穷之苦,但同时也比男人奉献更多的收入以供家庭所需。

尤努斯独特的实用主义哲学,虽然可能让他难以获得诺贝尔经济学奖——该奖项一般都是颁给那些理论性的成果。但是尤努斯并不在意,他关注的是怎样尽力杜绝这个世界的贫困现象。

他也很清楚,对抗贫穷的这场战争还远没有到可以庆祝胜利的时刻。格莱珉银行仅仅覆盖了孟家拉 75% 的穷人,在其他国家地区还只有 10%。因此在 1989 年,尤努斯创建了格莱珉信托基金,募集资金为亚洲、非洲、欧洲、拉丁美洲等 30 多个国家 100 多个组织在复制格莱珉银行时提供支援,已提供了 1600 多万美元的援助资金。1998 年,一场世纪洪水肆虐孟加拉长达 2 个多月,造成大量穷人家庭资产损毁,尤努斯也在此时对格莱珉银行 20 多年的运作进行了反思,最后做出了大胆的改革,推出了全新体系的"第二代格莱珉银行",取消了原有的一些贷款种类、借款约束及"团结组",取而代之提供了住房、高等教育等贷款项目,并根据借款者的情况量身定制,提供更为灵活宽松的贷款方式,以及年金储蓄计划,新的银行运作方式吸引了更多的借贷者加入。在全球进入信息时代后,他意识到信息技术将是穷人们手中的"阿拉丁神灯",于是在 1996 年底创办了非营利性的"格莱珉电信公司",让 40 多万妇女能够使用上通讯服务,他还让她们去经营电话租赁业务以赚取利润。2003 年,他把目光瞄准孟加拉数百万计的乞丐,发起"奋斗成员"项目,帮助了 7 万多名乞丐改善生存条件,最终摆脱乞讨生涯。尤努斯的创举还包括建立格莱珉达能食品公司,向穷人们提供营养而廉价的婴儿食品,下一步他还将开展低成本的眼睛保护和视频会诊的乡村医院项目。他希望在 2015 年前,能把这个世界的贫穷现象消灭掉一半。

"人们说我疯了,但一个人没有梦想的话就必然不能有所成就。当你在建造一栋房子的时候,你不可能就是把砖块和石灰堆砌在一起,你首先得有一个想法,要怎样才能把房子给搭建起来。如果一个人要去征服贫穷,那你就不能按常规出牌。你必须要具备革命精神,并且要敢于去想别人所不敢想象的东西。"这正是尤努斯的超凡之处。

2006 年 10 月 13 日上午 11 点(北京时间 10 月 13 日下午 5 点),瑞典皇家科学院诺贝尔和平奖评审委员会宣布将 2006 年度诺贝尔和平奖授予孟加拉国的穆罕默德·尤努斯(Muhammad Yunus)及其创建的孟加拉乡村银行(也称格莱珉银行,Grameen Bank),以表彰他们"自下层为建立经济和社会发展所做的努力"。他们将分享 1000 万瑞典克朗(约合 137 万美元)的奖金。